宮家 準
Miyake Hitoshi

# 修験道

## 日本の諸宗教との習合

春秋社

# 序

一般に宗教は自然宗教と創唱宗教に二分されている。このうち自然宗教は万物に精霊の存在を認めるアニミズムや自然現象の中に神を観ずるなど人間本来の理性に基づく宗教である。なお柳田国男は日本人の誰でもを意味する常民の持つ自然宗教を民間信仰と捉えて、その解明を目指している。また自然宗教のうちほぼ同一民族が信仰するものは民族宗教と呼ばれている。日本の神道、中国の道教、インドのヒンドゥー教などがこれである。これに対して創唱宗教は創唱者の教えや人格にもとづき、布教に専念し、その教えを全世界に弘め世界宗教になることを目指している。

ところが日本においては古来の神を仏教の仏菩薩が日本人を救済する為に姿をかえて垂迹したとする本地垂迹思想や、寺院に鎮守として神社を祀ったり、神社に神宮寺を設けるなど神仏習合が認められる。本書でとりあげる修験道は、霊山などでの修行とそこで得た験力をもとに呪術宗教的な活動を行う宗教である。そして文化庁の宗務課ではこの修験道を仏教に所属させているが、実際には古来の山岳信仰、シャーマニズム、神道、仏教、道教、儒教、陰陽道などが習合した宗教である。これは何も修験道に限られるだけではなく、仏教教団や大社にあっても常民に布教にあたる大衆、優婆塞、御師、巫女、などは、上記の修験道に準ずるような形で諸宗教を習合した教えや儀礼を常民に伝えているのである。私はこうした諸宗教を習合させた形で常民の間に浸透している宗教を民俗宗教と捉えて研究している。そして平成六年には、『日本の民俗宗教』（講談社学術文庫）を発表した。

もっとも私は当初から修験道を典型的な民俗宗教としてとりあげて、他の諸宗教とどのように関わり、何を摂取し、どのような形で自己の民俗宗教を作りあげていったか。そして他宗教にどのような影響を与えたかを調査研究してきたのである。

そこで本書では日本における典型的な民俗宗教である修験道をとりあげて、他の諸宗教とのかかわり、何を摂取し、どのように習合させた形で自己の宗教体系にくみ入れているか、また他の宗教にどのような影響を与えているかを検討することにしたい。

既述のように修験道は日本古来の山岳信仰がシャーマニズム、仏教、神道、道教などの影響のもとに中世期になって成立宗教の形態をとるようになったものである。この宗教では山岳などでの修行、それによって獲得した験力を用いて行なう呪術宗教的活動を中核としている。以下本書の全体的理解へのよすがとして、他宗教との習合に焦点をおいて修験道の歴史を簡単にあとづけておきたい。

縄文時代（紀元前一万年以前―紀元前三世紀）の日本人は日本列島の九割を占める山や森林で、採集、狩猟の生活を営んでいた。彼らの間では獲物を与えてくれる山の神の信仰が認められた。やがて弥生時代（紀元前三世紀―三世紀）になって人々が里に定住して水田稲作をするようになると、山の神は農耕や生活に欠かせない水を与えてくれる水分神と考えられるようになった。里人は山を山の神をはじめとする諸神、諸魔のすまう聖地として畏敬し、山麓に祠をつくって、豊作祈願の春祭と感謝の秋祭を行なった。これが神道の淵源である。こうした祭では、神意を聞く託宣が中核を占めていた。この託宣は当初は巫者に神霊が憑依する受動的なものであった。けれども積極的に自己または他者に神つけをする必要もあって北方シャーマニズムの精霊操作の技法が導入された。また山は死霊の赴く他界とされ、古墳時代（四―七世紀）になると山麓に豪族の墓がつくられた。ちなみに里に設けられた天皇の墓も山陵と呼ばれている。

古墳時代から飛鳥時代（五九二―七一〇）にかけては大陸からの帰化人が多かったが、彼らによって道教、仏教がもたらされた。道教は入山修行して仙人になることを目指しており、仏教も山林などでの夏安居を重視している。ただ仏教は欽明天皇三年（五三八）百済の聖明王から仏像や経論が天皇に献じられた公伝以来、蕃神もしくは学問として摂取された。そしてその後の律令体制下の奈良時代（七一〇―七九四）には国家仏教となっていった。もっとも僧侶の中には、吉野などの霊山に籠って修行するものも多かった。こうした山林修行者は里人からは山の神の霊力を得たものとしてその験力が期待された。なかでも葛城山で修行した役小角（?―六九九―?）、行基（六六八―七四九）、道鏡（七七二没）などは広く知られている。比叡山で天台宗を開いた最澄、高野山を開いた真言宗の祖師空海もこうした山林修行者の流れをひいている。

平安時代（七九四―一一八五）に入ると、貴族の間で密教による加持祈禱がもてはやされ、験者とよばれる密教僧の中には、大峰などの霊山で修行した者もいた。彼らは山で修行することから山臥、験力を修めた者という意味で験者とよばれた。吉野川に渡しを設け、大峰山の峰入を再開した醍醐寺の開基聖宝（八三二―九〇九）、比叡山の回峰行を始めたとされる相応（九一八没）などは験者として広く知られている。当時は菅原道真の霊をはじめとする怨霊の祟りがおそれられ、験者にこれを鎮めることが期待された。また彼らは牛頭天王などの行疫神の祭祀にもかかわっていった。

平安中期になると末法の到来が説かれ、浄土信仰が盛行した。そして弥勒の浄土とされる御岳（金峰山）詣が行なわれた。また院政期には阿弥陀の浄土とされた熊野詣が盛んになった。そして金峰山や熊野には、数多くの修験者があつまるようになった。なお寛治四年（一〇九〇）に熊野御幸をした白河上皇は、先達を勤めた園城寺の増誉（一〇三二―一一一六）を熊野三山検校に任じ、京都に聖護院を賜った。これ以来、熊野の修験は熊野三山検校を重代職とした園城寺に統轄されることになった。

鎌倉時代（一一八五―一三三三）末になると熊野では諸国から先達に導かれて熊野詣をする檀那の宿泊、祈禱に携わる御師が成立した。先達は各地の霊山や社寺に依拠した熊野山伏が勤めることが多かった。室町時代（一三三六―一五七三）末には、熊野三山検校職は園城寺末の聖護院の重代職となった。聖護院では京都に熊野三山奉行（院家若王子乗々院、重代職）や院家を擁して、諸国の熊野山伏を掌握して本山派と呼ばれる教派を形成した。一方、近畿地方の興福寺末の寺院や、高野山、根来寺、近江の飯道寺、伊勢の世義寺など三十六余の寺社に依拠した修験者は金峰山の奥に位置する小笹に拠点を置く、当山三十六正大先達衆と呼ばれた結社を形成した。また大和の金峰山、日光、白山、立山、富士、木曽御嶽、伯耆大山、石鎚山、彦山など各地に修験霊山が成立した。

本山派では役小角、当山三十六正大先達衆は聖宝（八三二—九〇九）を派祖とした。また金峰山の修験者は金剛蔵王権現、熊野の修験者は熊野十二所権現を主尊とした。本・当両派の修行道場である金峰から熊野にいたる大峰山は、吉野側半分は金剛界、熊野側は胎蔵界の曼荼羅になぞらえられた。また葛城山系には法華経二十八品のそれぞれを納める経塚がつくられた。山中では抖擻《とそう》とあわせて地獄・業秤、餓鬼・穀断、畜生・水断、修羅・相撲、人・懺悔、天・延年、声聞・四諦、縁覚・十二因縁、菩薩・六波羅蜜、仏・正灌頂というように十界のそれぞれに充当された十種の修行を行なって即身成仏がはかられた。これらの修行によって験力を獲得した修験者は人々の現世利益的な希求に応えて卜占、巫術、加持祈禱、符呪などの活動を行なった。この卜占には陰陽道、巫術にはシャーマニズム、加持祈禱には密教、符呪には道教や陰陽道の影響が認められる。

江戸時代（一六〇〇—一八六七）になると、幕府は慶長十八年（一六一三）修験道法度を定め、諸国の修験者を天台宗聖護院を本山とする本山派と真言宗醍醐三宝院が統轄した当山十二正大先達衆（正大先達寺が十二に減少した）を中核とする当山派の両派に分属させた。もっとも吉野や羽黒、彦山など霊山の修験には天台宗に属する者も多かった。本山派では各地の主要な修験者に年行事の職を与え、霞と呼ばれる一定地域での活動を公認した。一方、醍醐三宝院では在来の当山十二正大先達が各自の輩下の修験を直接掌握する袈裟筋支配の他に、新たに江戸鳳閣寺を諸国総袈裟頭に任じて直属の修験者を作っていった。修験者は地域社会に定住して里修験として鎮守や小祠の別当、霊山登拝の先達、卜占、加持祈禱、符呪などの活動を行なった。その際に陰陽道にもとづく易断を行ったり寺子屋を開いて儒教の教えを説く者もいた。江戸時代中期以降になると大峰山、出羽三山、英彦山、富士山、木曽嶽岳などでは、庶民の登拝講が輩出し、なかでも富士講や御嶽講が盛行した。

明治政府は慶応四年（一八六八）に神仏分離令を出し、明治五年（一八七二）修験宗を禁止した。その結果、熊野、羽黒、白山、立山、英彦山などの修験霊山は神社化し、在地の修験者は還俗したり、氏神鎮守の神職となった。もっとも修験宗禁止令では修験者を本寺所轄のまま本山派は天台宗、当山派は真言宗に所属させた。また富士講は扶桑教・實行教、御嶽講は御嶽教というように教派神道として公認された。なお富士講や御嶽講の中には他の教派神道などに属するものも認められた。明治末から昭和にかけては霊山登拝が盛んになったこともあって、修験道は天台・真言の仏教教団内で重視され、勢力をもり返していった。また修験道の影響をうけた新宗教も出現した。

太平洋戦争終了後には旧本山派の本山修験宗・修験道、当山派の真言宗醍醐派と天台宗の金峯山修験本宗、羽黒山修験本宗、石鎚本教など数多くの修験教団が独立した。さらに真如苑、解脱会など修験系の新宗教も成立した。また出羽三山神社、英彦大神宮など修験霊山の神社では峰入などの修験道的な行事を行なっている。

これまでの修験道研究では、修験道の歴史、羽黒・日光・白山・立山・富士・木曽御嶽・大峰・英彦山などの修験霊山、修験道の遺跡や遺物、近世期の修験道組織や里修験、修験道の思想や儀礼、修験道にかかわる民俗、芸能・文学に関しては多くの業績が見られるが、修験道とそれと習合した他の宗教との関係についてはあまり研究がなされていない。わずかに神仏習合の事例として（村山修一『本地垂迹』吉川弘文館、昭和四十九年など）、密教の民衆化の事例として（圭室諦成『日本仏教史概説』理想社、昭和十五年）また道教の日本伝播の事例として（窪徳忠「道教と修験道」『宗教研究』一七三、昭和三十七年）、あるいは陰陽道とのかかわりから（村山修一「修験道と陰陽道」『山岳修験』五号、平成元年）修験道がとりあげられているのみである。特に仏教史や神道史では、その思想や儀礼の展開から見れば逸脱していて、その枠では理解できないものが修験道にかかわるものとされることが多かった。

そこで私はこの欠を補うことを考えて、さきにもふれたようにこれまで折にふれて修験道と山岳信仰・シャーマニズム・神道・仏教・陰陽道・儒教・教派神道・新宗教とのかかわりに関する論文を発表してきた。

本書はこれらの諸論文を修験道の側に焦点をおいて、日本古来の山岳信仰に淵源をもつ修験道が、シャーマニズム・仏教・神道・道教・陰陽道・儒教・教派神道・新宗教とどのような関係をもったか、またこれらの諸宗教からどのような影響を受け、それを習合して構成要素としていったかを主としてその歴史的な展開に焦点をおいて、山岳信仰・シャーマニズム・仏教・神道・道教・陰陽道・儒教・教派神道・新宗教の順序に配列したものである。その際、新宗教はむしろ修験道がその成立や展開に影響を与えたものゆえ、最後にあげておいた。そしてこれらをふまえて修験道が日本宗教史の各段階においてどのような形で、これらの諸宗教から影響を受け、逆にまた影響を与えながら成立、展開していったかを考察した。

本書では全体として上記のようなねらいのもとに統一をはかるために、既発表の各論文について、全面的に加筆、修正を試みた。ただ修験道と各章にあげた宗教とのかかわりをより的確に把握していただくために、各論文でそれぞれの宗教を考慮して略説した修験道の説明はそのまま残しておいた。これはこうした宗教の研究者やそれにかかわりをもつ読者の方がその章だけをお読みいただく時の便を考えてのことでもある。

本書を通じて読者各位が日本の典型的な民俗宗教である修験道が他の諸宗教とかかわりをもち、その成立、展開に必要な要素を摂取して習合させてきた経緯や、逆に影響を与えたことについてお知りいただけたら幸せである。このことは日本人が自己の生活にとってもっとも必要とする宗教がどのようなものであるかを理解するよすがとなると考えられるからである。

なお本書は一九九六年に春秋社の佐藤清靖氏のおすすめで、初出一覧にあげたように、民俗学、文化人類学、仏教・神道・道教、陰陽道、新宗教について、それぞれの講座や学会で発表した、各宗教と修験道との関わりを論述した既発表の小論をまとめた『修験道と日本宗教』をもとにしている。これは当時それら諸宗教と修験道の習合の解明が必要とされていたことによっている。幸いにして刷りを重ねたが、現在は品切れになっていた。そこで今般これに修験道と儒教、教派神道との関わりに関する小論を加えてタイトルも改めて増補決定版を出版していただくことになった。

私は前書初版出版後、特に神道と日本仏教との関わりの中に、修験道がその底流とした民俗宗教の影響が見られることに注目し、これを通して日本宗教史に見られる民俗宗教思想の展開をあとづける試みとして、『神道と修験道——民俗宗教思想の展開』（春秋社、平成十九年）『日本仏教と修験道』（春秋社、平成三十一年）を発表した。なおさきにも述べたようにここで私が民俗宗教としているのは「民間宗教者が常民（日本人の誰でも）が育んだ古来の民間信仰に外来のシャーマニズム・道教・儒教・仏教と神道・陰陽道などを習合させて案出した宗教」をさしている。そして二〇二一年には民俗宗教に焦点を置いて修験道史を展開した小論「修験道の歴史——民俗宗教の視点から」（『陰陽道・修験道を考える』現代思想二〇二一年五月臨時増刊号、青土社）を発表した。そこで本小論を「修験道の歴史と民俗宗教」と改題して、付章として収録した。今後は本書をもとに、修験道に焦点をおいて日本宗教史における民俗宗教の成立展開をあとづけたいと考えている。なお本書の刊行にあたっては春秋社社長の神田明氏、佐藤清靖氏、豊嶋悠吾氏、水野柊平氏のお世話になった。紙面を借りて御礼申しあげたい。

# 修験道——日本の諸宗教との習合　目次

# 修験道——日本の諸宗教との習合

# 第一章　修験道と山岳信仰

## 1　山岳信仰

山岳や海は私たちの日常生活がいとなまれている里とは異質の空間ととらえることができる。日常生活が行なわれる俗なる空間である里に対して、聖なる空間ととらえうるのである。とりわけ、どこに行っても山岳が見られる我が国では、このように山岳を聖地として崇拝する山岳信仰が広く認められた。民間信仰、神道、仏教などにしても、山岳信仰と関連している。さらにまた山岳信仰を旨とする修験道という独自の宗教を生み出しさえしたのである。

山岳は種々の理由から聖なる空間と考えられている。最も原初的なものは、コニーデ型の美しい山容、噴煙を吹きあげる火山、樹木が鬱蒼と茂った丘などが人々に山岳への崇敬の念をひきおさせるという自然崇拝にもとづくものである。さらに山岳は精霊や神々が住む聖地と考えられている。山中の泉、岩石、奇木などに精霊や神が観じられたのである。とりわけ岩石が累々とした場所や山腹の谷間などは精霊や神々が跋扈する場所としておそれられた。

山岳は死霊や祖霊がすむ他界と考えられもした。古代の山陵をヤマと呼んだり、葬式のことをヤマイキ、葬儀をヤマシゴトということ、山近くに埋め墓、里近くに詣り墓を作る両墓制など、山岳が死後の霊魂のいく他界と信じられていることを示す証左は数多く認められる。死霊は山中で次第に浄化され、祖霊となっていった。ただし不慮の死をとげたり、生者の供養が充分でない死霊は、怨霊・幽霊と化して谷間や岩洞などに残留し、祟りをするとしておそれられた。こうした場所は邪悪な霊や神がすむ所とされてもいたのである。

一般には山岳にすむ統括的な神を山の神と呼んでいる。柳田民俗学によると、山の神には春になると山岳からおりて田の神となって農耕を守護し、秋には再び山に帰って山の神となる農耕の守護神としての山の神と、マタギ、木地屋など山仕事をする者の守護神としての山の神がある。前者の山の神のためには、山中に山宮が、里には里宮がもうけられた。この農耕民の山の神は水田稲作に必要な水を授けてくれる水分神に山中の祖霊が浄化して加わったもので、氏神の原型をなすものと考えられている。これに対して山仕事をする人たちの山の神は、ネリー・ナウマンによれば、「動物の主あるいは女王」としての性格をもち、山の民に豊穣をもたらす女神とされている。おそらく定住農耕生活の進展にともなって、こうした狩猟民の山の神が作物の豊穣をもたらす水分神とも信じられるようになり、さらにこれに祖霊信仰が習合した結果、上記の農耕民の山の神信仰が形成されたと考えることができよう。

　山の神は産神として崇められてもいる。難産の時に馬を山中につれて行き、馬が身ぶるいすると、ウブがついたといってつれもどす習俗などはこの一例である。幼児の魂をウブということからすると、産児は他界である山中の精霊（ウブ）を受けることによって、はじめて生者として認められたのではないだろうか。

　山岳全体を神と崇める神体山の信仰も広く認められる。大和の三輪山をはじめ、諏訪神社の上社、金鑽神社の御室ガ岳、宇佐神宮の御許山、御上神社の三上山などはこの例で、いずれも神社の背後の山岳が御神体とされている。これらの山岳は祭礼などの際に限られた神職が入る以外は禁足地とされた。霊山の山麓から祭祀遺跡が発掘されていることからすると、こうした神社に見られる山麓から山を拝するという信仰形態は古代信仰の面影を伝えているとも考えられるのである。

　山岳は天上や地下に想定された聖地に到るための通路ととらえることもできる。天上や地下に想定された聖界と、日常生活がいとなまれる俗界である里の中間に位置する境界領域 liminal space ととらえうるのである。この場合には、神や仏は山上の空中に、または地下にいるということになる。そして山岳、実際にはその中の特定の場所をへて、天上や地下の聖地に達しうるということになるのである。より具体的には、大空に接し時には雲によっておおわれる峰、山頂近くの高い木、滝などは天界への道とされ、奈落の底まで通じるかと思われる火口、断崖、深く遠くつづく鍾乳洞などは地下の他界への入口と信じられた。

山中のこれらの場所は、聖域でも俗域でもないどっちつかずの境界としておそれられた。そこに祠が作られることも少なくなかった。半ば人間界に属し、半ば動物の世界に属する境界的性格を持つ鬼・天狗などの怪物、妖怪などがこうした場所にいるとされた。狐・蛇・猿・狼・鳥など人里にもあらわれる身近な動物も、神霊の世界と人間の世界をむすぶ神使として崇めおそれられた。境界領域である山岳はこうしたどっちつかずの怪物が活躍しているおそろしい土地と考えられたのである。

山岳は宗教学者のM・エリアーデによれば、世界の中心にあって天と地をむすぶ宇宙軸 axis mundi あるいは宇宙全体を集約した宇宙山 cosmic mountain とされている。山岳を宇宙軸ととらえる信仰は吉野の金峰山を国軸山と呼んでいることに象徴的に認められる。また宇宙山の思想は仏教でいう須弥山に典型的に見ることができる。我が国の妙高山、弥山などはこの須弥山の思想に因む命名なのである。もっともこれらの命名が修験者や僧侶たちの知恵にもとづくものであったことはいうまでもない。

山岳が崇拝の対象とされるためには、里から望見しうる場所にあるということが必須の条件とされた。里の遠くかなたに見られるコニーデ型の美しい山、長く続く山系、畏怖感をひきおこす異様な山、噴煙をあげる火山などが、俗なる里に住む人々から聖地として崇められたのである。また里近くの野（里山）丘、こんもり茂った森山も崇拝の対象とされた。東北地方では連山の端に位置する小丘を端山（葉山）と呼んで崇めてもいる。

山岳に対する里人の信仰は生活のあらゆる面に浸透している。誕生の際の産神としての山の神、八朔の山登りに代表される成人式としての山岳登拝、若者の恋がめばえることも少なくなかった四月の山あそび、そして死後は死霊として山岳に帰り、浄まって祖霊からさらに祖神になっていったのである。年間の行事をとって見ても、正月の初山入り、山の残雪の形での豊凶うらない、春さきの田の神迎え、旱魃の際山上で火を焚いたり、山上の池から水をもらって帰る雨乞、盆の時の山登りや山からの祖霊迎え、秋の田の神送りなど、主要な年間行事はほとんど山岳と関係している。山岳やそこにいるとされた神霊は、里人の一生にまた農耕生活に大きな影響を与えているのである。

山岳は水田稲作農耕にたよった里人に稲作に必要な水をもたらす水源地として重視されてもいた。山から流れる水は飲料水としてまた灌漑用水として里人にとって欠くことのできないものであった。こうしたことから山にいる神を水を授けてくれる水分神として崇める信仰が生み出された。水分神の信仰は吉野・葛城をはじめ数多くの山岳に見ることができる。水分神に代表される水の神は竜神とされることも多く、蛇や竜がその使いとして崇められることも少なくなかったのである。

山岳の山の神は農民のみでなく、山中で仕事を行うマタギ、木こり、木地屋などにも崇められた。マタギは山の神を一年間に十二人の子供を生む女性神として崇めて、正月はじめの初山入りの時に、これをまつって、数多くの獲物を与えてくれるように祈願した。一方木こりは春秋二回山の神にオコゼ（虎魚）を供えて山仕事の安全などを祈ったのである。漁民たちも山岳の神を航海の安全を守ってくれるものとして崇拝した。これは山岳が航海の目標になるという直接的な便益によってもいた。北前船の航路にあたる隠岐の焼火山、中国や琉球への航路の港としてさかえた薩摩の坊津近くの開聞ヶ岳などは航海の目標として崇められた山岳として有名である。

以上述べてきたように里から望見される山岳は、死霊・祖霊・諸精霊・神々のすむ他界、天界や他界への道、それ自体が神や宇宙というように、俗なる里を守護する聖地であると信じられたのである。そしてこうした聖地である山岳にいる山の神に代表される諸神・諸霊は、水田農耕をいとなむ農民の一生や一年間の暮し、山人や漁民たちの宗教生活の大きな部分を占めていたのである。

## 2 修験道

古代の山岳信仰においては、山麓から数多くの祭祀遺跡が発掘されていることからわかるように、神霊の鎮まる山岳を里から拝し、その守護を祈るという形態がとられていた。山岳は神霊や魔物のすまう所として怖れられ、里人がそこに入ることはほとんど見られなかった。わずかに狩猟者などが山中に入っていくにすぎなかったのである。こうした狩猟者の中には、熊野の千与定、立山の佐伯有頼、伯耆大山の依道などのように、山の神の霊異にふれて宗教者となって山を開いた者もいた。やがて仏教の頭陀行や道教の入山修行の影響を受けた宗教者や帰化人が山岳に入って修行をするようになっていった。彼らが修行した山岳は、一般の里人たちからは、死霊、祖霊、邪霊、神々などの鎮まる他界としてとらえられ、人々の一生、年間の行事などに超自然的な影響を与えるものとして畏敬されていた。それゆえこうした山岳で修行した宗教者が山岳の霊威を体得した宗教者として崇められたことは充分推測されるのである。

奈良時代の山岳修行者は山中で『法華経』を誦し、陀羅尼を唱えて修行することによって、超自然力を獲得し、出峰後はその力を用いて呪術宗教的な活動を行なった。もっとも彼らの大部分は半僧半俗の優婆塞・優婆夷で政府から公認されぬ私度僧であった。のちに修験道の開祖に仮託された役小角にしても、こうした宗教者の一人にすぎなかったのである。

平安時代に入ると最澄、空海によって山岳仏教が提唱され、比叡山、高野山などの山岳寺院が修行道場として重視された。天台・真言の密教僧たちは山岳に籠って激しい修行にいそしんだのである。修行者はもちろん、里人の間でも、山岳で修行すれば呪験力をえ、すぐれた密教僧になりうるとの信仰が生み出されていった。山岳修行によって験をおさめた密教僧（験者）は加持祈禱の効果がいちじるしいと信じられもした。験を修めることが修験と呼ばれ、験を修めた宗教者は修験者と呼ばれたのである。やがて全国各地の山岳の寺社にも修験者が集まるようになっていった。東北の羽黒山、北陸の立山・白山、関東の富士山、大和の金峰山、紀州の熊野、伯耆の大山、四国の石鎚山、豊前の彦山などはその代表的なものである。これらの諸山は独自の開山を持ち、それぞれの地域の修験者の拠点として栄えていった。なかでも、熊野と白山は次第に勢力をのばし、全国各地に末社が勧請されていったのである。

平安時代には中央に近い吉野の金峰山や熊野三山には皇族や貴族たちも参詣するようになった。

藤原道長の御岳詣、宇多法皇をはじめ歴代の院や皇族、公家などの熊野詣はとくに有名である。こうした際、山中の道にくわしい修験者が参詣の先達をつとめたのである。寛治四年（一〇九〇）、白河上皇の熊野御幸の先達を勤めた園城寺の長吏増誉が、熊野三山検校に任ぜられて以来、熊野三山検校職が園城寺長吏の兼職となり、その結果熊野関係の修験者は天台宗寺門派の園城寺に掌握されるようになっていった。

室町時代中期になると園城寺末の聖護院が熊野関係の修験者を統轄するようになり、本山派と呼ばれる集団を作りあげていった。一方吉野側の金峰山からは、大和の法隆寺・東大寺・松尾寺、伊勢の世義寺などの近畿地方の諸寺院に依拠した修験者がその奥の大峰山に入っていった。これらの修験者は大峰山中の小笹を拠点にして当山三十六正大先達衆といわれる修験集団を形成していくのである。室町時代末になると聖護院を本寺とする本山派、醍醐の三宝院と結びつくようになった当山三十六正大先達衆の二つの修験集団は、峰入を中心とした教義や儀礼を次第にととのえていった。また羽黒山・白山・彦山など地方の諸山も大きな勢力を持つようになった。こうして室町時代末に到って修験道は一定の教義・儀礼・組織を持つ教団として確立したのである。

修験道の教義は、修行道場である山岳の宗教的意味づけや峰入修行による験力の獲得に論理的根拠を与えるためのものであった。金峰山や熊野さらには羽黒山・白山・彦山などの諸山の縁起が作られ、それぞれの起源、開山の伝承、山中の霊所などの説明がこころみられた。またこうした各山ごとの個別的な説明とは別に、山岳を阿弥陀、観音、弥勒などの浄土とするとか、地蔵や虚空蔵の霊地とするとの説明も生み出された。なかでも山岳を金剛界、胎蔵界の曼荼羅とみたり、法華経二十八品を納めた霊地とするとの説明は、特定の山岳に限らず、より広く用いられたのである。

修験者は本来仏性を持つ聖なる存在であるから、峰中で地獄・餓鬼・畜生・修羅・人・天・声聞・縁覚・菩薩・仏の十界に充当された、床堅（自己の仏性を悟る修法）・懺悔・業秤（修行者を秤にかけてその業をはかる）・水断・閼伽（水汲みの作法）・相撲・延年・小木（護摩木の採集）・穀断・正灌頂の十種の修行をすれば成仏することができるのだという思想も作られた。彼らは死を象徴する儀礼ののちに峰中に入り、これらの修行をすれば仏として再生しうると信じて修行にいそしんだのである。仏としての能力——験力——を獲得した修験者は、それを誇示するために出峰後は験競べを行なった。もっとも験競べには、火の操作能力や剣の階段を昇って天界に達することを示す刃わたりなどのような奇術めいたものが多かった。

神霊や魑魅魍魎が住むとされた山岳で修行をし、全国各地を跋渉した修験者は不思議な呪験力を持つ宗教者として怖れられていた。多くの災厄が修験者の邪悪な活動のせいにされた。逆に修験者の呪力を頼れば、除災招福、怨霊退散などのすぐれた効果をもたらしうると信じられもした。源平の争い、南北朝時代など戦乱が相続き、人々が不安におののいた時、験力を看板にした修験者は宗教界のみでなく、政界にも大きな影響を与えたのである。さらに修験者は山中の地理にくわしく、敏捷だったこともあって武力集団としても重視された。源義経が熊野水軍を、南朝が吉野の修験を、戦国武将が間諜として修験者を用いたのは、こうした彼らの力に頼ろうとしたからなのである。

江戸時代に入ると、江戸幕府は修験道法度を定め、全国の修験者を、聖護院が統轄する本山派と、醍醐の三宝院が統轄する当山派に分属させ、両者を競合させる政策をとった。もっとも羽黒派は東叡山に直属し、彦山も元禄九年には天台修験別本山として独立した。さらに幕府は、修験者が各地を遊行することを禁じ、彼らを地域社会に定住させようとした。こうして村や町に定住した修験者は、それぞれの地域の人々によって崇拝されている山岳で修行したり、神社の別当となってその祭を主催するなどした。また加持祈禱や符呪など、種々の呪術宗教的な活動を行なったのである。

明治五年、政府は、権現信仰を中心とし淫祠をあずかる修験宗を廃止し、修験者を聖護院、三宝院などの本寺所属のまま一括して天台・真言の僧侶とした。その際に還俗したり、神官となった修験者も少なくなかった。例えば吉野修験は仏教寺院として存続したが、熊野・羽黒・英彦山などはその主力が神社になっている。また全国各地の修験者が依拠した諸山の社寺でも、そのほとんどが神社に主導権をにぎられていった。こうした教団としての修験道は姿を消したものの、近代を通じて修験道は民間の山岳信仰と習合した形で存続し続けた。太平洋戦争中には皇民錬成運動の一翼として修験道が再評価されもした。太平洋戦争終了後、旧本山系・当山系の修験集団、諸山に依拠した修験集団は相続いて修験教団として独立した。また各地の諸山の社寺では修験道の面影を伝える行事が盛大に行なわれるようになったのである。

## 3　修験道に見られる山岳信仰

古来の山岳信仰を基盤として成立し、その後も庶民の宗教生活と密接な関係を持って展開した修験道においては、民間の山岳信仰と密接に関係しあった要素が少なくない。そこで以下修験道に見られる山岳信仰を民間におけるそれと関連づけて論じてみることにしたい。

修験道の教義に説かれている山岳観の代表的なものは、山岳を曼荼羅ととらえる見方である。この見方はすでに鎌倉時代初期に成立した『諸山縁起』の中に見ることができる。それによると、吉野から熊野に到る大峰山系の吉野側が金剛界曼荼羅、熊野側が胎蔵界曼荼羅に充当され、峰中の峰々に金剛界、胎蔵界の各部の諸尊が配されている。その場合、熊野側に位置づけられた胎蔵界の峰々への諸尊の配置の方がより具体的で、吉野側の金剛界の峰への諸尊の充当は、ごくわずかである。あるいは胎蔵界という言葉から推測されるように山岳を母なる山 mother mountain とし、そこで修行することによって再生するという宗教思想がすでに民間の信仰としてあったのかもしれない。また胎蔵界曼荼羅の中台八葉院の諸尊や金剛界の大日如来が充当されている所が、民間の山岳信仰において諸神霊がいる所とされている岩石が累々とした所や、洞窟・滝などの霊地であることも興味をひく。なお山岳を曼荼羅ととらえる見方は、大峰山に限らず、九州の彦山をはじめ全国各地の修験道の霊山においても見られたのである。

周知のように密教の教義では、曼荼羅は宇宙そのものを神格化した大日如来、すなわち宇宙の全体像をさすものである。それゆえこの視点に立つならば、山岳を金剛界・胎蔵界の曼荼羅ととらえる見方は、宇宙山の思想を前提としているということができる。ちなみに宇宙山は世界の中心軸をなす黄金の山とされているが、吉野の金峰山は国軸山、金の御岳と呼ばれているのである。もっとも現実には、すでに民間でも崇拝されていた山岳中の霊地に曼荼羅中の諸尊を充当させていることからわかるように、山岳曼荼羅観は山岳そのものを人間の世界とは異なった諸神霊のすむ他界と考える山中他界観を前提にしている。換言すればすでに民間に存在していた山中他界観を密教の立場から説明したものがこの山岳を金剛界・胎蔵界の曼荼羅とする思想であったととらえることができるのである。

他界としての山岳を仏の世界とするとらえ方には、密教的色彩の強い山岳曼荼羅観が成立する以前から幾つかのものが認められた。おそらくそのもっとも早いものは、奈良時代末までさかのぼりうる、山岳や海岸近くの岬などを観世音菩薩の補陀落の浄土とする思想である。熊野の那智山、東北の月山、関東の日光、四国の足摺岬、大和の松尾山など、修験道の行場としてさかえた山岳や岬で、補陀落浄土とされ十一面観音などの観音がまつられている所は数多く認められる。次いで平安時代になり、末法思想が盛行し弥勒菩薩の信仰が人々の心をとらえるようになると、山岳を弥勒菩薩が説法している兜率天の四十九院とする信仰が生まれてくる。鎌倉時代初期に成立した『諸山縁起』に大峰山の内に四十九院があるとしたり、『彦山流記』に彦山四十九窟があると説くのは、こうした弥勒思想にもとづくものである。やがて浄土思想の展開にともなって、山中に阿弥陀の浄土が想定されるようになる。熊野本宮や白山をはじめ阿弥陀如来を本地仏あるいは本尊とする山岳は各地に認められるのである。

民間の山中他界観は山岳を死霊・祖霊の居所とする信仰をもとにしていたが、上記の仏教的色彩をとった他界観にもこの信仰が反映している。観音の浄土補陀落の信仰は、死後遠く中国の舟山諸島にあるとされた補陀落の他界に往生することを願って、那智や足摺の浜から船出した補陀落渡海僧を生み出した。また吉野の金峰山などに比定された弥勒の浄土への参詣も、死後兜率天に往生して弥勒の説法を聞くことを願ってのことだった。阿弥陀の浄土である熊野への参詣が極楽往生を求めてのことであったのはいうまでもない。さらに各地の山岳に見られるように山中の景勝地に弥陀ヶ原など浄土を指す名称を付すというように、山中他界観はよりリアルな形で表現されたのである。

山中他界観は山岳に骨をおさめたり、墓地を作ったり、供養塔を建てるというようにより具体的な形で表現されてもいる。東北の山寺立石寺、高野山など修験者も関与することが多かった山岳の寺院に納骨の風習があることは広く知られている。近年でも山岳の修験関係の社寺で祖霊殿を設け、遺骨などをあずかっている所は少なくない。修験者自身も自己の死は死霊となって山岳に帰ることであるとして、死亡を「帰峰」と名付けている。大峰山中に数多くある供養塔や木曽御嶽の霊神碑などは死霊と化して山岳に帰った修験者の霊を弔うためのものなのである。山中には浄土、極楽のみでなく、地獄も設けられた。特にかつて火山だった山岳では煙や熱湯が噴き出している場所を地獄谷と呼び、そこには極楽往生できぬ死霊が徘徊しているとされた。供養のための小石が積まれもした。立山・恐山・雲仙・阿蘇などの地獄はとくに有名である。修験者が山中の極楽と地獄を描いた曼荼羅を持ち歩いて、極楽往生のための参詣を勧めることも少なくなかった。なかでも立山では極楽往生から見捨てられた女人のために、生前に仮にもうけた三途の川を越えて浄土に導き、往生を確信させる「布橋灌頂」という特殊な儀礼を生み出している。

一般に極楽には阿弥陀如来が、地獄には奈落に苦しむ死霊を導く仏として地蔵菩薩が想定されている。しかしながら実際にはもっぱら地獄のおそろしさが強調され、死霊を極楽に導く地蔵菩薩が崇拝された。それにともなって地蔵菩薩の対偶仏として天界を統轄する虚空蔵菩薩が極楽の仏として崇められるようになってきた。もともと虚空蔵菩薩は古代の吉野山で山岳修行者が守護仏として重視した仏であった。また空海をはじめ山岳修行者が記憶力の増進を求めて山中で虚空蔵求聞持法を修して修行したことも多かった。こうしたことも背景にはあったのか、伊勢の朝熊山をはじめ当山派の修験者が依拠した山岳で本尊を虚空蔵菩薩としている例が少なくない。

山岳中の霊地にある奇岩・滝・泉などは、修験者が山中に入る以前から神霊が住するとして人々によって崇められていた。特にすぐれた霊地の神霊・山の神・水分神などはとりわけ大きな霊力を持つとされていた。蛇・狼・狐・熊などの動物がこうした神のあらわれとしておそれられてもいた。なかでも竜や蛇は各地の山岳で水分神の体現とされている。当山派修験の開祖に仮託された聖宝が大峰山で大蛇を退治したとの伝承に見られるように、山岳に入った修験者が竜を退治したとの伝説は、修験者が山岳の主ともいえる水分神を自己の統御下においたことを物語っているといえよう。また大峰山系の主峰である弥山の竜神が天川の弁財天にまつられているように、修験者などによって竜神が弁財天や八大竜王としてまつられることもまま見られたのである。

山中の霊地の神霊は、山岳を曼荼羅ととらえた場合には、曼荼羅内の諸尊に充当されたわけであるが、大峰山などではその主要な八ヵ所の霊地に峰中修行の宿を設け、そこに役小角が体得した金剛蔵王権現の眷属である大峰八大金剛童子を一つずつまつっている。なお大峰山中にはこの八つの宿を含めて百二十（実際は七十八箇所）の宿が設けられていたが、その多くはすでに修験者が山岳に入る以前から神霊をまつる霊地であった。一方大峰山と並ぶ修験道場である葛城山系では、峰中の拝所に法華経二十八品を一つずつおさめて経塚を作っている。さらにその主要な個所には葛城八大金剛童子が配されている。このように修験者が山岳に入る以前には無秩序に存在していた山中の霊地が、修験道の影響のもとに一定の世界観にもとづいて体系化されていったのである。なおこのように山中に、童子をまつったり、宿や経塚を作ることは、大峰・葛城などの中央の修験道場のみでなく、全国各地の山岳の修験道場でも認められるのである。

山岳は邪神邪霊、邪鬼や神霊の使いである動物のすむ魔所としておそれられてもいた。こうした魔所に入り込んで修行した修験者は、これらの邪鬼や動物霊と闘い、それを降伏させ自己の命ずるままに使役する力を体得したと信じられた。役小角が大峰山中で前鬼・後鬼を使役したとの伝承、修験者が飯綱を使ったとの民間の伝承などはこうした力を体得した修験者の活動を示している。さらに修験者自身がこうした魔的な神霊の力を持つ超自然者に変身したととらえられもした。岩手県早池峰山麓の山伏神楽の権現舞では、魔界の王者である獅子（権現様）に変身した山伏が村人の安全を祈って舞っている。羽黒山の修験者が峰中で用いる鈴懸の模様が獅子であるのも、修験者の獅子への変身を示していると考えられるのである。

天上や地下の他界と此の世の境界である山岳で修行する修験者は境界的な性格を持つ宗教者としてとらえられている。山伏を天狗としておそれる信仰などはこれである。修験者はなかば人間でなかば鳥の姿をした天狗とされたのである。また、修験霊山には鬼の子孫と称する家もあった。修験者が峰入に際して頭髪を一寸八分（五・四センチ）の摘髪にしたのも、僧でもなく俗人でもないことを示すためのものだったのである。修験者を半僧坊と呼ぶのも彼らのこうした性格を示している。このように修験者は天上や地下の他界と此の世の人間の仲介を務める境界的な存在ととらえられていたのである。

修験者の峰入は、一般には春夏秋冬の四季のそれぞれに行なわれているが、これも民間の山岳登拝と密接に関係している。すなわち「春の峰」は民間の卯月八日の山あそびと関連している。大峰山寺の戸開式は戦前は旧暦四月八日に行われ、修験者は山上の石楠花を手折って下山した。これなどは山上で山遊びをした乙女が花を手折って下山する卯月八日の行事を彷彿とさせるものである。六月に大峰山中の拝所に花を供えてまわる当山派の「花供の峰」にしても、山岳を旅する人々が霊地に花を手向けて旅の安全を祈った習慣に酷似している。七・八月頃、在俗信者が大峰山に登拝する「夏の峰」は、大和地方で盆山といわれていることからもわかるように、本来は山中に眠る祖霊に会いに行くための峰入だったのである。羽黒山でも夏の峰は月山から祖霊を迎えるためのものとされている。さらに専門山伏が一定期間山中に籠る「秋の峰」にしても、現代の羽黒山の秋の峰に見られるように近郷の子供たちの成人式の性格を持っているのである。

秋から冬にかけて山中に籠り、正月または春先に出峰する「冬の峰」は、専門修験者が特に験力を求めて行なうものであった。これにしても、修験者が、冬の期間中山岳に留まり春先に里に下って稲作を守る山の神の力を体得するために、山の神が山中に留まっている期間中、山中で修行したものと推測されないでもない。冬の峰の出峰の日が山の神が里に下るとされる四月八日にあたることも、この推測の正しさを裏付けているように思えるのである。冬の峰の修行者は山中で年を越したことから晦日山伏と呼ばれ、特に験力に秀でた者として崇められた。晦日山伏は出峰後、修行によって獲得した験力を競うために験競べを行なってもいる。十二月晦日から元旦にかけて行なわれる羽黒山の松例祭の烏飛び・兎の神事・大松明まるき・火の打ちかえなどの競技は冬の峰終了後の験競べの面影を今に伝える興味深い行事である。

山岳修行を終えた修験者は山の神を招いて祭をし、時には寄りましに託宣させる宗教者として活躍した。例えば福島県に広く分布する葉山まつりでは、修験者は葉山の神を招いて寄りましに憑依させ託宣を下させている。また木曽の御嶽の神を中座につけて託宣させる御嶽講の前座、山中の護法を寄りましにつける美作の護法祭の修験者などは、いずれも山の神霊を操作する宗教者としての修験者の活動の一こまを示している。さらに権現と化した修験者が舞う早池峰の山伏神楽、延年の舞、修験的色彩の強い花太夫が榊鬼に神つけをする奥三河の花祭、美作の荒神神楽、石見の大元神楽の託舞などは、いずれも山岳修行によって験力をえた修験者が山霊と化したり、それを使役することを示す芸能なのである。

日本古来の山岳信仰は、一方では山岳を御神体あるいは神々の鎮まる霊地として山麓から拝する神道にと展開した。しかし今一方でこの山岳に入って修行することによって山の神の力を体得し、それをもとに呪術宗教的な活動をすることを旨とした修験道を生み出した。修験者は自己の修行や呪験力を権威づけるために、民間の人々の持つ山中他界観を外来の仏教思想でかざり立てた。さらに民間の人々の山入りの慣習に準じて峰入修行をしながらも、仏教の成仏観をとり入れて、自己の成仏ひいては験力の根拠を説明した。修験者はこうした思想にもとづいて、庶民の現世利益的希求に応えて呪術宗教的活動を行なうことによって、庶民の間に深く浸透していったのである。

# 第二章　修験道とシャーマニズム

## 1　シャーマニズム研究と修験道

本章では、まず第一に修験道の性格を、神道、新宗教との関連を考慮に入れて考察する。そして、次にシャーマニズムについての一般的な定義および研究方法を紹介し、それに位置づけて、私の方法を提示する。第二に修験道に見られるシャーマニズムの歴史的展開をあとづける。そして、第三に修験道におけるシャーマニズムの通時代的な構造モデルを提示し、最後にそれを支えている世界観を考察することにしたい。

修験道は、我が国古来の山岳信仰が、北方シャーマニズム(1)、仏教とくに密教、道教などの外来宗教の影響のもとに、古代末に一つの宗教体系を形成したものである。この宗教では、山岳修行によって他界になぞらえられた山岳の神霊の力を体得し、さらにそれを操作する験力を得、その験力を用いて呪術宗教的な活動をする修験者（山伏）を中心としている。修験道は中世後期には峰入の作法や教義も定まり、熊野、吉野、羽黒、彦山など各地の山岳を拠点として大きな勢力をもっていた。しかし近世期に入ると江戸幕府の政策もあって、修験者は地域社会に定着して、小祠をあずかったり、現世利益的な加持祈禱や呪法を行なうなど、いわゆる巷の祈禱師として活躍した。近世末期には、木曽御嶽、富士などの霊山では、修験道の流れをくんだ教団が形成されている。修験宗は、明治五年（一八七二）明治政府によって廃止されたが、その後も存続し、太平洋戦争後には、幾つかの修験教団が再生した。

ところで我が国の古来の宗教では、山岳や海（岬や島嶼）などの聖地を里から拝して、そこにいる神霊の加護を祈る形態がとられていた。このことは、こうした聖地を拝しうる場所に祭祀遺跡や古社などがあることからもあきらかである。そしてこの聖地の神を山麓の社に招いて祀ることに重点をおいた宗教を神道ととらえることができる。これに対して修験道は、積極的に聖地に入って修行し、そこの神霊の力を身につけて活動する宗教者を中心としている。換言すれば、我が国古来の聖地信仰のうち、山麓から聖地を拝するという形態に展開したのが神道で、積極的に聖地に入ってその神霊の力を獲得して、それをもとに活動するのが、密教の験者や修験者であるということができるのである。こうした山岳修行者は、中世、近世を通して、密教や修験の諸山や教団の傘下にあって修行していた。しかしながら近世末以降になると在俗の民衆が各地の霊山に積極的に登拝した。その結果、在来の教団とは無関係に霊山に入って修行し、霊力を得て、宗教者となっていくものがあらわれるようになった。富士講の身禄、御嶽講の覚明・普寛、金光教の赤沢文治、大本教の出口王仁三郎などのように、山岳修行によって霊感を得て、開教するにいたった宗教者は数多く認められる。こうした点で、修験道は新宗教とも関係してくるのである。

いうまでもなくシャーマニズムはシャーマンと呼ばれる宗教者を中心とした宗教現象である。そしてその中核をなすシャーマンは、神や精霊との直接接触からその力能をえ、さらに、こうして獲得した力能にもとづいて、神や精霊と直接交流に入ることによって一定の役割をはたしているのである。なおこの直接交流に入っている時には、トランス trance と呼ばれる、日常と異なる精神状態になるといわれている。そしてこのトランスの状態の際の、シャーマンの活動には、自己の霊魂を身体から遊離させて、他界に遍歴させる脱魂 ecstacy 型のものと、神霊を自己に憑依させて、託宣させる憑霊 possession 型のものがあるとされている。この他、シロコゴロフがツングースのシャーマンを調査して明らかにしたように、シャーマンには守護霊や補助霊を駆使したり、これらの精霊を鏡や太鼓などの物体に憑依させて、その力を利用するなど精霊の統御者として活動することも認められるのである。(2)

さてこのシャーマニズムの一般的特徴を考慮して修験道をとらえて見ると、次のように修験道の中にシャーマニズムの要素を発見することができる。すなわちまず修験者は山岳などの他界とされている聖地に行って、その他界のことを知り、そこにいる神霊の力を直接体得している。そしてその後の活動においては、ある場合には脱魂状態になって他界を遍歴し、またある場合には、神霊を憑依させているのである。なおこのうち憑依の場合には、修験者が、自己の守護霊や眷属霊を使役して他者に憑依させるという面がより強く見られるのである。そこで本章では、こうした点に留意したうえで、修験道に見られるシャーマニズム的要素を歴史的にまた構造的に解明し、そこに見られる世界観を考察することにしたい。

ところで一般にシャーマニズムの研究には大きく三つの視点があると思われる。[3] すなわちその第一は、トランスの状態にあるシャーマンの精神医学的、心理学的な研究である。[4] 第二は、シャーマンの儀礼をそれが行なわれている社会文化的脈絡に位置づけて調査、分析するものである。[5] 第三は、シャーマニズム的な儀礼や伝承、または文献などのうちに、これまでの研究で、シャーマニズムとされているものの残滓を発見し、それをもとに古来のシャーマニズムを解明するものである。この第三の立場では、研究者自身が一連の儀礼の中からシャーマニズム的なものを抽出し、それを象徴としてとらえてその意味を、その土地の伝承や近隣地域の類似現象と比較することによって解明することが必要とされるのである。

ところで修験道などの場合、シャーマニズム的な儀礼の多くは断片的に残存しているにすぎず、その形骸化もいちじるしい。事実、実施者自身、憑霊、脱魂、統御などの感覚を持つこともなく、その本義すら忘れて、ただ伝統的に定められた方法にのっとって形式的に行なっているのである。そこで私は、本章では、この第三の立場に立って修験道の儀礼や伝承にみられるシャーマニズム的要素を抽出し、その意味を解読し、さらにその根底にある構造や世界観をあきらかにすることにしたい。[6]

## 2 修験道に見られるシャーマニズムの歴史

修験道は既述のように山岳などの聖地に行って、そこにいる神霊の力を獲得して、それを用いて、呪術宗教的な活動を行なう宗教である。そこには、修験者の聖地での修行などに脱魂的な他界遍歴を物語る伝承や儀礼が認められる。さらに験力を獲得した修験者が行なう験術などにも他界遍歴的なものがある。また今一方の呪術宗教的な儀礼にも、憑霊に類するものや、修験者の精霊統御者的活動を認めることができる。

そこで以下管見に及んだ修験道の伝承や儀礼のうちから、修験者の脱魂を物語るもの、精霊の統御者的役割に関するもの、憑霊に関するもののうち主要なものを、時代を追って、歴史的に紹介することにしたい。

第一の脱魂に関係した伝承としては、まず修験道の開祖に仮託されている葛城の呪術者役小角が「毎夜五色の雲に乗って大空の外に飛び、化人と共に永遠の世界に遊んだ」とか、「仙人になって空を飛んだ」との『日本霊異記』の記事がある(7)。また天慶四年(九四一)金峰山の洞窟で修行中に、気息を失った際、執金剛神の導きで金峰山浄土におもむいて、金剛蔵王権現に会ったという道賢の他界遍歴譚も有名な話である(8)。なお道賢はこの折さらに災厄の原因やそれを除く方法を教わり、日蔵と改名したうえで蘇生している。この他、葛川の三の滝で修行して不動明王の頭にのって兜率天にいった比叡山の回峰行の開祖相応（八三一―九一八）の話などもこれに類するものである[9]。

中世期にもこうした脱魂による他界遍歴譚がいくつか知られている。例えば『吾妻鏡』にあげられている仁田四郎が「富士の人穴」を探検した話[10]、『神道集』の「諏訪縁起事」にある甲賀三郎の地下の他界遍歴譚[11]、御伽草子の『富士の人あなさうし』[12]や『びしゃもんの本地』[13]などの他界訪問譚は、いずれも、修験道の影響を受けたものとされている。また、中世期には、隠岐国の天狗が鎌倉に飛行して来て訴えをした話[14]、天狗山伏が新田義貞の挙兵を一夜のうちに味方に知らせた話[15]、三井寺の稚児が老山伏にさらわれて大峰山中の釈迦ヶ岳まで飛行した話[16]など、山伏とも思われる天狗の飛翔譚が幾つか知られている。なお広義に解釈すれば、峰入にしても、天狗や鬼になぞらえられた土地の先達に導かれて、他界である山岳を遍歴する儀礼ととらえることができるのである[17]。

近世期になると、江戸の神城騰雲や寅吉など、俗人が天狗にさらわれて飛行し、他界におもむく話が数多く伝えられている[18]。こうしたことは近代以降にも認められ、土佐の神職宮地堅磐の仙界遍歴、大本教の出口王仁三郎の神界遍歴をはじめ、新宗教の教祖や修験系の行者たちの体験談のうちにも、類似の事例を発見することができる。

さて、これらの事例を歴史的にまとめて見ると、役小角の場合は自分自身が飛行して他界におもむいているが、古代における験者の場合は、修行中に執金剛神とか不動明王など、いわば童子姿の護法に連れられて他界遍歴をしているのである。ところがこれが中世から近世になると天狗

**第1表　修験道に見られるシャーマニズムの歴史的展開**

| | 脱魂 | | 憑依 | | |
|---|---|---|---|---|---|
| | 導く者 | 導かれる者（脱魂者） | 憑ける者（行者） | 憑けられる者 | 操作される（憑依する）神霊 |
| 古代 | 不動・護法など | 験者 | 審神者<br>験者 | 巫女<br>女房 | 神・鬼<br>護法 |
| 中世 | 天狗 | 小僧・稚児 | 山伏 | 稚児 | 童子・飯綱 |
| 近世 | 天狗 | 俗人（男性） | 行者（山伏） | 巫女（山伏の妻） | 守護神霊・動物霊 |
| 近代 | 天狗・山人 | 俗人（女性） | 前座（男性） | 中座（男性） | 守護神霊・霊神 |

につれられて飛行したり、他界を遍歴する話が多くなってくる。その際中世には小僧や稚児が連れられているが、近世になると俗人の男が連れていかれている。また近代には柳田国男の『遠野物語』や『山の人生』などを見ると、天狗や山人に女性がさらわれるという話になっている。このように他界遍歴に導く者と導かれる者について若干の時代的な相異が認められるのである（第1表参照）。

ところで、こうした伝承を裏付けるかのように、現在の修験道の儀礼や次第中にも修験者の飛翔や他界遍歴を示すものが断片的に認められる。例えば両指を交叉させて動かすことによって鳥の飛翔を示す飛行自在印、智拳印の中に息を吹きこんで飛びあがる飛行術などは、象徴的に飛翔を示す作法である。また羽黒山の秋の峰の宿うつりの際に先達が行なう鳥の所作や、冬の峰の結願の松例祭《しょうれいさい》の烏とびなども、山伏の飛行を示す儀礼なのである。ちなみに熊野の那智大社の扇祭でも、烏を示す帽子をかぶった権宮司が、扇ほめの秘儀を修している。

天界に達するためには、剣の階段や柱などを登る方法がとられてもいる。埼玉県本庄市の御嶽教の普寛霊場で行なわれる刃わたりは、十三本の刃を上にむけた剣の梯子をのぼる秘術であるが、これは金剛身に変った御嶽行者が天界に達することを示すものである。その際に先達は、行者が登っている間中、下で秘術を修している。柱を登る修法には神奈川県の八菅修験の「神木登り」がある。これは修験者が採灯護摩場の正面右側に立てられた神木（縄を巻いて十の階段が作られている）にのぼり、宝剣で九字を切り観念護摩をたくものである。なお彦山、戸隠山をはじめ各地の修験霊場に伝わる、梵天を持って柱にのぼる「柱松の神事」も修験者が天にのぼることを示す儀礼の残滓と考えられるものである。ちなみに神木登りの十の階段は、峰入修行で成仏するために必要とされる十界修行を示すとされている。

峰入修行そのものにも他界遍歴的な性格が認められないでもない。例えば現在の大峰修行の吉野から大峰山への登り口にあたる金峰神社の境内に「蹴抜の塔」がある。ここには峰入修行の四門の一つ修行門があり、ここから先はかつては女人禁制とされていた。峰入の修行者はこの塔に入れられ、真っ暗な中で「吉野なる深山の奥の隠れ堂、一切空の住処なりけり、オンアビラウンケンソワカ」と唱えながらぐるぐる回る。すると突然ドラが鳴らされる。これは本来は、峰入者の気を抜いて、つまり霊魂を身体から離して他界遍歴をさせることを象徴的に示す儀礼と思われるのである。なお大峰山に限らず、修験霊山には浄土ヶ原とか地獄谷、高天原など、他界を彷彿とさせる霊地が設けられていて、その間を歩いて霊地で礼拝するが、これも他界遍歴を示すと考えられよう。

精霊統御者としての修験者の活動は、修験者が、山神、鬼、天狗、眷属、護法、動物霊などを意のままに使役するとの伝承やそれにもとづく儀礼のうちに認めることができる。その初出は、役小角が鬼神を使役して水を汲み薪を採らせて、命に従わない時には呪縛したとの『続日本紀』の記事である。平安時代には験者たちが護法を使役して、託宣、憑きものおとし、調伏などの修法を行なった。なかでも臥行者、立行者の二人の護法を使役した白山の泰澄、剣の護法を使役した命蓮、毘沙門天から乙・若の二人の護法童子を授けられた播磨の書写山の性空などの活躍が注目される。(19) その後中世期には、修験者が童子や飯綱を使うなどの信仰が認められる。さらに近世になると、山伏が伏見稲荷や金峰山から眷属のオサキを受けてきてこれを使役して、占いや憑きものおとしの修法をしたり、さらに人に憑依させて障礙をもたらすなどの信仰が生み出された。

修験者が好んで行なった験競べも、その多くは護法や眷属の操作能力を競うものだったのである。『古今著聞集』記載の浄蔵と修入が護法の操作能力を争った話などは、この例である。現在吉野の金峯山寺で行なわれている「蛙とび」や、羽黒山の松例祭の「烏とび」、鞍馬の「竹伐り」なども、山伏が護法（動物霊）の操作能力を競う験くらべの伝統をひくものである。また岡山県久米郡の両山寺の護法祭のように、山伏が護法実《ごぼうざね》に護法（烏護法や犬護法）を憑けて操作する祭も験競べの一種と考えられるものである。

ところで上記の修験者によって操作される神霊の種類を見ると、次のような時代による差異が感じられる。すなわち、まず古代においては、役小角が鬼神を使役したという話に見られるように鬼神が操作されている。ところが古代末から中世初期には護法が用いられている。しかし中世期を通じて多く見られるのは童子や飯綱などの類である。そして近世になってくると、狐、蛇、狸、犬など動物霊を操作するというようになり、さらにその後は、神霊が見られるようになってきているのである（第1表参照）。

憑霊に関係した儀礼も精霊統御者としての性格をもつ修験者と密接に関係している。確かに修験教団は、現在も数多くの巫女を包摂している。これらの巫女の多くは、守護神霊を自分に憑依させて託宣させたり、守護神霊の霊感を得て信者に伝えるなどの活動を行なっている。またまれには死霊や生霊を自己に憑依させて語らせるイタコ的な活動をしている巫女もいないわけではない。しかしながら、修験道本来の憑霊の儀礼は、修験者が第三者に守護神霊・憑きものなどを憑依させて語らせる憑祈禱《よりぎとう》の形式をふむものだったのである。[20] この儀礼は、役小角が一言主神を憑りましにして行なったとも伝承されているものであるが、平安時代には密教の阿尾奢法の影響もあって、験者たちの間でひろく行なわれていた。彼らは、憑きものを巫女や女房などの寄りましに移して託宣させたり、おとす修法として、憑祈禱を行なったのである。もっとも中世期に峰中で行なう時などには、稚児を寄りましにすることもあったようである。

近世期になると、修験者はもっぱら自分の妻を寄りましにして憑祈禱を行なった。彼らは、妻に守護神霊を憑依させて、依頼者の災厄の原因となっている祟りや憑依霊について語らせ、それに応じて加持祈禱や呪法を行なったのである。また憑依病者の憑きものを寄りましに移しておとす憑きものおとしを行ないもした。もっとも憑きものおとしの際には、不動明王など自己の守護神霊と同化した修験者が、その眷属の童子などを使役して威嚇するなどしておとすことの方が多かった。また災厄の原因とされた邪神邪霊を降伏させる調伏などの修法でも、修験者はこれらの眷属を使役して、それにあたらせたのである。

憑祈禱はその後、木曽の御嶽講にひきつがれて、前座が中座に守護神霊やその眷属、物故した講の先達の霊（霊神）などを憑依させて語らせる「御座《おざ》」（神座）の作法となっていった。さらに円応教の作法、真如苑の「接心」、解脱会の「御五法修業」などのように新宗教の儀礼の中にも憑祈禱の系統をひくと思われるものが散見される。また東北の葉山まつり（福島市松川町他）などのように民間の行事として行なわれているものも少なくないのである。ところでこれらの憑祈禱は本来、寄りましに神霊を憑依させて託宣を得るものであるが、新潟県の八海山には、前座が依頼された生死霊を中座に憑依させる引座と呼ばれる独自の作法が伝えられている。これは、近世中期頃八海山を開いた泰賢にはじまるとされるもので、御嶽講の御座と長野県上田市近くのノノー巫女の仏おろしの作法をあわせて案出されたと思われる興味深いものである(21)。

このように修験道の憑霊に関する儀礼は基本的には修験者が第三者に守護神霊・生死霊などを憑依させて託宣を得るという形をとっている。ただしその場合、神霊を憑ける者（術者）・憑けられる者・憑依する神霊に関しては、第1表にあげたような時代による差異が認められるのである。すなわち、古代初期は、審神者が巫女に神霊を憑依させて託宣を得ているが、古代末期（平安時代）には験者が寄りましである女房に護法をつけている。それが中世期になると、修験者が峰入修行の際、稚児を寄りましにするなどしている。しかし近世期には山伏が自分の妻である巫女を寄りましにして託宣を得ているのである。ところが、近世末から近代の御嶽講、葉山の託宣、大元神楽の託宣などでは、前座、託大夫など男性が男性の寄りましに神霊を憑依させている。

さて、ここで今一度第1表を眺めていただきたい。この表ではこれまで記してきた修験道に見られるシャーマニズムの時代的変遷を脱魂の際の導く者と導かれる者（脱魂者）、憑依の際の憑ける者（行者）と憑けられる者、操作される（憑依する）神霊の各項にわけて記したものである。きわめて雑駁なものではあるが、一応これを修験道におけるシャーマニズムの歴史的展開を示すモデルとして提示しておきたい。

## 3　修験道に見られるシャーマニズムの構造

以上修験道に見られるシャーマニズム的側面を、主として修験者のシャーマン的活動に焦点をおいて歴史的に概説した。そこで次に、通時代的に見られる修験者のシャーマン的活動の構造を考察することにしたい。

まず修験道の眼目である峰入修行は修験者が他界あるいは宇宙山ともされる山岳に、その山岳の守護神霊の護法に導かれておとずれる他界遍歴ととらえることができる。この他界あるいは、宇宙の中心に比定された場所（深仙）で、修験者は、山岳の守護神霊と直接交流する能力、さらにはそれと同化したり、同化のうえで、その護法を使役する能力を獲得するのである。この山岳の守護神霊は、宇宙そのものを象徴する大日如来、その教令輪身である不動明王などである。修験者は峰中灌頂によって、これらの諸尊の秘印を授かったり、深仙で修験者自身を宇宙軸と化する柱源神法を授かるのである。

こうして山岳の守護神霊と同化したり、その護法を使役する力を獲得した修験者は、その後は、自分自身で他界に飛翔したり、守護神霊と直接交流に入る。しかしながら、こうしたことより以上に修験者は守護神霊と同化後、その眷属や護法を使役して、他界や遠くに派遣して品物を取ってこさせる・他者に憑依させる・他者に憑依している憑きものをおとさせる・依頼された生死霊を巫女につける・障礙の原因となっている邪神邪霊を調伏させるなどの活動を行なうのである。このように修験者のシャーマニズム的活動にあっては、修験者が護法や眷属を使役して他者に何らかの影響を及ぼすことが重要な要素を占めているのである。

ところで最初に指摘したようにシャーマンの活動の中核をなすのは、トランスの状態での脱魂および憑依にあるとされている。しかしながら今見てきたように修験道では、この両者に関しても、単なる脱魂・憑依より以上に修験者が眷属霊などを使役して他者に憑依させたり、他界に派遣するというように、術者としての修験者の他に護法や巫者などの他者が介在する場合が多いのである。そこでこれらを含めて、修験道において考えうる脱魂および憑依さらに憑依のうらがえしともいえる憑きものおとしの種類を表化すると、次頁の第2表のようになる。

そこでこの表に則して修験道に見られるシャーマニズムの全体的特徴を説明すると、次のようになる。まず脱魂（他界遍歴）には、修験者などが、山岳などで修行中に眷属や天狗に他界につれていかれるものがある。そしてこれが展開したものが自己の意志で一人で他界に行くものである。

**第2表　修験道に見られるシャーマニズムの構造**

| | | A | | B | |
|---|---|---|---|---|---|
| | | 受　身 | 能動（自己の意志） | 自己が直接 | 他者にさせる |
| 脱魂（他界遍歴のあり方） | | つれていかれる（眷属・天狗に） | 自分がいく | 他者をつれていく | 眷属に導かせる |
| 憑依 | 憑 け る | 憑けられる 偶然につく | 自分で憑ける | 他者に憑ける | 眷属に憑けさせる |
| | おとす（憑きものおとし） | おとされる 退散する | 返す（おとす） | 他者に憑いたものをおとす | 眷属におとさせる |
| | 実 施 者 | 憑依病者 | 巫者 | 行者 | |

修験者はこうして他界に行き守護神霊と同化する力を獲得したあとは、その力を用いて、他者を他界に導いたり、あるいは守護神霊と同化後その眷属を使役して他者を他界に導かせるのである。もっともこの形のものは現在はほとんど認められず、先達が新客を他界とされた霊山に導く作法の中にその面影を知りうるぐらいである。

次に憑依に関しては、まず直接守護神霊などが憑依するものがある。これには自己の意志とは無関係に、邪術をかけられ悪霊をつけられるもの、あるいは祀られていない神霊が偶然につくものと、自己の意志で、神霊を憑依させるものがある。これに対して、修験者が守護神霊を他者につけたり、さらに守護神霊と同化後、その眷属に命じて他者に邪霊をつけさせるものがある。

なお憑依とはうらはらの関係にある憑きものおとしについても、ほぼ同様の種類のものを設定することができる。すなわち、まず憑依病者が修験者に憑きものをおとしてもらったり、その教化に従って、憑きものが退散するものがある。次には、巫者などが自己に憑依させた神霊を返す（おとす）ものがある。一方行者などは自分自身が守護神霊（不動明王など）と同化して、憑きものをおとしたり、その守護神霊の眷属を操作しておとさせている。そして修験道に見られるシャーマニズムの場合には、上段の四種の脱魂による他界遍歴と、憑依の場合の特に行者が直接に、あるいは眷属を操作して神霊を他者につけたり、他者についたものをおとす場合が多く見られるのである。その際憑依のB欄に属する活動を行なう行者が、A欄に属する活動をしている巫者と組をなして巫術を行なっていることも認められる。

さて、ここで病気を例にとってシャーマン的性格をもつ術者（行者・巫者）と患者（遊魂病者・憑きもの筋、憑依病者）の関係を、第1図「術者（行者・巫者）と患者の相関図」をもとに検討することにしたい。この図では左側に行者（A）と巫者（B）をあげている。行者（A）は脱魂したり、守護神霊やその眷属を操作する力をもっている修験者、巫者（B）は自力でまたは行者の助けのもとに憑依、託宣をする術者である。一方図の右側には患者をあげているが、このうち遊魂病者（C）は霊魂が遊離したことによって病気になった者や死霊、憑きもの筋（C′）は動物霊を持つとされる憑きもの筋の家の者をさしている。また憑依病者（D）は邪神、生死霊、動物霊の憑依によって病気になったものである。

なお行者（A）や巫者（B）は他界とされる山などで修行することによって、上記の巫術を獲得する。その際行者（A）の中には遊魂病者が他界遍歴などを体験し、その後修行により、自ら他界遍歴をしたり、眷属などを操作する力を獲得した者、巫者（B）の中には憑依病者がその憑

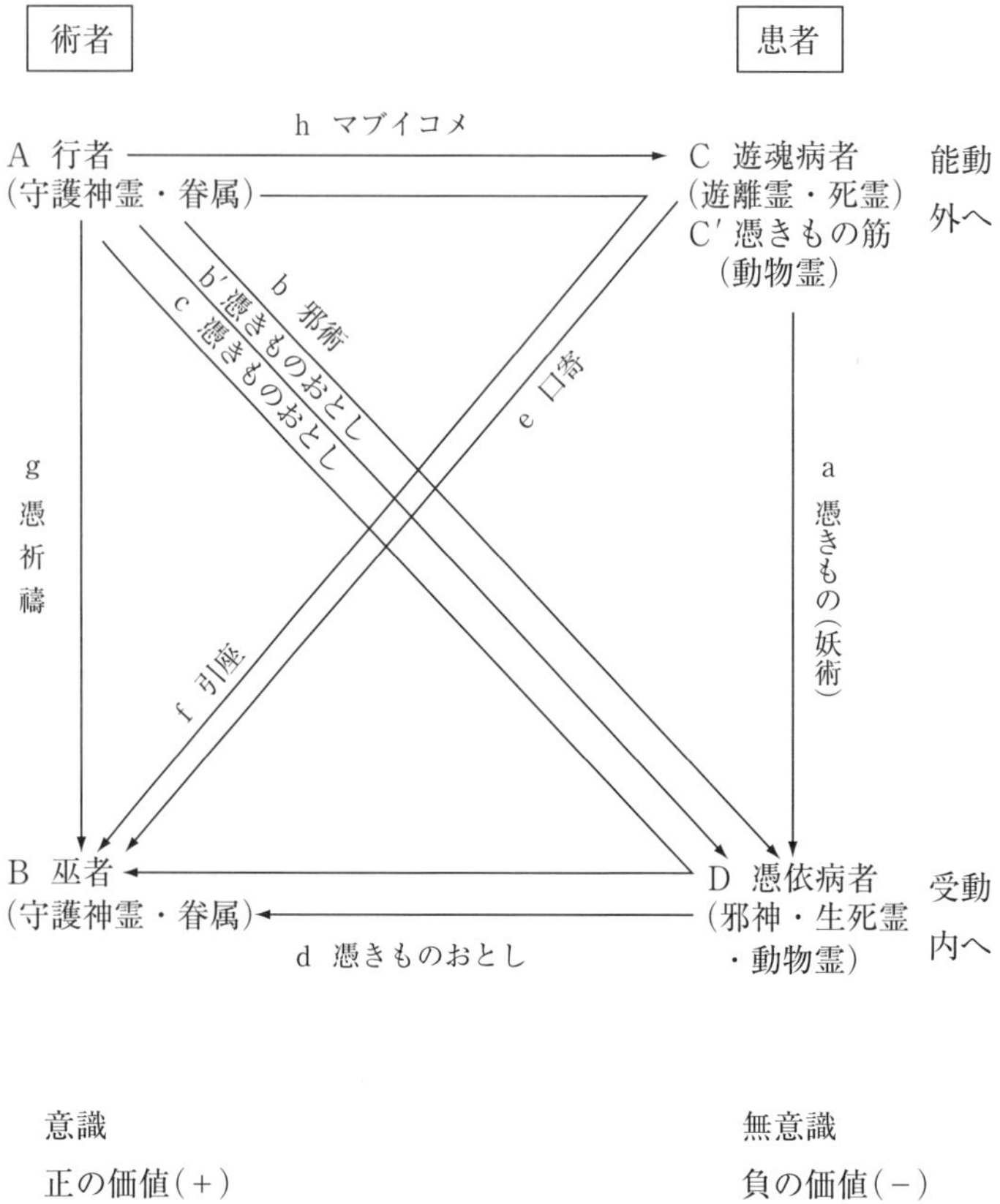


**第1図 術者(行者・巫者)と患者の相関図**

依病を修行や行者の助けで克服して、自己の意志や行者の助けのもとに必要に応じて憑依や託宣をするようになった者も少なくない。こうした際には彼らの遊魂病や憑依病は巫病と呼ばれている。

さて次に病因とそれに応じた巫術を見ると、まず、憑依病者（D）は遊魂病者（C）の生霊、死霊、または憑きもの筋の家（C′）の動物霊が憑依したり（矢印a——以下は小文字で示す）、行者（A）が邪神や動物霊を憑依させるなどの邪術を行なった（b）ことから病気になった者である。この場合には、行者（A）が直接憑きものをおとしたり（b′）、巫者にその憑きものをうつしておとしたり（c）する。また巫者に移してその憑依した理由と憑依を止める条件（油あげをそなえるなど）を聞いて、それに応じて退散させることもある。巫者が憑依病者の憑依霊を自分の身体に移して同様のことをする（d）場合も少なくない。なお巫者が遊魂病者の生霊や死霊を自分に憑依させて語らせる口寄（e）を行なっている。なお行者がこれらの霊を巫者に憑依させて語らせる引座（f）もなされている。もっとも行者はこれよりも自己の守護神霊・眷属・土地の神などを巫者につけて語らせる憑祈禱（g）を好んで行なっている。もちろん巫者は独力でこうした神霊を自己に憑依させて託宣を得ている。その他行者は遊離病者の遊魂をとりもどしている（h）。沖縄ではこれをマブイコメと呼んでいる。

なお図の枠外に記したように患者は無意識のうちに病気（負の価値、−）にかかり、術者は主として上記のような巫術を用いて、こうした患者を意識的に治療している（正の価値、＋）。また行者や遊魂病者、憑きもの筋は自己の霊魂や眷属、動物霊を外に出すという意味で能動的に働かせている。これに対して巫者は憑依病者は神霊・生死霊・動物霊が憑依するという点で内にひきとる受動的な性格を持っている。ちなみに一般には気(霊魂を意味する)が落ちこんだ遊魂病(C)的状態の時に、他の霊が憑依し(D)、これを修行によって克服して、自己の意志で神霊を憑依させる巫者(B)となり、さらに修行して、他者に憑ける行者(A)になるというように、修行の進展に応じて、C、D、B、Aと展開する。[22] そして、修験者のシャーマニズムの本質は行者(A)に見られる守護神霊やその眷属を操作したり、巫者に神霊を憑依させることにあると考えられるのである。けれども動物霊を使役していた行者がその力を失うと、その家が憑きもの筋とされることもある。また巫者が霊力を失って神霊や憑依霊を自己の意志にもとづいて憑依させえなくなると、憑依病者になるのである。

## 4 修験道に見られるシャーマニズム的世界観

さて最後に修験者は、このような眷属などを操作する力をどこで獲得しているかをあきらかにしたい。またあわせてこうした修験道に見られる巫術と神道や新宗教などに見られる巫術との相違を考えて見ることにしよう。そのモデルとして作ったのが第2図、修験道を中心としたシャーマニズム的世界観の構造モデルである。[23]

このモデルは左側に神霊がすまうとされる山や海の他界、右側に人間の生活空間である里の此

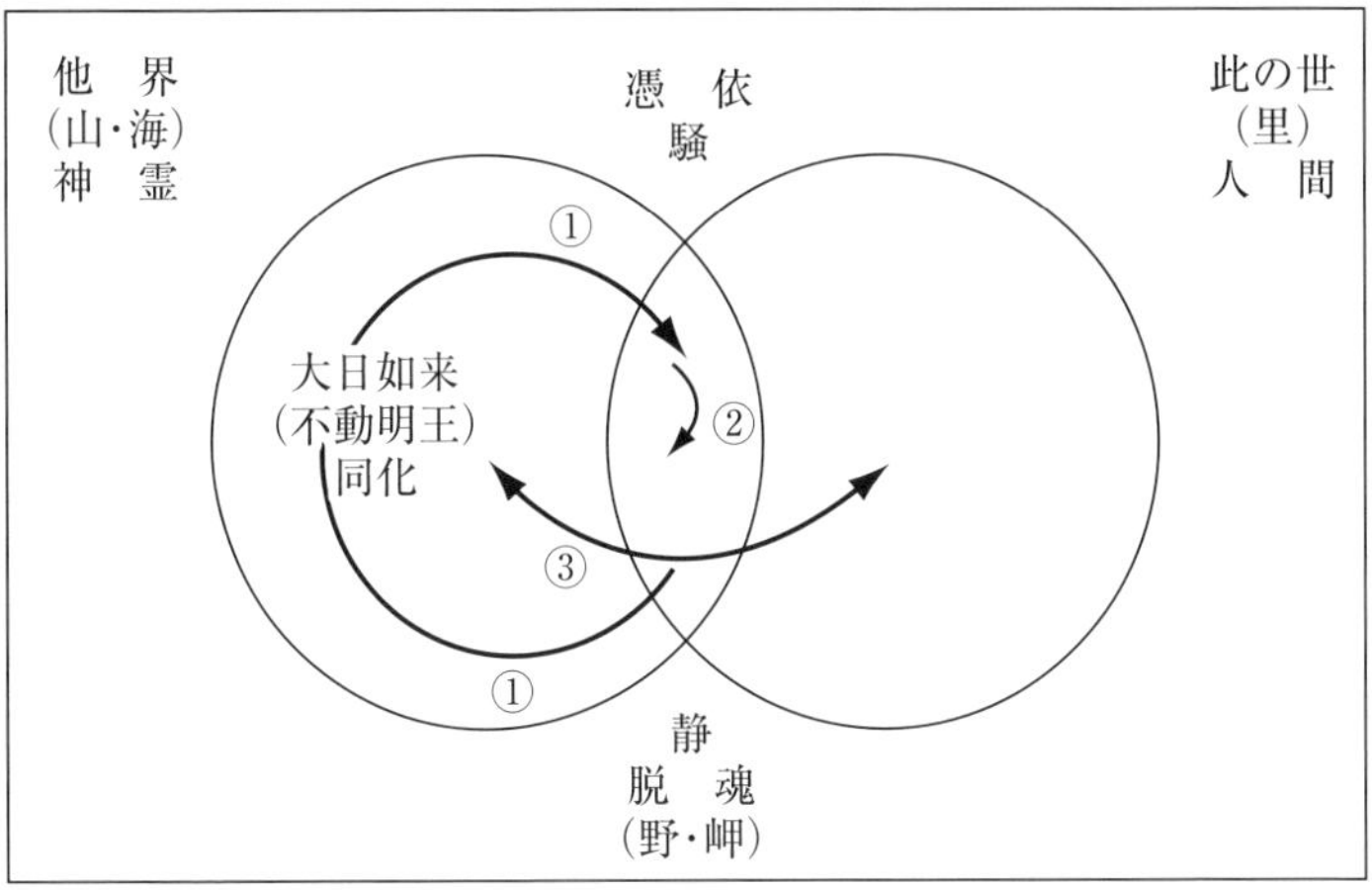

**第２図　修験道を中心としたシャーマニズム的世界観の構造モデル**

の世を位置づけている。この両者が交わっている所が社寺などがある野や岬で、多くの場合はここで巫術が行われている。さて里の修験者は、当初は野や岬の社寺などで修行し、さらに山の神（眷属）などに導かれて、他界である山に入っていって、神霊の世界の主尊である大日如来（その教令輪身である不動明王）と同化する力を獲得する。そして今度は山をおり野や岬の小祠で、主尊の力を用いて主尊の眷属ともいえる位置を占めている土地の神などを寄りましに憑依させて、託宣をさせるのである（第２図矢印①）。

これに対して神社などの祭りの際の巫術では、この土地の神が巫者に憑依して託宣する形をとっている。この場合には、神霊が直接巫者に憑依しているのである。山麓の霊地で祖霊などが巫者に憑くのもこの形のものである（第２図矢印②）。もちろんこうした場合、さきに記したような修行をした山伏が、その介添として巫者の憑依を助けることもある。一方新宗教の教祖や沖縄のユタ・津軽のゴミソなどの時には、里にいる俗人に唐突に神霊などが憑依して、こうした人々に自己の本来の居所である山岳、野や岬、島嶼にきて修行するように命じる。彼らはそれに応じてそこに赴いて修行することによって、よりすぐれた託宣能力や験力を獲得して独立した宗教者さらには教祖になっていくのである（第2図矢印③）。

なおこの三者において山岳などの聖地に赴いて修行することは、上にも記したように他界遍歴ともいえるものである。そしてさらにこれを広く解釈すれば、脱魂による精霊の他界遍歴と考えることができるのである。ところで一般にこうした修行は深夜または早朝に静かに行なわれている。一方他界遍歴をへた行者による巫者への眷属の憑依に際しては、錫杖、太鼓などによる騒々しい音による状況の転化がともなっている。このように脱魂と憑依は静と騒という音の対立と結びついているのである(24)。

以上、私は修験道に見られるシャーマニズムの構造モデルを、脱魂（他界遍歴・操作）、憑依（憑ける場合とおとす場合）について作成した。そして特に修験道の巫術においては、眷属や巫者のように他者が介在し、しかもそれが重要な役割を演じていることを指摘した（第2表）。またそのうえで、術者と患者の相関モデルを提示した（図1）。そして最後にこうした修験道に見られる巫術の根源が、修験者が他界にいってその中心をなす守護神霊（大日如来・不動明王など）と同化したうえで、その眷属を操作しうるという世界観にあることを指摘した（第2図）。そのうえでさらにこの修験道に見られるシャーマニズム的世界観の構造モデルに、神道や新宗教のシャーマニズムを位置づけて比較することをこころみた。しかしながらいずれも複雑な現象をきわめて単純なモデルであらわそうとしたために、充分説明しえぬ場合もあるのではないかと危惧している。御叱正いただければ幸いである。

(1) 日本の神祭りでは古来託宣が重要な位置を占めていた。そこでこれをより効果的に行なうために精霊を操作して寄りましに憑けたり、脱魂による他界遍歴をはかる北方シャーマニズムの儀礼が導入されたと考えられる。
(2) 佐々木宏幹『シャーマニズム――エクスタシーと憑霊の文化』(中央公論社、昭和五十五年)参照。
(3) 佐々木雄司編『現代のエスプリ――特集・シャーマニズム』一六五号(昭和五十六年四月)参照。
(4) 佐々木宏幹、上掲書参照。
(5) 堀一郎『日本のシャーマニズム』(講談社、昭和四十六年)参照。
(6) こうした問題に関する筆者の方法論に関しては、宮家準『宗教民俗学』(東京大学出版会、平成元年)参照。
(7) 『日本霊異記』上巻、第二十八話、日本古典文学全集一〇巻(小学館、平成七年)九〇―九五頁。
(8) 「道賢上人冥途記」『扶桑略記』新訂増補国史大系一二巻、二一九―二二二頁。
(9) 『宇治拾遺物語』第十九話、日本古典文学大系二七巻(岩波書店)八五―八七頁。
(10) 『吾妻鏡』建仁三年六月四日の条、新訂増補国史大系三二巻、六〇二頁。
(11) 「諏訪縁起事」『神道集』巻十、五十話(近藤喜博校訂、東洋文庫本、角川書店)二九五―三三五頁。
(12) 「富士の人あなさうし」横山重編『室町時代物語集二』(大岡山書店、昭和十三年)三三八―三五五頁。
(13) 「びしゃもんの本地」横山重編『室町時代物語集二』七九―一〇八頁。
(14) 『吾妻鏡』建長四年正月三日の条、新訂増補国史大系三三巻、四九五頁。
(15) 『太平記』巻十、『太平記一』日本古典文学大系三四巻(岩波書店)三二三頁。

（16）『秋夜長物語』新校群書類従一四巻、一二五—一四〇頁。
（17）宮家準『修験道思想の研究』増補決定版（春秋社、平成十一年）三六〇—三七〇頁。
（18）神城騰雲は剣士であったが文化五年（一八〇八）江戸の道場にいたとき、天狗に呼ばれて飛行して、京都に行ったという（稲田喜蔵『壺芦圃雑記』文化六年）。また寅吉は文政三年（一八二〇）江戸下谷から天狗につれられて常陸の岩間山にいき、そこで修行して、飛行の術などを習得したという（平田篤胤『仙境異聞』平田篤胤全集第八巻〔内外書籍、昭和八年〕五〇一—五六八頁）。
（19）宮家準「修験道とシャーマニズム——護法を中心として」桜井徳太郎編『シャーマニズムの世界』（春秋社、昭和五十三年）参照。
（20）宮家準『修験道儀礼の研究』増補決定版（春秋社、平成十一年）三四三—三七二頁参照。
（21）宮家準『修験道思想の研究』増補決定版（春秋社、平成十一年）八三五—八五九頁参照。
（22）こうした巫術を行なう術者の相互関係の詳細に関しては、宮家準『修験道思想の研究』増補決定版　八三五—八五八頁参照。
（23）こうした他界観の構造のモデルに関しては、宮家準『修験道思想の研究』増補決定版　二六九—二八〇頁参照。
（24）Needham, R. "Percussion and Transition" in W. A. Lessa & E. Z. Vogt. *Reader in Comparative Religion*. Fourth Edition, Harper & Row. 1979.

# 第三章　修験道と仏教

## 1　山林修行と山寺

我が国では弥生時代以降、定住して水田稲作を営むようになって以来、山岳を、水を与え農耕を守る山の神のすまう霊地として崇めてきた。そしてさらに山岳は祖霊の居所とされ、山の神は祖霊が神格化したもので、春先に里におりて子孫の農耕生活を守り、秋には山に帰るとの信仰にと展開した。こうしたことから、山麓に神社がつくられ、春祭・秋祭が行なわれ、これが体系化して神社神道になっていったのである。

山岳は今一方で魑魅魍魎のすまう魔所としておそれられもした。里人たちは神霊や妖怪などのいる山岳を聖地として崇め、山岳に入ることを慎んだ。もっとも山岳にはすでにそれ以前から、狩猟・木こり・採鉱などを仕事とする山民がいて、獲物・木・鉱物などを与えてくれる山の女神を崇めていた。

　ところでいうまでもなく仏教は、インドで釈迦（紀元前四六三―同三八三頃）が創唱した宗教である。人生の問題に悩んだ浄飯王の子悉達多は家を出て、山林で修行の末に、人生は苦であり、その根源は人間がいだく集（欲望）にある。その欲望を滅するためには八正道をおさめなければならないとの苦集滅道からなる四つの真理（四諦）を悟る。そしてこの教えを説き、こうした悟りを得るためには、一定期間山林に安居して禅定に入るようにすすめたのである。この仏陀の教えはその後、一切の存在を空とする般若思想、万物の根源を心におき、ヨーガの実践によって心を変革すれば悟りに達しうるとする唯識の思想にと展開した。この唯識の思想は玄奘（六〇二―六六四）によって唐にもたらされ、法相宗を生み出した。そして、道昭（六二九―七〇〇）によって我が国に招来された。これが奈良の元興寺（南寺）・興福寺（北寺）で栄えた日本の法相宗なのである。

　さて奈良時代初期に元興寺にきた唐僧の神叡は、吉野川北側の比蘇寺に二十年にわたって籠って、虚空蔵菩薩を本尊として修行し、自然智を得た。この自然智は、ヨーガの観法によって得られる仏梵一如の境地をさし、その実践は自然智宗と呼ばれている。[1] その後、比蘇寺では、大安寺で華厳・戒律・禅・天台を説いた唐僧の道璿も自然智を求めて修行した。ちなみに最澄（七六七―八二二）は、青年期に道璿の弟子で比叡山の南の神宮禅院で如来禅や天台を説いた行表の下で学び、自然智宗にもふれている。一方、興福寺の賢璟とその弟子修円は、天応元年（七八一）

頃、室生寺を開き、ここを興福寺僧の修行道場とした。ここには初代比叡山座主義真の弟子円修が入山している。この他、大安寺の道慈は竹渓山寺を開いたが、その孫弟子の勤操は空海の師である。また、金峰山で修行して醍醐寺を開き、のちに当山派修験の祖とされた聖宝（八三二―九〇九）は、勤操の孫弟子にあたっている。(2)

山林修行は中国の道教でも盛んに行なわれた。この場合は、泰山・霍山・華山・恒山・嵩山の五岳などで不老長生の仙人をめざして修行するものである。ただ道教は、中国の民間信仰を集大成したものゆえ、組織的な形では我が国には入らなかった。けれども、吉野・葛城などに道教の神仙境を求めて修行する宗教者を生み出した。また僧侶の中にも上記の官僧の他に、金峰山で観音の呪法をおさめ安禅寺に宝塔を建立した報恩、その弟子で京都の清水寺を創建した延鎮、葛城で修行し、道教の影響を受け、後に修験道の開祖に仮託された役小角（?―六九九―?）、葛城山寺で沙弥行をした行基（六六八―七四九）、やはり葛城で苦修練行した道鏡のように、山岳で修行したいわば民間僧ともいえるものも認められる。(3)

山岳を神霊のすまう霊地として崇め、山麓に神社をつくってその祭りをして豊穣を祈った水田稲作民たちは、当初は、霊山に入って修行する僧侶をとまどいの感情で見ていたかもしれない。けれども彼らが法華経を読み陀羅尼をとなえて、治病・祈雨などに効験を示すにつれて、次第に畏敬し、その活動を期待するようになっていった。そして山林修行者がこうしたことをなしうるのは、神霊のすまう霊山に籠って修行することによって、神霊と一体化してその力を得たり、神霊を自由に操作する力を獲得したことによると信じるようになっていった。葛城山の鬼神を使役して葛城から金峰への岩橋をつくらせた役小角、金峰山で修行して呪験力をおさめ孝謙天皇や桓武天皇の病気を治した報恩、興福寺で仏教を学んだあと熊野で修行して治病で知られた永興などの話は、いずれもこうした信仰にもとづいているのである。

平安時代になって最澄が比叡山、空海が高野山を開き、天台真言の密教僧が活躍したのは、彼らがすでに飛鳥・奈良時代から始まった山林修行の系譜につらなると同時に、里人たちの山林修行者への呪験力に対する期待があったからなのである。

## 2 密教と修験——比叡山と高野山

近江国の帰化人を祖とする最澄（七六七—八二二）は、入唐して天台の付法を受け、比叡山で天台宗をおこした。そして弘仁九年（八一八）「山家学生式」を定めて、比叡山の大乗戒の受戒者に十二年間の籠山修行をさせた。なお、彼は空海から密教を学んだが、さらに弟子の円仁（七九四—八六四）に入唐して密教を習得させた。この天台の密教（台密）はその後、義真の弟子円珍（八一四—八九一）によって確立された。その後、円珍門下は円仁門下との対立をさけて、円珍が再興した旧大友氏の氏寺園城寺（三井寺）に移り寺門派を樹立した。この派は比叡山の山門派に比して、密教をより重視する立場にたっている。

一方、讃岐国出身の空海（七七四—八三五）は青年期に、阿波の大滝岳、土佐の室戸岬、大和の金峰山などで修行し、さらに勤操の下で虚空蔵求聞持法をおさめた。そして三十一歳で入唐し、恵果からの密教の灌頂を受け、秘法を授けられて帰国し、真言宗を創始した。その後、弘仁七年（八一六）高野山を開き、ここを真言宗の道場とした。高野山の開創に関しては、霊地を求めて旅をしていた空海が大和国宇智郡で二匹の犬を連れた猟師（狩場明神）とあい、その案内で高野山の山の神（丹生津比売神）からこの地を譲られたとの『金剛峯寺建立修行縁起』に説く伝承が広く知られている。空海はさらに弘仁十四年（八二三）、東寺を勅賜され、ここを真言宗の根本道場としてその教化につとめたが、承和二年（八三五）高野山で死去した。

高野山は空海の死後、甥の真然に託された。彼は高野山に座主職を設け、弟子の寿長を初代の座主とした。以後この職は無空・峰禅・峰宿と続いたが、彼らはいずれも高野止住の山人の流れをくむ者である。[4] この峰宿が座主の時、東寺長者で初代醍醐寺座主でもあった観賢（八四三—九二七）が、高野山座主を兼職した。彼は奏上して空海に弘法大師の諡号を授かると共に、空海は高野山で生きつづけているとの入定信仰を弘めて、高野山を隆盛に導いた。こうした経緯をへて平安時代には比叡山・園城寺を中核とする天台の密教（台密）と、東寺・高野山・醍醐寺などによる真言密教（東密）が盛行し、山林修行をし、密教の修法をおさめ加持祈禱に秀でた験者が、多くの人々の帰依を得たのである。

ところで「修験」という語は、平安時代初期頃に、加持祈禱に秀でた験者を呪法を修得して験力を得た者とか、山林修行を行なって呪験力を得た者を修験に秀でているといったように言ったことに淵源を持っている。そして平安時代中期以降になると、密教者たちの間で次第に験を修めるための山林修行の方法が定まってくる。[5] こうした点でまず注目されるのは、比叡山に無動寺を開き回峰行を始めたとされる相応（八三一―九一八）である。

相応は『天台南山無動寺建立和尚伝』（一一一一年以前成立）によると、十七歳で比叡山で剃髪し、それ以後六、七年にわたって毎日根本中堂に供花した。二十五歳の時、これを座主の円仁に認められて、年分度者に加えられ、不動法・護摩法などを授けられた。そして比叡山の南に草庵（のちの無動寺）を設けて、そこを拠点に山内を巡拝する法華経の常不軽の行を行なった。さらに貞観元年（八五九）から三年間にわたって、比良山西麓の葛川の滝に安居して穀断を行なった。その折、葛川の地主神志古淵明神の導きで、滝中の霊木に不動明王を観じ、その霊木で不動明王を三体つくり、葛川明王院、無動寺、滋賀県蒲生郡の伊崎寺に祀ったという（『参籠旧記』）。彼はこうした修行によって験力を得、右大臣藤原良相の娘西三条女御、清和天皇、宇多天皇など、多くの人々の病気をなおし、生身の不動明王と崇められた。なお、彼が比良山麓の葛川に籠ったのは、当時この地で静安などの天台僧が抖擻行脚や仏名経読誦の修行を行なっていたのに触発されたと考えられる。ちなみに現在七百日にわたる回峰後、九日間堂入りし、その後さらに三百日洛中洛外をまわって加持などをする比叡山の千日回峰行は、相応が始めたものとされている。[6]

高野山では、東寺長者の観賢が座主となり、この職が東寺の重代職となって以来、密教を学ぶ学侶が一山の中心をなしていた。一方古来の山人の子孫や近隣の篤信者は、山内に庵をかまえて初夜・後夜の鐘をついたり、山内の堂社に供花するなどの奉仕を行なった。彼らは行人とか承仕とか呼ばれたが、その嚆矢は大治五年（一一三〇）に奥院の拝殿に始めて三口の承仕を置き、香花・仏餉などのことを勤めさせたことに始まるとされている。特に四月から七月にかけて、夏中、九十日間にわたって山内の堂社に供花し、最後の七月一日から三日間にわたって蓮華会を行なった行人は、夏衆と呼ばれた。また永治（一一四一―四二）以前頃、行人のうちの山伏が柴灯護摩を施行している。なお行人は山内をめぐる回峰行を行なっていた。ちなみに高野山では十一世紀末以降は弘法大師の入定信仰や念仏を唱道する高野聖が活躍した。このように、高野山は全体として学侶・行人・聖の三種の宗教者から成りたっていたが、特にこのうちの行人から修験がはぐくまれた。なかでも、高野山山麓の天野の丹生都比売神社の長床を拠点とした長床衆と呼ばれる山伏は、葛城先達として知られていた(7)。

この高野山に見られるように、古代末の全国各地の霊山の一山寺院は、多くの場合、別当や座主などの支配職、学侶・社僧など主として清僧の専門宗教者、行人・承仕などこれに奉仕して堂舎の供花や掃除にあたるものから構成された。なおこれらの一山寺院は、比叡山・興福寺・東寺など中央の大寺とむすびつきながらも、それぞれがなかば独立し、主として密教に重点をおいて加持祈禱にいそしんでいた。そして高野山に見られたように、一山構成員の行人・承仕のなかから、修験として崇められる宗教者がはぐくまれたのである(8)。それゆえ、こうした修験者が密教の大衆化に寄与したと考えることもできるのである(9)。

## 3　修験霊山の成立――金峰山と熊野

古代末になると、中央では金峰山（御岳）・熊野など、特に修験者があつまる霊山が知られるようになった。このうち金峰山には、既述の報恩が吉野川の南の青根ガ峰に宝塔院を創設した。空海や最澄の弟子光定も金峰山で修行した。また東大寺では法相・三論などを学び、後に醍醐寺を開いた聖宝も金峰山で修行した。吉野が弥勒にはじまる法相宗の道場であったこともあってか、末法思想が隆盛すると、その奥の金峰山は弥勒下生の地とされ、藤原道長など貴族の間で御岳詣が隆盛し、経塚がつくられた。道長は修験で知られた観修に祈禱をさせてもいる。金峰山には、金剛蔵王権現がまつられたが、平安末になると、金剛蔵王権現を役小角が金峰山上の岩から涌出させた神格とする信仰を生み出した。金峰山には山上・安禅・山下の蔵王堂、石蔵寺・一乗寺などの寺院が建立され、白河上皇・堀河上皇・鳥羽上皇らが御幸した。

吉野一山は白河上皇の時に始まる執行によって統轄されたが、その後、寛治七年（一〇九三）には興福寺が同寺の貞禅を金峰山検校に補して支配した。爾来、吉野一山は興福寺の支配のもとに執行が運営する修験一山として隆盛した[10]。

熊野は本宮・新宮・那智の三山からなり、それぞれに神社が設けられていた。また既述の永興や、那智山で火定した応昭など、数多くの山林修験者が訪れた。寛治四年（一〇九〇）に熊野御幸した白河上皇は、先達を勤めた園城寺の増誉を熊野三山検校に補し、熊野にあって三山を支配していた別当の長快を法橋に叙した。これ以来、熊野三山検校はなかば園城寺の重代職となった。もっとも十五世紀の中期以降は、この職は園城寺末の聖護院門跡の重代職となっていった。

熊野には、院政期は皇族や貴族、中世に入ると各地の武士や庶民の参詣があいついだ。檀那と呼ばれた参詣者は、熊野で修行した修験者を先達として熊野詣をし、山内に居住して祈禱・案内・宿泊の便をはかる御師に願文を提出した。この先達を媒介とした師檀組織が中世期の熊野を支えたのである。

なお本宮では社殿前の長床、新宮ではやはり長床と神社の裏山の神倉、那智では那智の滝が、修験者の修行道場とされた。やがて熊野の修験者が、熊野から吉野へと大峰山系を抖擻するようになっていった。また逆に金峰や大和地方の修験者は、吉野から熊野まで抖擻した。

熊野三山にはそれぞれ熊野十二所権現と総称される十二の神格がまつられたが、特に本宮の主神家津御子神（本地阿弥陀）、新宮の主神速玉神（本地薬師）、那智の主神牟須美神（本地千手観音）の三所権現と、若宮（本地十一面観音）が崇拝された。そして本宮は阿弥陀の浄土、那智は観音の補陀洛浄土とされ、那智の浜辺の補陀洛山寺では補陀洛渡海が行なわれた。また那智山には如意輪観音がまつられ（現青岸渡寺）、西国三十三観音巡礼の第一番の札所とされた。(11)

中世期に入ると、東北の羽黒山、北陸の白山・立山、関東の日光、駿河の富士山、木曽御嶽、伯耆大山、伊予の石鎚山、豊前の彦山など、全国各地の修験霊山が発達した。(12)概していえば、これらの修験霊山は、前項であげた高野山・比叡山などの仏教の霊山と次の二つの点で相異している。

まず第一は、修験霊山の中心神格は、金剛蔵王権現や熊野十二所権現に代表されるように山の神が示現した権現で、のちにその本地として仏菩薩が充当されている。これに対して、仏教の霊山では仏菩薩が本尊とされている。第二は、修験霊山では、山内で主導権をにぎって一山の運営にあたっているのが、仏教の霊山のように学侶ではなく、行人層、なかんずく修験者・山伏である(13)。

ところで地方の修験霊山を見ると、羽黒・白山・日光・富士・彦山は熊野、そして木曽御嶽・伯耆大山は金峰というように、中央の修験霊山の影響を受けている。時に中世期には熊野の影響が日本全国のほとんどの霊山に及んでいた。けれども、羽黒・彦山・白山・立山・富士など、地方にあっても大きな勢力をもった霊山では、やがて中央の霊山の影響を受けなくなっていった。もっとも中央の修験霊山は、金峰山は興福寺、熊野は園城寺というように政治権力とむすびついた中央の大寺の後だてを得て存続したのである。

## 4　鎌倉新仏教と修験道

鎌倉新仏教の祖師のほとんどは、山岳仏教の中枢で独自の修験を生み出した比叡山で学んでいる。それに加えて、教線をのばすにあたって各地の霊山や在地修験と競合することも少なくなかった。また地域に定着するために山岳信仰と習合したり、修験の修法をとり入れている。

法然（一一三三―一二一二）を開祖とする浄土宗では、元禄（一六八八―一七〇四）頃に編纂された同宗鎮西派六千余寺の寺誌集成『蓮門精舎旧詞』によると、次のことが注目される。(14)まず浄土宗寺院が急増するのは天正期（一五七三―九二）で、その多くは廟・堂・庵が昇格したものである。ただ他宗から転じたもの（計百七十、総数、以下同じ）のうちでは、真言（四十）・禅（三十四）・天台（十九）など、改宗前の本尊では、観音（四十八）・地蔵（三十八）・薬師（三十五）などが多くなっている。もっとも、その前身を修験と明記したものは少なく、広義に見て修験とかかわる開基には、方道仙人が三（摂津・丹波・越中―寺の所在国、以下同じ）、義淵が二（大和）、役行者（和泉）・日蔵（大和）・円珍（山城）・性空（岩代）・西行（安房）が各一などがある。ちなみに、行基八十、聖徳太子二十八、空海十三である。

次に修験霊山や山伏とのかかわりが推測されるものには、熊野比丘尼と思われる熊谷入道の娘鶴姫開基と伝える信濃の熊野山仏導寺、空師上人（一説には法然）が熊野参詣の際に創設した紀伊国野上の法然寺（一六〇一に改宗）、境内の鎮守に熊野をまつる相模国戸塚の西立寺（一五五五に建立）、肥前八木村の浄安寺（一五九四建立）、葛城修験の長円が創設した大和国名柄村の竜正寺（一〇四〇頃）、建暦年中（一二一一―一三）彦山座主蔵慶と山麓で修行中の聖光が唐から招来した善導の像をまつった博多の善導寺、吾妻大権現を鎮守とする伊豆国網代の教安寺、白山権現の神宮寺だった越前国岡本村の法源寺（一六四四改宗）、山上の蔵王堂を鎮守とする相模国上野場村の蔵王山浄念寺、飯綱権現を鎮守とする武蔵国小机川和の天宗寺、山伏が阿弥陀像を持ってきてまつった武蔵国三田二本榎の松光寺などがある。

法然の弟子親鸞（一一七三―一二六二）が開いた浄土真宗でも、山岳信仰や山伏との関係が認められる。親鸞の孫覚如の手になる『本願寺聖人親鸞伝絵』（『御伝鈔』）によると、親鸞は建保二年（一二一四）流刑地の越後をあとにして、常陸国稲田に移住して布教にあたるが、この頃、これを妨げて彼を殺害しようとした山伏弁円を帰依させ、明法房という法名を与えて弟子にした。もっとも親鸞は、同国那珂郡大部郷にいた篤信者平太郎が、地頭の熊野詣に随従することの是非をたずねた時、熊野権現の本地は阿弥陀如来ゆえ、その誓願を信じて一向に念仏を唱えればよい、と容認している。ちなみに平太郎は熊野参詣の夜、権現から逆に礼拝されたので真仏と称され、熊野から京に到るまでに二万八千人を教化したとされている。(15) なお親鸞の外孫（娘覚信の子）唯善は、仁和寺相応坊守助僧正の弟子の修験者で、弘雅阿闍梨と名のったが、親鸞の子唯円の弟子となり、唯善と改名した者である。

浄土真宗発展の基盤をつくった蓮如（一四一五―九九）は、永享三年（一四三一）に出家し、山門三門跡の一つ青蓮院准三后尊応の弟子となり、さらに興福寺大乗院経覚から法相宗を学んだ。その後、本願寺八世となったが、比叡山衆徒に本願寺が焼討ちされたので、五年近く大津の園城寺の南別所にいた。このように広く他宗を学んだ蓮如は、真宗の阿弥陀信仰を法相・天台・密教の阿弥陀信仰、白山・石動山・八幡・熊野・伊勢の阿弥陀信仰を純化したものととらえ、これらの旧勢力との摩擦をできるだけ少なくして、北陸から、東海・東国の鉱山などにたずさわる山民や、大坂・近江の港の民に積極的に布教した。ちなみに彼の三男北隣坊蓮綱は、鉱山が近くにあった旧白山末院鮎滝坊を真宗に改宗させて波佐谷坊とし、ここを拠点に北陸へ布教している。

なお、白山が叡山末であったこともあって、天台宗青蓮院門跡に属した大谷一族の中には、玄真系の如順（平泉寺両界院住）・中快（平泉寺住）、頓円系では慶恵（浄徳寺、粟津長久寺染王院道忠弟子）・慶春（平泉寺等地院住）・言忠（平泉寺染王院道忠弟子）・公誓（堅田慈敬寺弟子・薬師寺）など、白山系の寺坊に住したものも多かった。さらに白山系の高瀬神宮寺の子坊に淵源を持つ井波瑞泉寺がある他、白山美濃馬場石徹白、白山末院の加賀那谷寺など、白山の中心にまで浸透した。そして北陸では白山信仰圏内に教勢をのばしていったのである。そのせいか、白山衆と本願寺衆の間には個人的なつながりが生まれ、白山大衆が一向一揆に加担しさえしたのである(16)。

時宗の祖一遍（一二三九―八九）は文永十年（一二七三）に半年間、生地近くの伊予国浮穴郡菅生の岩屋寺に籠って修行した。岩屋寺には鎖禅定によって達する山頂に白山明神、山中に四十九の岩屋があった。ここで遊行回国を決意した彼は、同年夏、熊野本宮証誠殿に参籠して神示を受けて賦算を始めた。その後、一遍は京都の因幡堂、信濃善光寺をめぐるが、この両所は当時聖護院が支配していた。こうしたこともあってか、時宗は、聖護院門跡が三山検校をつとめた熊野や善光寺如来の信仰とむすびついて、教線をのばしている。

彼の後をついだ真教は、北陸から関東にかけて遊行し、晩年に相模の当麻寺に無量光寺を開いた。この遊行の際に、甲斐国富士吉田の富士道者の寺西念寺や、同国北巨摩郡須玉町の温泉にあった熊野権現内の真言宗寺院長泉寺を、時宗としている。なお真教の弟子で三世の智得は、無量光寺の鎮守として熊野・妙見・白山をまつっている。

一方一向派の祖俊聖は、弘安年間（一二七八―八八）に下野国上都賀郡西方村に熊野山西方福正寺を建立した。また同派の専阿は、聖徳太子作の熊野神像を持って遊行の途中、熊野権現の化身の老翁の指示で下野国芳賀郡益子にこの神像をまつって、正宗寺を開いたという。[17] このほか国阿派の祖の国阿弥陀仏も永和元年（一三七五）に熊野三所権現に詣でている。さらに山城国淀の時衆道場の時衆をはじめ、各地の時衆の阿弥陀仏が熊野に詣でている。[18]

なお時宗の遊行派では、歴代ごとの門弟を記した『往古過去帳』を伝えるが、これには霊山の修験や神主が散見する。この主なものには、十四世紀後半の越後国蔵王堂の住僧（十五名）、応安年間（一三六八―七五）の越後国弥彦神社の神主池氏（五名）、十四世紀末の越後関山金光寺の歴代別当（八名）、同じ頃、加賀白山比咩神社神主だった三阿弥陀仏などがある。

臨済宗の祖栄西（一一四一―一二一五）は、備中吉備津神社の社司賀陽氏の出身で、比叡山で台密を修め、入宋して虚庵懐敞から臨済宗黄竜派の禅と戒律を学んで、帰国して臨済宗を開いた。この臨済宗の法灯派の祖無本覚心（一二〇七―九八）は、高野山で修行後、熊野路の紀伊国由良に西方寺を構え、熊野参詣者に禅をおしえた。なお伝承では、彼は母と共に熊野に詣で、那智の死霊の山妙法山や新宮の神倉山で修行し、母を熊野比丘尼の本拠の神倉本願妙心寺にとどめたという。なお彼は高野山の萱堂聖の祖としても知られている。[19] 次に、伊勢の皇大神宮の奥院とされ、死霊崇拝で知られた真言宗の古刹朝熊山金剛証寺は、永徳年間（一三八一―八四）に鎌倉建長寺五世東学文昱の働きかけによって臨済宗に改宗した。[20] また高峰顕日（一二四一―一三一六）は真言修験道場の那須雲岩寺を同宗に改宗させ開山になっている。

出家山居主義を標榜した曹洞宗の祖道元（一二〇〇—五三）は、越前志比荘に大仏寺（のちの永平寺）をひらいて、同宗の根本道場とした。けれども彼の死後、純粋禅よりも教団発展を主張した弟子の徹通（一二一九—一三〇九）は、永平寺を出て、加賀の大乗寺によった。その弟子瑩山紹瑾（一二六八—一三二五）は、能登に永光・総持の両寺をつくり、能登出身の峨山紹碩（一二七五—一三六五）に両寺を管理させた。この両寺は能登の石動山信仰と習合して教勢をのばしていった。[21] また峨山の弟子大徹宗令（一三三〇—一四〇八）は、越中の立山山麓に立川寺（のちの立山寺）を開いたが、その際に立山神の化身の樵夫が伽藍の創設に協力したという。さらにはその門下の普門元三・丹江広雲は、立山参詣路の岩峅寺近くに寺を設けて、立山修験をとり込んでいった。[22] 関東ではやはり峨山の流れをくむ相模の了庵慧明（一三三七—一四一一）が箱根に大雄山最乗寺を開いたが、この折は園城寺の修験の道了、箱根や相模大山の山の神が協力し、道了はのちに天狗となり、道了大権現として伽藍神にまつられた。[23] この他峨山門下の通幻寂霊（一三二二—一三九一）は細川頼之の外護のもとに丹波の修験道場永沢寺を改宗させて拠点としている。

このように、曹洞宗寺院の建立にあたって山伏や山の神が協力し、曹洞宗の僧侶がこれに授戒したり、ともに修験的な験力を行使したとの伝承は、他にも数多く認められる。[24] なお永平寺が白山越前馬場の平泉寺に近かったこともあって、曹洞宗寺院では白山社が鎮守として勧請されることが多かった。例えば近江国の洞寿院では、近くの白山妙理岳の白山妙理権現を護法神としている。この他では紹瑾の弟子大智が、島原本覚寺で法華経を書写して、筑後の修験道場高良山の高良玉垂命神社におさめている。また羽黒山麓の東田川郡泉村玉川にあって、羽黒一山とも関係を持った玉泉寺は、高麗から来日した曹洞僧の了然を開基とし、遠江国佐野郡本郷村の松堂高盛再建の長福寺では、鐘楼の鐘が大峰山に飛来したとの伝承を持っている。

ところで曹洞宗寺院では、在俗者や他宗の者を対象に授戒会を行なっていたが、愛知県知多郡乾坤院には授戒者を記した文明九年（一四七七）の『血脈衆』と延徳二年（一四九〇）の『小師帳』を伝えている。これを見ると、文明十五年（一四八三）八月十六日に天狗小僧阿弥陀院と称する山伏が授戒して、長因との法名をうけ、藤九郎・種月南英の師となっている[25]。

また曹洞宗では中世後期から多くの切紙がつくられたが、その一つ「白山鎮守の切紙」には、葬儀がおわったあと寺院鎮守の白山社に参詣して諷経することによって不浄をさける際の作法が記されている。このほか、切紙の中には修験の切紙と類似したものも数多く認められる[26]。

日蓮（一二二二―八二）は安房国小湊の漁民の出身で、十二歳の時、天台密教の山岳寺院だった清澄寺に登った。その後、鎌倉・比叡山・京都・三井寺・高野山・四天王寺などで修行し、建長五年（一二五三）日蓮宗を開教し、積極的に布教した。その際に山伏を折伏した話もいくつか伝わっている。

特に有名なのは、文永十一年（一二七四）東国三十三ヵ国の山伏の司であった甲斐国小室の恵朝阿闍梨善智法印との験競べと法論である。まず験競べは、善智が日蓮が腰かけていた大石を金剛の秘法で中天にあげた。すると日蓮は題目を唱えてこの大石を中空に留めてしまった。験競べのみでなく法論にも負けた善智は、服従したふりをして毒入りの粟餅を献じて日蓮を殺そうとした。怪しんだ日蓮がこの餅を白犬に与えると犬が死んだ。そこで善智は前非を悔いて弟子となり、肥前坊阿闍梨日伝の名を与えられた。日伝は自坊を小室山妙法寺とし、日蓮を開山として二祖となり、身延山内に志摩坊を開創するなどして、以後六十一年間にわたって、法華経の流布に努めて、中老に列せられた[27]。なお佐渡にも、日蓮が山伏と験競べをして、山伏が大石を天に舞いあがらせたのに対して、日蓮がこれを呼びもどして山伏を下敷にして殺したとの話が伝わっている。

日蓮の死後は日朗ら六老僧が中心になって、日蓮宗の布教にあたった。日朗の弟子日像は京都の布教を志し、北陸に出て佐渡の日蓮の遺跡をまわったあと、七尾への船中で、石動山天平寺座主満蔵法印と問答し、折伏した。さらにその際大波におそわれたのを題目で波を鎮め、満蔵や船主らを弟子とした。満蔵は能登国羽咋に妙成寺を建立し、日像を開山として自分は二祖となり、法華経の教えを北陸にひろめた。

日蓮の廟所身延山では十六世紀末頃、身延山十三世日伝が身延山東谷の積善坊に寄住して、七面山で持呪唱題の修行をし、七面天女から修験の術を伝授され、積善坊流を始めた。七面山ではこのほか、三千日参詣して荒行の祖とされた仙応坊日慧、その弟子で現在の木剣加持のもとをなす楊枝加持をあみ出し、積善坊流を中興した仙寿日閑らが修行して、宗内で修験と呼ばれる日蓮宗の修行や修法を確立した。その後、元禄五年（一六九二）中山法華経寺の遠寿院日久は、身延で積善坊流の相伝を受け、これをもとに中山に遠寿院流の祈禱法を確立した。ちなみに『祈禱肝文鈔』によると、この修法は災因を死霊・生霊・野狐・疫神・呪詛のせいとし、呪文によってこれを祓うものである[28]。なお享保十七年（一七三二）刊の日栄による『修験故事便覧』には、祈禱・修法・祭などの故事が記されている。こうした近世期に隆盛した日蓮宗の修行・修法は、そ

の多くが中世後期の修験道のものを踏襲している。(29)

## 5　仏教と教派修験道――本山派・当山派

鎌倉新仏教は、宗祖とその教えをもとに多くの場合は、京都の本山を中核とする教派組織を形成した。この動きは、これまでの修験霊山の別当や執行が御師・先達・檀那を統轄する組織に、大きな変化をもたらした。

すなわち、熊野では鎌倉時代末になって熊野三山を実際上支配していた熊野別当が廃絶し、室町時代になると園城寺の重代職とされた熊野三山検校が熊野を直接支配するようになった。もっとも十五世紀中頃からは、寺門派三門跡の一つ聖護院が熊野三山検校を重代職とし、東山若王子乗々院を熊野三山奉行に任じてその実務にあたらせた。

この経緯を今少し具体的に述べると、十九代熊野三山検校良瑜（一三三一―一三九七）は永徳三年（一三八三）同検校が役小角正統の修験道の血脈を有するとして、大峰山中台の深仙で正灌頂を開檀する。爾来、聖護院門跡は足利将軍家の支援のもとに、地頭の熊野三山の荘園への侵犯をおさえ、熊野山の所職を補任し、各地の熊野先達に先達職を安堵した。特に二十二代熊野三山検校の道興（一四三〇―一五〇一）は、那智で籠山修行をし、文正元年（一四六六）に近畿・西国、文明十八年（一四八六）に北陸・東国、明応二年（一四九三）に四国を巡錫して、熊野先達の直接的な掌握を試み、その跡をついだ二十三代の道応は西国、二十四代の道増は関東・中国を巡錫した。そして十五世紀末からは、熊野三山検校の聖護院門跡が各地の主要な熊野先達を年行事に補任して、霞と呼ばれるその支配範囲を定め、そこに居住する山伏の支配、檀那の先達や配札の権利を認め、その上分を得る形で統轄していった。なおこの統轄に際しては、既述の熊野三山奉行の若王子をはじめとする住心院・積善院・勝仙院・伽耶院などの院家があたり、全体として、本山派と呼ばれる教派修験を形成した。ちなみに本山派の「本山」は熊野をさしている。ただ本山派全体は天台宗寺門派に包摂されていたのである(30)。

既述のように、奈良時代には吉野の比蘇寺・室生寺など大和を中心に数多くの山寺がつくられたが、平安時代以降も多くの山寺が山林修行者の道場として栄えていた。なお山寺の多くは法相・天台・真言に属し、ほとんどが密教化していた。これらの山寺や大和の寺院には学侶の他に、それに仕えたり、勧進にあたる堂衆・行人、山内の堂社に供花する夏衆などがおり、その中には山岳修行をつんで修験となる者も多かった。当時は御岳詣や熊野詣が盛行し、これらの修験の中には、吉野から熊野への抖擻をするものもあらわれた。

鎌倉時代末には、大和を中心に三十六余の寺院に依拠した修験の代表が、金峰山の奥の小笹にあつまるようになった。彼らは東大寺で修行し、法相宗・三論宗・密教をおさめたうえで金峰山に峰入し、のちに醍醐寺を開いた聖宝を伝説上の派祖にいただき、当山三十六正大先達衆という結衆を形成した。この「当山」は大峰山を意味している。

当山三十六正大先達衆を構成する寺院は若干の移動もあるが、室町時代末から江戸時代初期頃は、大和の中の川成身院・菩提山実相院・鳴川千光寺・法隆寺・矢田寺・茅原寺・金剛山寺・安部寺・信貴山寺・釜口長岳寺・菩提山正暦寺・多武峯寺・桃尾寺・三輪山平等寺・内山永久寺・超昇寺・高天寺・霊山寺・吉野桜本坊・松尾寺・忍辱山円成寺・橘寺・長谷寺、紀伊の粉河寺・根来寺の東と西・高野山、和泉の槇尾山施福寺・神尾寺・朝日寺・高倉寺・和田寺・牛滝大威徳寺、摂津の丹生寺、河内の鷲尾寺、播磨の朝光寺、山城の海住山寺・浄瑠璃寺・高雄神護寺・伏見寺、近江の飯道寺の梅本院と岩本院、伊勢の世義寺などが認められる。

これらの寺院では代表の先達一名を選び、その先達が当山三十六正大先達衆を構成した。もっとも各寺院の先達や修験は全国各地を回国して、弟子をつくっていった。これを袈裟筋支配と呼んでいる。また各寺院を代表する正大先達は、配下に小先達、地方に袈裟頭や帳元をおいて、それぞれの地域の袈裟下の山伏を支配させた。各寺院から選ばれた三十六正大先達衆は年臈によって、最長老を大宿とし、次いで二宿・三宿をきめ、この三人を中心に峰入期間中に小笹で集会して、各正大先達に属する山伏の補任・昇進などの諸事を決定した。その際、補任状の類には三者が連署し、その弟子の師匠にあたる正大先達が裏書きをして発行した。

このように当山派は当山三十六正大先達衆の座ともいえる組織だったのである。けれども織豊時代になって本山派との間に出入がおこり、より大きな権威の後だてを必要とするようになってきた。そこで慶長(一五九六—一六一五)の初期、これまでの経緯も考慮して、聖宝が開基した醍醐三宝院を棟梁にいただくことになったのである。なお江戸幕府はそれまでの本山派の修験一円支配をきらい、当山派と競わせて勢力をそぐことを考えた。そこで三宝院門跡の義演を当山派の棟梁として、慶長十八年（一六一三）に本・当各別として、本山派が当山派の山伏から入峰役銭を徴収することを禁止した修験道法度を定めたのである[31]。

以上、本・当両派の形成の経緯をあとづけてみた。これを含めてこの両派では次の四点で鎌倉新仏教の教派形成の影響を受けていることが推測される。

第一は、本山派は役小角、当山派は聖宝というように、宗祖にあたる宗教者を定め、その像を崇め神格化した伝記が作られたことである。第二は、峰中作法や呪法とその意味づけを記した切紙集成の形の教義書が編まれたことである。第三は、地方の先達を直接掌握する全国組織がつくられたことである。その際、本山派は聖護院門跡と院家が権力をにぎり、当山派は先達衆の合議にもとづく支配の形をとっている。第四は、本山派は天台宗寺門派、当山派は真言宗の醍醐三宝院というように最終的には天台・真言の中心勢力を背後にいただき、その寓宗ともいえる形の教派として存続したことである。なおこの最後のことは、これまで見てきたように修験道の歴史の当初から見られたことである。それゆえ、一言でいえば修験道は近世末まで制度的には仏教になかば寄生する形で展開してきたと考えられるのである。

## 6　近代仏教教団と修験道

明治五年（一八七二）九月、天台宗・真言宗に寄生しながらも本山派・当山派という教派を形成していた修験宗は政府によって廃止された。そして本山派は聖護院を本寺として天台宗に、当山派は醍醐の三宝院を本寺として真言宗に一括加入させられた。両派では加入した修験者に修験の衣体の着用、修験的儀礼、組織活動を禁じ、自宗の宗風や宗規に基づいて活動することを要求した。また教団内の座次は仏教僧侶の次席とし、灌頂や大法の導師を勤めることを認めなかった。このように修験的な活動を禁じると共に、修験者を一段低いものとして編入したのである。その後のとりあつかいも同様であった。例えば醍醐派では、明治七年（一八七四）三宝院道場に加入修験者を集めて真言宗得度式を行ない、その後は修験の名称を禁じ、明治九年の宗規では雑衆、明治十二年にはこれをあらためて近士とよんでいる。

　こうした政府の政策によって、仏教教団に包摂され、存続の危機をおびやかされた修験者の側では、執拗な抵抗がおこなわれた。再度の独立をはかるこころみもあったという。島田蕃根（天台系）、海浦義観（真言宗）などによって修験教学の覚醒が叫ばれもした。大和の大峰山（山上ガ岳）では官制の金峰神社奥の宮には参詣者はほとんどなく、当山派の集会所だった小笹から山上に移転された行者堂へ修験者や信者が集まったという。たびかさなる禁厭祈禱による医療の禁止（明治七年、十五年）にもかかわらず、修験的な活動はひろく行なわれた。私邸内の堂を用いて宗教活動をする修験者にとっては、上知令も財政的にはさして影響しなかった。

　一方、修験道を併合した天台、真言両教団の側では、天台宗では明治七年に山門派と寺門派が分離し、真言宗では、智山派、豊山派が醍醐寺から独立し、醍醐派所属寺院がわずかに百六十ヵ寺に減少するというように、宗派分裂にからまる大きな変化が生じた。寺門派中では聖護院に包括された修験寺院が、醍醐派でも修験寺院（八百四十ヵ寺）が、圧倒的多数を占めるようになる。その結果これらの教団ではその形態をととのえ財政を確立するためには、修験に依存せざるを得なくなったのである。

天台宗寺門派、真言宗醍醐派両者の教団運営上の必要と修験者の覚醒とがあいまって、明治時代後半になると、仏教教団内で修験集団が活動をはじめるようになる。天台宗寺門派の聖護院は、大本山として修験者を統轄し、明治十九年（一八八六）には深仙灌頂を復活し、同三十二年（一八九九）には神変大菩薩千二百年忌を盛大に施行する。天台宗でも、金峯山寺を大本山として羽黒派も含めて修験者を統轄する。真言宗醍醐派では、明治三十二年神変大菩薩千二百年忌を行ない、三十四年には近士をあらためて修験部としている。もっとも、同派では同三十六年にはさらにこれを恵印部と名称がえをしている。そして四十二年、恵印部有志の集団「聖役協会」から機関誌「神変」が発行され、四十四年には花供入峰が復興する。爾来、聖護院の奥駆、三宝院の花供の峰入は恒例の行事となる。

聖護院末の大阪府の箕面山滝安寺・吉野喜蔵院、三宝院末の吉野鳳閣寺・洞川龍泉寺など修験の由緒寺院も勢力をもり返し、京阪神を中心とした数多くの大峰登拝の講社もこの両修験集団の傘下に加わるようになる。これらの諸講社は、明治五年の修験宗廃止以後数多くの地方末寺を失った聖護院や三宝院の主要な構成要素となっていく。また三宝院では三光共立会など新宗教的な集団も、修験集団に包摂している。こうして天台宗寺門派、真言宗醍醐派という近代仏教教団に寄生した集団として修験道は蘇ったのである。この他、修験霊山の登拝講社も盛行した。

仏教教団内で市民権を得たというものの、修験寺院は在来の仏教寺院からすれば一段低いものとみられることにはかわりなかった。こうしたことから、修験寺院のなかには、寺門派では聖護院末から離れて園城寺末に、醍醐派では恵印部から真言部にというように純粋の仏教寺院に変わることを希望するものがふえてきた。特に醍醐派恵印部の場合には他の真言諸派に転入するものさえあらわれはじめた。この趨勢に則して醍醐派では大正八年（一九一九）十二月三十一日を期して恵印部寺院七百六十八ヵ寺を真言部に編入する。ただし、一代限りの修験者はこれに含めず、別に修験部を作って包括した。この施策は、醍醐派内の恵印部寺院の他派への転出を防ぐと共に、従来は個人持ちであった恵印部寺院の財産を法人財産とすることによって、醍醐派の財政基盤を強固にすることに役立った。また一世修験者を三宝院の直接支配とすることによって講社などの在俗修験者の掌握を容易にするなどの効果があったと考えられよう。

天台宗側では、特にこうした再編の動きはなく、寺門派では長吏が修験道検校を兼ね、大本山聖護院門跡が修験道総監と称し、山門派では、金峯山寺を別格本山とし同寺住職を修験道管領として修験者を包摂する方策がとられている。

大正、昭和戦前の修験道は聖護院、三宝院などを中心としてより着実な活動が行なわれる。教学面では園城寺の三井豊興、聖護院の牛窪弘善・宮城信雅、三宝院の大三輪信哉・服部如実、羽黒の島津伝道などが数多くの著述を通して修験教学の樹立をこころみる。三宝院の「神変」と並んで聖護院でも雑誌「修験」が発刊される。両派とも講習会や学院を開き、修験者の養成につとめ『修験聖典』をはじめ数多くの経典、教科書などが出版される。

恒例化した聖護院の奥駆、三宝院の花供の峰入の他に、御大典祝禱（昭和三年）、高祖降誕会（聖護院・昭和九年）、醍醐天皇一千年御遠忌（三宝院・昭和三年）、戦勝祈願の祝禱（昭和十二・十三年）などにはより盛大な峰入がこころみられる。深仙灌頂（聖護院・大正十一年）、恵印灌頂（三宝院）の伝授会も開かれている。大峰、葛城のみでなく、木曽御嶽、白山、石鎚、宝満山など全国各地の修験関係の山岳への登拝も企画された。昭和期に入ると一般に広まった登山の隆盛とあいまって、山岳修行は、山岳会などと共催の形をとることも多かった。戦争中は皇民錬成の一手段として奨励されもした。

峰入の盛行は、大峰山における入峰拠点寺院の強化と登拝講社の隆盛をもたらした。聖護院は吉野の喜蔵院を、三宝院は洞川の龍泉寺を別格本山に昇格させる。金峯山寺を中心とした吉野の東南院・竹林院・桜本坊も勢力をのばしてきた。そうして昭和十七年（一九四二）には、山上の大峰山寺は吉野四ヵ寺洞川一ヵ寺が輪番で住職を勤める天台と真言共属の寺院として認証されることになった。講社の掌握も積極的にすすめられた。すでに聖護院では大正末に神変教会の名の下に講を掌握していたが、昭和九年には平安連合会を作って京都の講社を、昭和十三年には大阪修験道協会を作って大阪の講社を組織化する。一方の三宝院も京阪醍醐講社を組織している。また両者共に大峰山寺の役講との提携をこころみてもいる。聖護院、三宝院の両修験集団はこれらの講社の基盤に立って成立していたとも考えられるのである。

昭和十六年仏教諸宗派の合同が政府当局によって強力に押しすすめられ、一宗祖一派の建前で天台宗三派、真言宗八派がそれぞれ天台宗、真言宗に一括された。この折、天台宗では山門派の金峯山寺と寺門派の聖護院の両者が主導権をめぐって争ったが、結局、聖護院を修験道大本山、金峯山寺を別格本山とし、二法流を認めることで落着した。一方真言宗側では、すでに三宝院が真言系の修験すべてを掌握していたことから、ほぼ従前通りの機構のもとで修験道の活動が続けられた。

太平洋戦争後の宗教法人令施行は、七十年余にわたって仏教教団に所属をよぎなくされていた修験集団にとっては、まさに待望の時であった。天台宗の金峯山修験本宗、修験宗（現本山修験宗）、修験道、羽黒山修験本宗、真言宗の真言宗醍醐派をはじめ数多くの修験教団が成立した。またそれまで醍醐三宝院に所属していた真如苑、解脱会など多数の修験系新宗教が出現し、法華系新宗教と並んで、新宗教の大きな潮流をつくりさえした。修験教団はここにおいて名実ともに復活したのである。

（1）薗田香融「古代仏教における山林修行とその意義」『平安仏教の研究』（法蔵館、昭和五十六年）参照。なおこの山林修行によって自然智を求める実践は自然智宗とよばれる。この自然智宗は古来中国の揚子江下流で行なわれていたが、飛鳥地方南部に移住した帰化人檜前氏によって伝来され、同氏が創建した吉野の比蘇寺で行なわれていた。
（2）逵日出典『奈良朝山岳寺院の研究』（名著出版、平成三年）参照。
（3）宮家準「山林修行者の系譜――飛鳥・奈良時代を中心に」山折哲雄編『遊行と漂泊』大系仏教と日本人六

巻（春秋社、昭和六十一年）参照。

(4) 五来重「高野山の山岳宗教」『山岳修験』四号（昭和六十三年）。

(5) 『日本霊異記』の役小角の条に「修㆓持孔雀明王呪法㆒得験㆓異験力㆒」、『三代実録』貞観十年（八六八）七月九日の条に、「大和国吉野郡深山有㆓沙門㆒名㆓道珠㆒少年入㆑山未㆑出、天皇聞㆑有㆓修験㆒遣㆓左近衛将監正六位上丹波直嗣茂㆒徴㆓道珠㆒」、『小右記』天元五年（九八二）三月二十五日の条に、験者勝算が「年臘共浅雖㆑有㆓其難㆒修験有㆑聞」とある。

(6) 村山修一「天台修験道の成立」『創立五十周年記念国史論集』Ｉ（読史会編、昭和三十四年）参照。

(7) 「行人事歴」『紀伊続風土記』高野山之部、巻四四。

(8) 月光善弘『東北の一山組織の研究』（佼成出版社、平成三年）七四六―七六二頁参照。

(9) 圭室諦成「江戸時代山伏の研究序説」『日本仏教学の諸問題』（岩波書店、昭和十年）参照。

(10) 首藤善樹『金峯山寺史』（金峯山寺、平成十六年）参照。

(11) 宮家準『熊野修験』（吉川弘文館、平成四年）参照。

(12) 五来重他『山岳宗教史研究叢書』全一八巻（名著出版）参照。

(13) 田村圓澄「権現の誕生」『山岳修験』二（平成元年）。

(14) 竹田聴洲『民俗仏教と祖先崇拝』（東京大学出版会、昭和四十六年）参照。

(15) 『本願寺聖人親鸞伝絵』（『御伝鈔』）真宗聖教全書三、列祖部所収。

(16) 井上鋭夫『一向一揆の研究』（吉川弘文館、昭和四十三年）参照。

(17) 金井清光『時衆教団の地方展開』（東京美術、昭和五十八年）参照。

(18) 宮家準「熊野本宮の先達と檀那」『大倉精神文化研究所紀要』三号（平成四年）参照。

(19) 萩原龍夫『巫女と仏教史』（吉川弘文館、昭和五十八年）二三三―二五〇頁。

(20) 鈴木泰山『禅宗の地方発展』（畝傍書房、昭和十七年）一七八頁。

(21) 佐藤俊晃「石動山信仰と能登瑩山教団」『宗教学論集』一二号(昭和六十年)。
(22) 広瀬良弘『禅宗地方展開史の研究』(吉川弘文館、昭和六十三年)。
(23) 山岡隆晃「大雄山信仰に見る修験の残像」『曹洞宗研究員研究生研究紀要』一三号(昭和五十六年)。
(24) 葉貫磨哉「洞門禅僧と神人化度の説話」『駒沢史学』一〇号(昭和三十七年)。
(25) 広瀬良弘、上掲書、四七三頁。
(26) 石川力山「中世禅宗と神仏習合——特に曹洞宗の地方的展開と切紙を中心として」『日本仏教』六〇・六一合併号(昭和五十九年)、石川力山「中世曹洞宗切紙の分類試論」(一)—(一〇)『駒沢大学仏教学論集』一三—二三号、参照。
(27) 善智問、日蓮答『甲州小室山伏問答記』天保五年。
(28) 影山堯雄『日蓮宗布教の研究』(平泉寺書店、昭和五十年)三七七—四一八頁、「修法」『日蓮宗事典』(日蓮宗宗務所、昭和五十六年)参照。
(29)『修験故事便覧』修験道章疏Ⅲ、宮家準『修験道儀礼の研究』増補決定版(春秋社、平成十一年)参照。
(30) 宮家準『熊野修験』(吉川弘文館、平成四年)参照。
(31) 鈴木昭英「松尾寺と修験道」石田茂作監修『大和松尾寺の歴史と文化』(松尾寺、昭和五十二年)参照。

# 第四章　修験道と神道

## 序

日本民族の古来の神観にもとづく宗教である神道と、日本古来の山岳信仰が仏教、道教、シャーマニズムなどと習合して、鎌倉時代初期頃に一つの宗教形態を形成するに到った修験道とは、相互に密接な関係を持って展開してきた。事実、神職家の中には、昔は修験だったものも少なくないし、山岳の神社が修験的な儀礼を行なっていることがしばしば認められ、両者を峻別することはきわめて困難である。それゆえこの両者の関係を的確にとらえるためには、概念的に神道と修験道を区別した上で論を進めることがのぞましい。そこで本論に入るに先だって、まず神道と修験道の根本的な差異に関する私見を述べておくことにしたい。

神道も修験道も聖地の神格を崇めまつる自然発生的な儀礼中心の民俗宗教である。しかしながら神道では、本来は神霊の居所とされる山岳や海中の島などが聖地とされ、山麓や海辺でその神をまつる形式がとられていた。その際神託などによって吉凶・神意を知り、それにもとづいてまつりごと（政治）が行なわれた。これは、神道が定住稲作民を基盤にして成立、展開した宗教であることによっている。これに対して、修験道は、山や海を生活の舞台とする山民や海民の信仰と聖地での修行を重視する仏教や道教、シャーマニズムが習合した宗教であることから、聖域内で修行して験力を獲得し、里を遍歴してその験力をもとに呪術宗教的な活動を行なう山伏を中心としている。けれども、ほとんどの日本人が定住稲作をいとなむようになると、修験道にしても彼らの宗教生活を考慮しなければ、その存続がおぼつかなくなってくる。こうしたことから、定住稲作民の信仰の中核をなす神道と修験道との交流がはかられることになるのである。

もっとも日本の宗教史を考える際には、この両者より以上に、神道と外来の仏教との交流が考えられねばならない(1)。周知のように、八世紀中頃から神社に附属して神宮寺を建てたり、東大寺、比叡山、高野山などにおいて寺院の鎮守として神社が祀られた。さらに九世紀中頃から十世紀には、怨霊の祟りがおそれられ、菅原道真を祀る天神社などの御霊社がつくられた。また疫病の蔓延を防ぐために、行疫神を祀る祇園社などが成立した。そしてこれらの成立や伝播に修験者がかかわったとされている(2)。その後、鎌倉時代に入ると、神仏習合思想にもとづく天台宗の山王神道や真言宗の両部神道が成立し、室町時代には本地垂迹にたつ説話や美術などが隆盛した。なお修験道にしても、その名のおこりが、平安時代中期頃に山岳修行によって、験力を修めた密教の験者をさすことにあったように、当初から仏教と密接な関係を持っていた。近世初期に成立した本山派、当山派などの修験道の教派にしても、天台、真言の仏教の傘下にあったのである。なお近世期には、本・当両派の里修験が神社と関係をもって活発な活動を行なっている。

そこで、まず、修験道と神道の関係を仏教も考慮に入れて、聖地の社寺に関するもの、御霊社や祇園社に関するもの、里修験の活動の三者について概説しておきたい。するとまず最初の聖地における神道と修験道の関係には次の三つが考えられる。その第一は、古来の神社に神宮寺がつくられ、中世以降、その神宮寺に修験者が入りこんだり、修験者によって、あらたに神宮寺がつくられるものである。その代表的な事例としては、伊勢の世義寺、三輪山の平等寺、石上の内山永久寺などをあげることができる。第二は、比叡山や高野山のように、高僧が籠山修行の場として山岳に寺院を開き、その鎮守として地主神を祀って一山を形成した所に、のちに修験が入ったり、その中から修験が育まれたものである。比叡山の回峰行、高野山の行人方がこの例である。もっともこの場合には、鎮守の神社と修験の関係は、第一のものより稀薄である。第三は、猟師などの山人や民間の山林修行者が山中の窟などで山の神を感得し、それを権現として祀ったとの伝承を持つもので、熊野、吉野、白山、立山、羽黒、彦山など修験霊山に見られるものである。この場合には、のちに僧侶や社家が入りこんで、修験者と関係をもつ形がとられている(3)。次の御霊社や行疫神に関するものでは、北野天神や祇園社の創建やその信仰の唱導に見られる修験者の関与が注目される。

最後の里修験と神社の関係は、とくに、修験者の地域社会への定着が顕著になった近世以降に注目されるようになったもので、その第一は、修験者が氏神や小祀の別当としてその祭祀にあずかるものである。こうした神社の種類は神明、稲荷、八幡、熊野、御岳など多岐にわたるが、特に稲荷社が数多く認められる。なおこの場合、修験者が山伏の補任の他に吉田家や白河家の補任を受けていることもある。第二は、修験者が熊野、伊勢など聖地の神社や御師に所属して、神社に檀那を導く先達の役割をはたすものである。第三は、修験者が、本来は神社に属しのち遊行するようになった巫女と夫婦になって活動するものである。修験者はこうした巫女に神霊を憑依させて託宣をえる憑祈禱によって災厄を明らかにし、それに応じて加持祈禱を行なったのである。

さて、こうした多様な修験道と神道の関係のうち、特に注目されるのは、最初にあげた聖地の大社の神宮寺に依拠した修験者のあり方と、御霊社や行疫神への修験の関与である。このうち前者は、本来の神社に仏教がそして修験道が入り込んだものゆえ、神道から修験への道を考えるうえで適切であると思われる。そこでこれについては、我が国の神社を代表するものであると同時に、相互に密接な関係を持つ伊勢神宮と大神神社を事例としてとりあげることにしたい。一方後者は逆に修験者が神社の創建や祭祀にかかわったものである。これについては北野天神と祇園社をとりあげる。そして最後にこの両者に見られる修験道と神社のかかわり方をさきにあげた修験道と神道の全体的な関係に位置づけて検討することにしたい。

## 1　三輪・伊勢と修験道

大和の東に位置する美しい神奈備の三輪山を御神体とする大神神社は、日本古来の山岳信仰を示すものとして数多くの研究者に注目されてきた[4]。こうした先学の研究に従えば三輪山はその当初から神霊のすまう聖地として禁忌され、崇められていた。やがて、その神霊は雷神、蛇の姿をした水神と考えられるようになり、さらには、大己貴命の幸魂、奇魂とされていった。そして崇神天皇七年には、この神の子、大田田根子が祀ることによって、天皇の国土経営を助ける神となっていく。爾来この大神神社は大田田根子を祖とする大神氏の氏神となるのである（『日本書紀』巻五）。その後時代が下って貞観元年（八五九）には正一位が贈られ、大和一宮とされている。ちなみに『令義解』の「神祇令」第一条では、大神神社は地祇の筆頭として天神の筆頭である伊勢と並ぶ我が国の代表的な神社にあげられている[5]。

一方、伊勢の皇大神社の起源は、崇神天皇六年にそれまで宮中の大殿にまつられていた天照大神が皇女の豊鍬入姫命に託して倭の笠縫邑にまつらせたとの『日本書紀』巻五の記録を嚆矢としている[6]。ところで、この笠縫邑の社は、現在大神神社の摂社である檜原神社とされている。とすると三輪と伊勢の深い関係は神代までさかのぼることになるのである。その後、垂仁天皇の二十五年三月、天照大神は今度は皇女倭姫命に憑き、あらたな鎮座地を求めて、大和の宇陀、近江、美濃を遊幸したのちに伊勢国の五十鈴川の川上に鎮座する。これが内宮（皇大神宮）のおこりである。なお『日本書紀』の一書では、その年十月に祠が度会に遷されたとしている。これに対して外宮の豊受大神は、平安時代初期になる『止由気宮儀式帳』によると、雄略天皇の御代に丹波の比治の真奈井に鎮座の天照大神の御饌神の等由気大神を度会の山田原に迎えたものとされている。しかし、正史には何ら記されていない。これに加えて、外宮の神官が外宮の所在地の地名である度会と符合する度会氏であるのに対し、内宮の神官が新たな居住者をさすとも思われる荒木田氏であることから、外宮を内宮の遷座以前にこの地に居住していた土地の豪族度会氏の守護神とする説も説かれている。(7) いずれにしろ、六、七世紀頃には、大和の大神神社、伊勢の内宮・外宮が成立したと推測されるのである。

さて、その後仏教の浸透にともなって神社に神宮寺が設けられるようになる。伊勢における神宮寺の初見は『続日本紀』文武天皇二年（六九八）十二月の条所載の斎宮のある多気の地にあった神宮寺を仏穢をさけてか、度会郡に移建したとの記事である。(8) その後天平神護二年（七六六）には、この神宮寺に丈六の仏像が安置されている。

一方三輪に於ける神宮寺の初見は、『延暦僧録』の、唐招提寺の別当をつとめ鑑真から菩薩戒を受けた釈浄三が、天平宝字年間（七五七―七六五）頃大神寺において三輪の若宮の法楽のために六門陀羅尼経を講じたとの記載である。(9) なお、時代は下るが十二世紀前半頃成立の『今昔物語』巻二十には、天武、持統の両朝につかえて功があった三輪の大田田根子を祖とする豪族大神高市麿が、大和国城上郡三輪の自宅を三輪寺としたと記されている。(10) それゆえこの神宮寺も大神神社と同様に大田田根子を祖とする大神氏によってまつられた氏寺であったと考えられるのである。ちなみにこの三輪寺には、本尊十一面観音、脇士地蔵菩薩がまつられていた[11]。

さてこうした奈良時代における当初の神宮寺の成立状況を見ると、伊勢の神宮寺は聖域なかんずく斎宮の在所をさけて、その周辺部に移されている。一方三輪の神宮寺の場合は、主神ではなくその皇子である若宮（王子）の法楽のために作られている。ただ三輪では、陀羅尼を唱えたり、悪疫退散を祈るなどの祈念がなされている。その後古代末から中世初期になると、あらたに修験的な遊行宗教者の手になる寺院が作られた。三輪山では、修験霊山で修行をし、死穢の中で即身成仏の秘印を授かり、護法を使役した遊行修験者慶円（一一四〇—一二二三）が三輪の別所に開いた平等寺[12]、鋳物師や渡守と関係をもつ遊行宗教者の玄賓（八一八没）の庵などが成立している[13]。とくに平等寺は、室町後期に近畿地方の主要な寺院に依拠した真言系修験の結社である当山三十六正大先達寺の一つに数えられている。一方伊勢では、外宮の背後の前山の世義寺や朝熊山の金剛証寺の経塚に見られるように、如法経（法華経）修行や菩提のための修験的寺院が建立されている[14]。このうち世義寺は十四世紀初頭に円海によって中興され、のちには当山三十六正大先達の重鎮となっている[15]。また金剛証寺も十五世紀初期に中興された。

こうした修験的な聖とは別に、鎌倉時代には、南都の仏教を代表する貞慶（一一五五—一二一三）、重源（一一二一—九五）、叡尊（一二〇一—九〇）なども伊勢参宮をしたり、三輪ともかかわりをもっている[16]。もっとも貞慶は笠置、重源は大峰、叡尊は醍醐というように、彼らにしても、修験霊山で修行し、密教や神祇にも関心を持っていた。そして伊勢では内宮の荒木田氏、外宮の度会氏の氏寺で法要を行なっていた。なかでも叡尊は伊勢に弘正寺を開いて、金剛界・胎蔵界の大日如来を内宮と外宮の本地として祀っているのである。[17]また通海（一二〇五―六年頃没）のように、神宮祭主の大中臣家に生まれながら醍醐寺で修行し、密教思想にのっとって伊勢の神格を説明し、法楽のために読経や護摩を修する者が出現する。[18]世義寺を中興した円海にしても、中央の密教僧の智円の影響を受けているのである。[19]

やがてこうした伊勢で育まれた伊勢神道の思想は三輪に大御輪寺を中興した叡尊らによって三輪にもちこまれる。彼が著した『大御輪寺縁起』は三輪と伊勢の同体をとき、三輪の神格や状景に関する両部神道的説明がなされ、やがて三輪流神道にと結実していく。ちなみにこの三輪流神道の思想や次第の中には、修験道と共通のものが数多く認められるのである。[20]一方、伊勢では、前山の世義寺、朝熊山の金剛証寺の他に大和から伊勢への入口にあたる飯高郡丹生山丹生神社の神宮寺、熊野からの伊勢への入口の仙宮院など、神宮をとり囲むように周辺の霊山に修験の拠点が作られていった。これらはまた、朝熊山、東大峰と通称される仙宮院など他界と結びついたり、丹生のように水銀の存在を彷彿とさせる場所である。しかもこのそれぞれにおいて修験的色彩の強い書物が作られたのである。

空海の開基伝承を記す朝熊山や丹生大神宮の縁起、役行者が開いたとする仙宮院の縁起、大神と大峰の言を記したとの記載のある世義寺にかかわる『鼻帰書』などがこれであるが、これらはいずれも修験者が作ったと推測されるものである。[21]そして我が国の根源として独鈷を重視する『鼻帰書』、内宮・外宮を胎蔵界大日・金剛界大日に充当する『鼻帰書』[22]や『仙宮院秘文』[23]、空海が虚空蔵求聞持法を修したとする朝熊山の縁起に見られるように、その内容も『大和葛城宝山記』[24]など修験霊山の縁起と類似している。もっとも内宮・外宮を胎蔵界・金剛界など密教的原理で説明するこころみは、修験道のみでなく、両部神道でもなされているものである。そして伊勢で結実したこの伊勢神道の思想が、三輪にもちこまれて、修験的色彩の強い三輪流神道になっていくのである。こうした経緯を考えると修験道における密教的思想は両部神道と同じ土壌から育まれてきたともいえよう。そしてさらに推論をすすめると、こうした両部神道や修験道にも共通する思想は、伊勢や三輪を拠点とした密教や神道にくわしく、修験にも関心をもつ僧侶たちによって作られたとも思われるのである。そしてそのうち、修験者に伝えられたものは修験的に脚色されてその教義書や儀軌となり、神宮の内で継承されたものは三輪流神道や御流神道へと結実していったと考えられる。なお近世に入ると、伊勢の世義寺、三輪の平等寺の当山派正大先達寺院では、より里人と結びついた修験の活動がなされているのである。

## 2　北野天神の創建と修験道

神社には前項でとりあげた伊勢や三輪のように氏神に類するものの他に、疫病や天変地異をもたらす怨霊や行疫神を崇めまつるものが存在する。この御霊や疫神の信仰は平安時代の初期から中期にかけて盛行したが、その代表的なものには、菅原道真（八四五―九〇三）の御霊をまつる北野天神と牛頭天王をまつる祇園社がある。ところで近年こうした御霊や疫神の信仰が、修験道の萌芽と密接な関係を持つことが注目されている。それは疫病や天変地異をもたらす怨霊を鎮め、それを御霊としたり[25]、行疫神を鎮める密教的修法が、山岳修行によって験力を修めた験者——修験者——によってなされ、こうした修験者の集団や儀礼から修験道が育まれたからである。このうち御霊に関しては、具体的にはその例として、貞観五年(八六三)当時蔓延した疫病を早良親王以下六人の怨霊の祟りであるとして、神泉苑でこれを鎮め、まつるために行った御霊会の講師を勤めた慧達が比良山の修験であったことがあげられている[26]。また金峰山から他界におもむいて菅原道真の怨霊である太政威徳天にあい、当時の天変地異の原因を教えられた道賢も修験者の一人である。ちなみに道真の怨霊は西京の七条二坊に住する多治比のあや子や、比良宮の禰宜神良種の七歳の男に憑依して託宣を下し、京都北野の右近馬場に北野天神(現北野天満宮)としてまつられて御霊となったのである。そこで本項では北野天神の創建の経緯とそこに見られる修験の関与を主として「北野天神縁起」にもとづいて紹介することにしたい[27]。

### (1) 北野天神縁起とその宗教社会的背景

北野天神縁起は菅原道真の伝記、死後の祟り、北野社の創建、その霊験を記したもので、鎌倉時代初期に成立し、以後諸国の天満宮などに絵巻の形で流布したものである。その詞書の最古のものは、建久五年(一一九四)書写の奥書がある『天満記』(建久本)である。けれども筋が整い、しかも古体を示すのは建保年間(一二一三—一九)になる『北野事跡』(建保本)である。そしてこれらの詞書に絵を付した最初の絵巻は、承久元年（一二一九）になる『根本縁起』（承久本）とされている。もっともこれは本文の途中までを絵巻にした未完本である。(28) なお源豊宗は北野天神縁起の編作者は慈円、『根本縁起』の詞書の筆者は藤原道家ら、絵の作者は大輔法眼尊智と推測している。

ここでまず北野天神縁起に見られる道真の怨霊の祟りや、北野社創建の宗教社会的背景を眺めておくことにしたい。すると奈良時代末の宝亀元年（七七〇）には疫病を防ぐために、京師の四隅と畿内の十堺で疫神祭がなされ、宝亀六年（七七五）にも旱魃に対して畿内諸国で疫神をまつらせている。そして平安時代に入ると、既述のように貞観五年（八六三）五月二十日に神泉苑で御霊会が行なわれている。これは早良親王（桓武天皇弟、のち崇道天皇）、伊予親王（桓武の子）、藤原吉子（伊予の母）、観察使（藤原仲成か）、橘逸勢、文室宮田麻呂の冤魂が祟ったことによって疫病が頻発したとして、それを鎮めまつるために催されたものである。なおこの六人はいずれも平安時代初頭、桓武天皇が強力な政治力のもとに遷都して律令政治の正統化をはかろうとした際に、謀反の罪で配流または幽閉され、自殺したり処刑されている。ところがその後、彼らをこうした状況においやった関係者が急死したり、疫病が蔓延した。そこで世間ではこれをその怨霊の祟りと噂し、朝廷でも彼らを復権させたが、災厄がおさまらなかったことからこの御霊会となったのである。

これと別に桓武天皇は延暦四年（七八五）十一月、同六年十一月に天神を交野の相原に祀っている（『続日本紀』）。また承和三年（八三六）には遣唐使のために北野で天神地祇が祀られている。

さらに元慶年間（八七七—八八四）に藤原基経がやはり北野で年穀のために雷神に祈り感応があったことから、以後北野に小祀を設けて毎秋雷神を祀っている。この小祀は北野神社境内に現存する地主神社とされている。また延喜四年（九〇四）十二月十九日に醍醐天皇が右衛門督藤原朝臣を使いとして北野に雷公を祭っている。ちなみに中国では古来牛を殺して天神を祭って雨を祈ったり、御霊を鎮めていた。この殺牛祭神は日本にも伝わり、我が国においても皇極天皇元年（六四二）、天地の異変が続いた時に牛馬を殺して諸社の神をまつっている（『日本書紀』）。また軍事にあたって牛を殺して天を祭ったり（『魏志東夷伝』）、聖武天皇の頃摂津国で漢神が祟ったとして牛を殺して祭っている（『日本霊異記』五話）。特に延暦年間（七八二—八〇六）には疫病や天変地異を漢神の祟りとして牛を殺して祭ることがしばしば行なわれたらしく、延暦十年（七九一）九月には、伊勢、尾張、近江、美濃、若狭、越前、紀伊などで百姓の殺牛祭神（『続日本紀』）、同二十年（八〇一）四月には越前でそれが禁じられている（『類聚国史』巻十、神祇十、雑祭）。もっとも、これは桓武天皇が、丑年うまれであったことによるともされている。(29)

ところで疫神の祭として広く知られているものに祇園御霊会がある。この祇園御霊会は八坂神社所蔵の『山城国愛宕郡八坂郷祇園社本縁雑録』によると、貞観十一年（八六九）疫病が流行した際、八坂で疫神の祭がなされたが、この折洛中の男児及び郊外の百姓が疫神の牛頭天王を神輿にのせて神泉苑に送ったのにはじまるとされている。これに関して林屋辰三郎は八坂には帰化人系の八坂連が祀る天神社があった。そしてここではそこに祀られている漢神に対して豊穣や祈雨のために殺牛祭神がなされていた。やがてこの神は雷神と結びつけられ、怨霊を鎮める天神と崇められた。そして、その祭が牛の頭を切り神に供えることから祭神そのものを牛頭天王と呼ぶようになり、怨霊の祟りによる疫病を鎮める牛頭天王が成立したとの興味深い解釈を試みている。[30]

こうした宗教社会的状況の中で、菅原道真は承和十二年（八四五）是善の子として生まれた。[31] 道真は学者・文人として知られ、人望もあったことから藤原氏を抑えるために重用され、蔵人頭をへて右大臣に任じられた。しかしながら、藤原時平の讒言により、昌泰四年（九〇一）一月二十五日の宣命で、大宰権帥に左遷され、延喜三年（九〇三）二月十五日大宰府で失意のうちに死亡した。するとそれと期を一にして、同年四月には旱魃が続き疫病が流行した。朝廷ではこれを道真の怨霊の祟りとおそれたのか、同年四月二十日、上記の昌泰四年の宣命をとり消し、道真の霊に火雷天神（大富天神とも）との称号を与えた。けれども延喜五年（九〇五）には彗星が出現し、同年八月十九日には、大宰府の味酒安行に神託があり、それにもとづいて葬地に祠廟を建立して、道真の霊を天満自在天神と名づけて祭祀した（『菅家御伝記』）。けれども延喜八年には旱魃が続き、同年八月七日には、時平に荷担した藤原菅根が急逝した。さらに翌九年春には疫病が流行し、夏には霖雨と洪水が続いた。朝廷では浄蔵に祈禱させたが、効果はなく、時平をはじめ一族も死亡した。また翌十年は春に大風雨、夏には旱害、翌年にも洪水にみまわれた。

その後しばらく小康が続いたが、延喜二十三年（九二五）二月二十一日、皇太子保明親王が死亡し、世間ではこれを道真の怨霊のせいと噂した。そこで延長と改元のうえ、道真を本官の右大臣に復し、正二位を追贈した。けれども延長八年（九三〇）六月には清涼殿に落雷し、時平に味方した藤原清貫、右中弁平希世などが雷死した。朝廷では比叡山の尊意に祈禱させたが効果はなく、疫病が蔓延し、諸大寺の火災が相続いた。また東国では平将門、西国では藤原純友による反乱が起こった。金峰山で修行中の道賢が道真の霊に災因を教えられ、地獄で醍醐天皇にあったとの話はちょうどこの頃にあたる天慶四年（九四一）のこととされている（『道賢上人冥途記』）。また翌五年には、多治比のあや子に託宣があり、これにもとづいて天満天神がまつられ、さらに天暦元年（九四七）に比良宮禰宜神良種の男子太郎丸に託宣があり、同八年には藤原師輔の外護のもとに北野天神社が創建された。

その後正暦四年（九九三）には道真に左大臣、正一位、太政大臣が追贈されている。けれども同五年（九九四）には疫病が蔓延し、六月に疫神鎮めの御霊会が北野の船岡で行なわれている。その後永承元年（一〇四六）八月十五日には北野御霊会がなされ、これが以後北野天満宮の例大祭となっていくのである。

以上のように菅原道真の怨霊が北野天神としてまつられるに到る背景には、古来の天神、牛を殺して天神に豊穣を祈る祭、それが展開した疫神や怨霊鎮めの御霊会や祇園の牛頭天王の祭が存在する。そして道真の死後、その左遷にかかわった人の死、天変地異、戦乱を道真の怨霊のせいとする民衆の噂、それを裏付けるかのようなシャーマン的宗教者の他界遍歴譚、託宣があった。そしてこれらの断片的な伝承を編集してよりリアルに描いたものが「北野天神縁起」と考えられるのである。

### (2) 道真の霊の憑依

「北野天神縁起」の建久本によると、天慶五年（九四二）七月十二日に西京の七条二坊に住した多治比の女あや子（文子・宜禰とも）に道真の霊が憑依して託宣した。その言葉は「私は生前、都でもとりわけ閑勝の地である右近の馬場を好んでしばしば遊んでいた。けれども無実の罪によって、鎮西に遷された。これも自分の宿業と思って見たものの、心の中には恨みを持ち、いらいらして報復したいと思うこともある。ただいつかわからないが都に帰り、ひそかに右近の馬場へいけば、胸のいきどおりも鎮まると思う。それゆえそこに祠をつくって立寄る場所を設けてほしい」というものであった。もっとも、あや子は自分が賤しいことを憚って、右近の馬場には祠をつくらないで、自宅の近くに玉垣をつくって、五年間にわたって奉仕した。けれども神慮にかなわず、再び託宣があったので、天暦元年（九四七）六月九日に北野に祠を設けてまつったという。[32]

なお天徳四年（九六〇）六月十日に多治比のあや子（宜禰）自身の手になるとされる『北野天満自在天神宮創建山城国葛野上林郷縁起』（『北野縁起』と略す）には、上記の記述に加えて、同地に松の種を植えたらそれがたちまち林となったことや、社殿の造営のことをあげている。また社殿は天徳四年まで十四年間の間に五度改築されたが、当時のものは、三間四面の檜皮葺の祠で道真の御影像をまつり、法楽増長のために法華経十部、金光明経一部、仁王般若経二部を納め、四本の卒塔婆が立てられていた。さらに託宣によって三間四面の御堂が造られ、観音像が一軀安置されていたとしている。そして最後にこの神社の奉仕はあや子の子孫が代々あたるべきものであることが記されている。[33]

この道真の霊が憑依したあや子が属した多治比氏は雷神に奉仕する氏族であり、雷神の正体は竜（蛇）であったことから蝮氏と呼ばれたという。なお、あや子は宜禰と称しているが、宜禰は巫女を意味している。ちなみに、『根本縁起』には修験者の浄蔵が時平の病気平癒を祈禱していると、時平の両耳から青竜が頭を出して、自分は帝釈天に訴えて怨敵に報じようとしているのだと告げて、祈禱を止めるよう求める絵が描かれている。いうまでもなく、この青竜は道真の霊である。それゆえあや子の憑依譚は道真の霊が雷神（竜・蛇）をまつる蝮氏の女に憑依したことを示すと考えられるのである。(34) なおほとんどの「北野天神縁起絵巻」には、あや子は童女として描かれている。ちなみに醍醐天皇の践祚大嘗祭に多治比氏出自の内舎人が田楽を奉仕しており、あや子の子孫は上月氏と称し、代々女系の当主はあや子と名のって、北野神社の巫女を勤めていた。

なお前節でもふれたように北野の地は古来天神をまつって怨霊を鎮める場所とされていた。また右京の右近の馬場は右近衛府所属の馬場で、毎月五日左右近衛官人が走馬の競技を行なっていた。この地は現在の北野天満宮境内の東側の地に比定されている。当時右京は左京に比べてさびれた地域で、住宅もまばらであったとされている。こうした場所で、古来雷神（竜神）をまつる家筋の童女に憑いた道真の霊は、生前の想い出、悲しみ、現在の気持をうったえ、まつられる事を求めている。これは『栄花物語』巻二十一「後くゐの大将」の巻にあげる万寿元年（一〇二四）正月に祟りを受けて死亡した藤原教通の妻の霊が、右近のめのとの口寄に応じて同女に憑いて語ったものと類似している。

道真の霊はさらに天慶九年（九四六）には、近江国比良宮の禰宜神良種の七歳の童男に憑いて託宣を下している。この託宣は〝私は老松、富部という二人の従者と仏舎利、玉の帯、銀の太刀、笏と鏡などの調度を持って上京した。その際老松には笏、富部には仏舎利を持たせた。昔私の身体に松が生え、それが枯れる夢を見たが、これは考えてみると流罪にされることを示すものだった。松は私の姿を示すものである。私がいだく瞋恚の念は炎となって天に満ち、私の従類の雷神、鬼類は世界の災難をひきおこしている。帝釈天も私にこのことをまかせているのだ。そこで私は不信の者を疫病にしたり、雷神にふみ殺させている。

私は鎮西にいた時、死後はこの世で私のように思いもかけない災難をうけ、困り苦しんでいる者を救う身になりたいと思い、そうなった。もっとも私の社の付近で鹿や鳥を殺したら災いをおこすだろう。人々は加茂社や八幡社のみを崇めるが、私を崇める人に対しては守護を与えるだろう。右近の馬場は私の興宴の地ゆえ、そこに移るから松を植えるように。私は政務にあった時、仏への灯明を留める罪を犯している。そこで社には法華三昧堂を設けるように、また私の「家を離れて三・四月、落涙百千行、万事は皆夢のごとし、時々彼蒼を仰ぐ」と「雁足黏将して帛を繋げたるかと疑い、鳥の頭にさし着きて家に帰らんことを憶う」の二篇の詩を詠んでくれると有難い〟というものであった。

この託宣におどろいた父の良種は上京して右近の馬場にあった天台宗の朝日寺の住職最鎮、法儀、鎮世らに相談した。その時一夜のうちに数千本の松が生えて林になったという。この奇瑞に感動した最鎮と狩弘宗はさきにあげた多治比のあや子の伴類の寺主満増と、その異父兄星川秋水と力をあわせて元暦元年（九四七）に神社を建立した。その後十四年間に五度御殿をつくり改めたうえで、天徳三年（九五九）には藤原師輔の手で社殿が増築され、宝物が整えられた。なおこの話は貞元二年（九七七）に、北野寺の僧最鎮が記した『最鎮記文』にものせられている。もっとも本書にはこの勧請の経緯、師輔による増築の話に加えて、弘宗、満増の死後に増日なるものがあらわれ、星川秋水から寺印を受けて寺司を称して最鎮と争った、そこで朝廷では北野社を大宰府の道真の廟所の安楽寺と同様に菅原氏の領知にまかせ、最鎮を住職としたことを記している。本書はこうした状況にあって最鎮が北野社の祭祀権を主張するために記したものである。(35) ちなみにさきに見た天徳四年の『北野縁起』は、これに対してあや子が北野社の支配権を主張するために作ったものと考えられる。

ところで道真の霊が憑依した童男の父の神良種が奉仕する比良宮は、比叡山の北に連なる比良山の山神をまつる神社である。延喜式には志呂志神社ともあり、白鬚神社とも呼ばれている。比良山は山岳修行の道場として知られ、貞観五年（八六三）に神泉苑で初めて御霊会がなされた時講師を勤めた慧達はここで修行している。また『根本縁起』（承久本）の詞書の筆をとったと推定される藤原道家が延応元年（一二三九）に病気になった際に修験者の慶政が祈禱したところ、比良山古人と自称する天狗があらわれ、病因が崇徳院、仁慶、承円、法円らの祟りによると語ったとの話も認められる。朝日寺の最鎮も比良山の修験者で観音経の持経者として知られ、観音の呪をとなえて治病などの活動をしたとされている。

なおこの託宣では、まず天満天神が眷属ともいえる老松、富部を擁し、従類の雷神、鬼類を使役して帝釈天の了解のもとに不信者を罰し、篤信者を守護することが述べられている。また松が御神体ともいえるものとされ、神域で鹿や鳥を殺すことを禁じ、法華三昧堂で供養し、あわせて、彼の望郷の想いと、囚われの身となった蘇武が天子に救出された中国の故事を歌った詩を詠じることを求めている。このようにこの託宣はさきのあや子のそれのように死霊が生前や現在の想いを語るのでなく、神格化した天満天神が自己の属性、本願を述べるという内容のものなのである。

### (3) 道賢の金峰山他界遍歴譚

北野天神縁起は多治比のあや子や比良宮の神良種の童男の託宣に先立つ、承平四年(九三四)に道賢が金峰山の他界に赴いて道真の霊に会い、さらに六道を遍歴する話をのせている。この話は『扶桑略記』第二十五に「道賢上人冥途記」としてあげられている。また内山永久寺にはこの広本とも思える『日蔵夢記』が伝わっていた[36]。さらに摂津国太山寺旧蔵(現ニューヨーク・メトロポリタン美術館所蔵)の『天神縁起絵巻』のように、この『冥途記』をもとに構成した一巻を含む独自の絵巻も存在する[37]。ただこれらについてはのちに必要に応じて紹介することにして、まず『天満記』(建久本)によって道賢の他界遍歴の話を紹介しておきたい。

道賢は金剛蔵王菩薩の教えで日蔵と名をかえた人である。承平四年(九三四)四月十六日から金峰山の笙の岩屋に籠って修行していたが、八月一日午の刻(正午頃)に頓滅し、金剛蔵王の導きで兜率天の内・外院、天満大自在天神の居所、閻魔王界などを見て、十三日たって蘇生した。すなわち、彼はまず金剛力士、雷神、鬼王、夜叉、羅刹のような異形の従者を連れた太政威徳天(天満大自在天神・道真の御霊)に導かれて、その住所にいった。そこは周囲も定かでないような広大な池中の大きな島だった。島には方八肘(一丈六尺)の壇があり、壇中に蓮花、そのうえに宝塔があって、その中に妙法蓮華経の軸が掛けられていた。さらに両部の曼荼羅をかけた天台の堂宇、大きな城などもあった。威徳天は「自分は生前の恨みをはらすために日本を滅ぼし、八十四年後に国土をあらためて造りたいと思った。けれども日本では普賢や竜樹が仏教を広めており、その顕密の聖教の力や仏菩薩の垂迹である明神のなだめによって、自分の怨みも十分の一に減った。ただ、自分の眷属の十六万八千の水・火・雷電・風伯・雨師・毒竜・悪鬼・邪神などが災害をもたらしている」と語った。日蔵が「日本国中の人は、あなたを火雷天神と崇めているゆえ、怨念を持たなくてもよいのではないか」というと、威徳天は「仏にならない限りは恨みを忘れることはできない。私を信じ、形像を造り、名号を唱えれば感応をたれよう」といった。日蔵が金剛蔵王にこのことを話すと、蔵王は汝に世間の災難の根源を知らせるために威徳天のもとに遣わしたといった。

この後日蔵はさらに金剛蔵王の神通力によって閻魔王界に行き、王の使いの導きで地獄をめぐったが、その一つの鉄窟苦所で醍醐天皇と三人の家臣が赤い灰の上にうずくまっているのを見た。天皇は日蔵に「私は父の宇多法皇に嶮路を歩ませたこと、自分が高殿に座して父を下地にすえたこと。罪のない賢臣を罰したこと、国位をむさぼって仏法を滅ぼしたこと、自分の怨敵のために他の衆を害したことの五つの罪と威徳天の怨念ゆえここにおちている」とつげ、自分の苦を救うために善根を施してほしいと話した。さらに日蔵は金剛蔵王から、延喜十四年（九一四）の京都の大火、同十七年の東大寺・同二十一年の崇福寺・延長三年（九二五）の法隆寺・承平五年（九七五）の延暦寺中堂などの火事、藤原純友・平将門の乱、奥州の安部貞任・宗任の反乱、源平の争い、長承（一一三二―三五）・養和（一一八一―八二）の飢饉、文治元年（一一八五）の大地震、同五年の大風、建久（一一九〇―九九）の洪水などの災難は、すべて自分の眷属の働きによるものだと説明されたのちに蘇生したのである。

これに比して『道賢上人冥途記』ではこの話をより体系的に述べ、『日蔵夢記』には『冥途記』の話がより具体的に記されている。そこで次に『冥途記』の話の筋を紹介し、上記の話に述べられていないもののみを補足しておきたい。『冥途記』によると、道賢は延喜十六年（九一六）二月、十二歳の時に金峰山に入り、発心門の椿山寺で剃髪し、塩穀を断って六年間籠山修行をした。けれども都にいた母が病気と聞いて山を出たが、その後も二十六年間にわたって金峰山に入山修行した。ただ年来、災難が頻発し、天文陰陽師が不吉をつげるので、霊験を得るためにふたたび金峰山に籠り、三十七日（二十一日）にわたって無言断食の行をして、一心に念仏した。すると天慶四年（九四一）八月二日の午の刻に枯熱が生じ、喉が渇き、気息が絶えた。

その時一人の禅僧があらわれ、金瓶から水を出して飲ませ、執金剛神と名のった。彼には二十八部衆がついてきていた。しばらくすると西の巌上から一宿徳和上がおりてきて、経を入れた笈を背おった姿の彼を山上に導いた。そこは黄金に輝く金山で七宝の高座があった。和上はその座にすわって、ここは金峰山浄土で自分は釈迦牟尼の化身の蔵王菩薩であると名のった。そして道賢にお前は短命であるといって、「日蔵九九、年月王護」と書いた短札を与え、日蔵と名前を改めて、護法菩薩を師として浄戒を受けるよう勧めた。その時五色の光明が輝き、西山の虚空から太政威徳天が異形の多くの眷属をつれてあらわれた。そして蔵王菩薩の許しのもとに日蔵を自己の居所の大威徳城に導いた。

その居所の状景は北野天神縁起とほぼ同様だが、ここでは、宝塔中に法華経が安置され、その左右に両部曼荼羅が掛けられていること、太政威徳天が自分は菅相府（道真）で、須弥山上の三十三天（その中心は帝釈天）から、太政威徳天との名を授かった、自分の第三の使者の火雷大気毒王が災厄をもたらしていると話したこと、日蔵が蔵王菩薩から授かった札の「日蔵九九、年月王護」の日は大日、蔵は胎蔵、九九は八十一、年は八十一年、月は八十一ヵ月、王は蔵王、護は守護で、大日如来に帰依し胎蔵界の大法を修行すれば八十一歳まで生きられることをさすと説明したことなどが加わっている。

ここで道賢は今一度金峰山の蔵王菩薩の所に帰り、菩薩から世間の災因を知らせるために威徳天の所につかわしたこと、太政威徳天は菅公であること、延長八年（九三〇）夏に藤原清貫や希世を殺した落雷、醍醐天皇の六臓爛壊による死、崇福寺・法隆寺・東大寺・延暦寺・檀林寺などの火災、疫病、謀反、逆乱はすべて火雷大気毒王の所作であると教えられたうえで、再び笙の岩屋にもどり、天慶四年（九四一）八月十三日寅の刻（午前四時頃）に蘇生した。これは気息をたってから十三日目にあたるとしている。なお本書には追注記の形で、道賢が蔵王菩薩の導きで地獄に行き醍醐天皇と三人の家臣にあう話をあげている。ただ本書では醍醐天皇が自分の苦しみを天皇に奏上して救済されるよう願い、さらに摂政忠平に自分の抜苦のために一万の卒塔婆を建立するよう求めている。

以上主として「北野天神縁起」をもとに、菅原道真が北野天神とまつられる宗教社会的背景とその経緯について紹介した。そこで、最後にそれに修験者がどのように関わっていたかを考察することにしたい。藤原時平との政争に破れ、大宰府に左遷された道真は延喜三年（九〇三）に死亡する。その後旱魃が続き疫病が流行し、落雷や当の時平の死などが続いた。巷ではこれを道真の怨霊のせいであるとした。延喜五年（九〇五）には大宰府の味酒安行に神託があり、葬地の安楽寺に祀廟をたて、道真の霊を天満自在天神と名づけて奉祀した。北野天神縁起によると、その後も関係者の死亡、落雷、疫病の蔓延、平将門や藤原純友の反乱が続き、これらはすべて道真の怨霊によるとおそれられた。

こうした状況の際に、金峰山の笙の岩屋で修行中の修験者道賢が金剛蔵王の導きで他界におもむき、地獄で苦しむ醍醐天皇、時平などの有様を見、さらに道真の御霊である太政威徳天（天満大自在天神）から、自分が災因となっていることを知らされるのである。そして、これをうらづけるかのように天暦五年（九四二）には道真の霊が雷神に奉仕する家である多治比のあや子に憑き、その怨念を語り北野の右近の馬場に祠をつくることを求めている。ただあや子は自宅に小祠をつくって祀っていたが、再び託宣があったので、北野に小祠をつくっている。その後天暦元年（九四七）に修験者の修行道場である比良山の比良宮の禰宜の神良種の男子、太郎丸に託宣があり、自分の怨念が災因となっていることを述べた。さらに右近の馬場に一夜に数千本の松を生やす奇瑞を示しもした。そこで良種はあや子の伴類の満増や同地にあった朝日寺の住職最鎮と、この地に北野社を創建したのである。

こう見てくると、御霊神である北野天神の創建は、他界遍歴をして他界で直接に道真の霊にあい、地獄を見た修験者道賢の体験談と、比良山の修験的性格を持つ神職の子に憑依した道真の霊の依頼がもとになっている。このように北野天神の創建には、怨霊の鎮撫の修法を行なうことも多かった修験者が深くかかわっていたことが推測されるのである。

## 3 祇園社と修験道

### (1) 祇園社と牛頭天王

京都東山の祇園社（現八坂神社）は南都の僧円如が貞観十八年（八七六）六月十四日に京都八坂にあった疫神社のそばに藤原基経の助力をえて薬師・千手観音などの像をまつった堂宇を建立したのに始まる。やがて、この堂宇は祇園寺（観慶寺・感神院とも）と呼ばれた（『祇園社社家条々記録』「太政官府　山城国の解」）。その後、延長四年（九二六）には、修行僧が祇園天神堂で供養している（『日本紀略』）。おそらくこの頃から、祇園社が御霊信仰と結びついていったと考えられよう。

容易に気づかれるように、この祇園寺の寺号は、須達長者が釈迦のために造った祇園精舎にちなんでいる。そして、この精舎の守護神が牛頭天王であったことから、この祇園寺の天神は牛頭天王と呼ばれるようになっていった。ちなみに、牛頭天王はインドの牛頭山（摩羅耶山・高山・

摩梨山）の神である。この山は山中に梅檀の樹が多く、山容が牛の頭に似ているので、牛頭梅檀と名づけられたという。そして、梅檀から熱病・風腫などにきく薬がとれることから、この山神が疫神とされ、牛頭天王と呼ばれて民間で広く信じられていた[38]。その結果、祇園精舎の守護神とされたと推測されるのである。この牛頭山の信仰はその後唐を経て朝鮮にも入り、朝鮮語では牛頭をソシマリと呼んだ。なお『日本書紀』の一書では、素戔嗚尊の天下りした場所を新羅の曽尸茂梨としている。こうしたことから牛頭天王と素戔嗚尊が結びついていったことも考えられよう。

ところで、インドでは牛が聖獣とされ牛の肝から得る薬を牛黄（牛王）と名付けて尊重した。そして、牛黄を用いて牛王加持をしたり、神の使いなどを図像化した符に牛黄の印肉を押した語符を牛王宝印として珍重した。牛王宝印はとくに熊野三山のものが有名であるが、各地の社寺でも出されている。ただ祇園社のものはとくに「牛玉宝印」と「玉」字を用いている。なお『泰山集』などでは、牛王は牛頭天王の中の二字を略したものとしている[39]。このほか、我が国では延暦（七八二—八〇六）の頃、農民が牛を殺して漢神をまつっており、この儀礼が雨乞いや怨霊鎮めにも用いられていた。こうしたことも疫病鎮めの神として牛頭天王をまつることに影響を及ぼしたと考えられるのである[40]。

牛頭天王の神格に関しては、延長（九二三—九三〇）の頃に成る『備後国風土記逸文』所収の「疫隈《えのくま》国社」に次の話が挙げられている。昔、北海にいた武塔神が南海の神の娘の所によばいに行った時に、途中で日が暮れた。そこで、その近くの蘇民将来と巨旦将来の兄弟の家に宿を求めた。その折、弟の巨旦は富裕であったが断わり、貧しい兄の蘇民が歓待した。よばいの目的をとげ八人の子をもうけた武塔神は、帰る時に、蘇民に巨旦の家に嫁いでいた娘の腰に目じるしの茅の輪をつけさせ、彼女以外の巨旦の家の者を皆殺しにしてしまった。そして、自分は速須佐能雄の神である、後世疫病が流行った時、腰に茅の輪をつけたならば、その者は蘇民将来の子孫と思って救済しようと言ったという話である。現在、祇園系をはじめ諸社の社前に祭などの際に茅の輪を作ってこれをくぐらせるのは、この伝承に基づいている。

なおこの話には牛頭天王の名は出てこないが、鎌倉時代初期に増補された『伊呂波字類抄』には、武塔天神の本名を牛頭天王、その父を東王父天、母を西王母天、その妻の南海神を沙竭羅竜王、子を八王子とし、八万四千六百五十四の従神を擁するとしている。この東王父天と西王母天は道教の神格、沙竭羅竜王は千手観音の眷属である。祇園社には当初円如が堂宇を設けた時、薬師と千手観音を祀っており、こうしたことから疫神の牛頭天王・武塔神と薬師、千手観音と沙竭羅竜王が習合しやすかったとも考えられよう。事実、牛頭天王の本地は薬師とされているのである[41]。

この祇園や牛頭天王の信仰は、吉野の金峰山にも将来され、『諸山縁起』所収の「大峰の宿名、百廿所」の中には、吉野近くの宿に智有の宿（寺祇園）、老仙の宿（今祇園）の名が挙げられている[42]。この智有、老仙は祇園社に縁があった修験と考えられる。ちなみに寛弘四年（一〇〇七）御岳詣をした藤原道長は寺祇園、寛治四年（一〇九〇）藤原師通は今祇園に泊っている。なお時代は下るが、室町期の吉野曼荼羅（如意輪寺蔵、金峯山寺蔵、西大寺蔵、ボストン博物館蔵）には、金剛蔵王権現、役行者（前鬼・後鬼）と金精・子守・勝手の吉野三神とともにいずれにも、牛頭天王と天満天神が描かれている（如意輪寺本と西大寺本は八王子神も描く）。なお、その画像は牛頭天王は牛頭を戴く三面二臂の忿怒形、その子とされる八王子神は矢を背負った随臣形、天満天神は黒袍で正笏の束帯姿である[43]。ちなみに時代は下るが近世末の当山派修験の学匠、行智の『木の葉ころ裳』には、山伏のことを「そみかくだ」というのは『和訓栞』で蘇民書札を「そみかくだ」と読ますのにちなむとしている[44]。また、尊海の『修験常用秘法集』には「牛頭天王六印法」が挙げられている。

### (2) 牛頭天王の本縁譚

牛頭天王は室町末期頃になる『二十二社註式』では、播磨の明石浦に垂迹し、ついで播磨の広峰に移り、その後、北白河の東光寺を経て、元慶年中（八七七—八八五）に八坂の感神院（祇園寺）に遷ったとしている[45]。そして、祇園社の祭神として西間に本御前、奇稲田媛《くしいなだひめ》垂迹、一名婆《は》利釆女《りさいじょ》・一名少将井・脚摩乳手摩乳女、中間に牛頭天王号太政所、進雄尊垂迹、東間に蛇毒気神、沙竭羅竜王女、今御前を挙げている。

牛頭天王の本縁譚には、鎌倉末から南北朝期に成ったとされる両部神道的陰陽道の百科全書である『簠簋《ほき》内伝』所収の「牛頭天王縁起」、『神道集』所収の「祇園大明神事」、室町期以降『簠簋内伝』所収の縁起をもとに作られた『牛頭天王縁起』などの諸本があるが、ここでは修験者の間にも影響を及ぼした『簠簋内伝』所収の「牛頭天王縁起」を紹介しておきたい。

それによると、中天竺の吉祥天の源の王舎城の商貴（鐘馗か）大王は、かつて帝釈天に仕えて善現天にいて諸星を探題し、天刑星《てんぎょう》と号したが、娑婆の世界に下って牛頭天王と称していた。天王の国は豊かだったが、王には后がなかった。そこに天帝の使いの瑠璃鳥が飛来して、王に竜宮城の娑竭羅竜王の第三女頗梨采女を嫁に請いうけよと告げた。そこで牛頭天王は、頗梨采女の所に向かうが、その途中で日が暮れ、南天竺の夜叉国の鬼王の巨旦に宿を頼む。しかし、断られて困っていると、その家の奴婢が巨旦の弟蘇民将来のことを教える。蘇民は牛頭大王を泊めてもてなし、隼鷂《ハヤタカ》という宝船で竜宮城に送った。牛頭天王は頗梨采女と結婚し、八人の子をもうけ、本国に帰る途中、巨旦を攻めようとした。これを聞いた巨旦は、博士の卜に従って、千人の僧に泰山府君の法を行わせたが、一人の僧が居眠りをしたため、そのすきに天王と眷属が攻め入って巨旦の一族を滅ぼした。ただその折、天王は以前助けてくれた奴婢だけは助けようと思い、桃の木の札に「喼急如律令」と書いて弾指すると、札がその奴婢の袂に入り、彼女は難をまぬがれた。そして、天王は蘇民将来に巨旦の支配していた夜叉国を与え、その子孫といえば疫病の難から守ることを約したという。

この本縁譚には、先の『備後国風土記逸文』所掲の「疫隅国社」の本縁譚に見られ、『神道集』の「祇園大明神之事」にもあった巨旦に嫁いでいた蘇民将来の娘に茅の輪をつけさせて救うという話はない。そのかわりに、修験者が符に好んで書く「喼急如律令」の呪文が挙げられていた。なお、この『簠簋内伝』の系統をひく『牛頭天王縁起』の諸本では、天王は蘇民の家を去る時に御札に諸願を成就させる牛玉を与え、蘇民はこれにより家屋敷や財産を得たとする。また、さらに天王は巨旦を滅ぼした後、今後も牛玉によって蘇民を擁護すると言った。そこで祇園社などの社寺では牛王宝印を作って人々に与えているとしている。

なお『神道集』の「祇園大明神事」では、牛頭天王が南海国沙竭羅竜王の第二の娘の陰大女または波利采女の間にもうけた八人の王子は、天王に随従してその行化を助け、太歳八神として苦楽の吉凶を決するとして、義浄三蔵訳の『秘密心点如意蔵王呪経』に基づいて、次の八王子とその本地などを挙げている。

第一王子　星接、太歳神、相光天王、本地普賢菩薩
第二王子　唵恋、大将軍、魔王天王、本地文殊師利菩薩
第三王子　勝宝宿、歳刑神、徳達神天王、本地観世音菩薩
第四王子　半集、歳破神、達尼漢天王、本地勢至菩薩
第五王子　解脱、歳殺神、良侍天王、本地日光菩薩
第六王子　強勝、黄幡神、侍神相天王、本地月光菩薩
第七王子　源宿、豹尾神、宅相神天王、本地地持〔地蔵か〕菩薩
第八王子　結毗、太陰神、倶摩良天王、本地竜樹菩薩

これを見ると、釈迦の脇士の普賢・文殊、阿弥陀の脇士の観音・勢至、薬師の脇士の日光・月光と地蔵・竜樹が本地とされている。

戦国時代以降になると、牛頭天王の勧請祭文が作られるようになった。その一つの宮地直一蔵の天文十九年（一五五〇）写の『灌頂〔勧請か〕祭文』では、牛頭天王〔武塔天神と同一神〕、波利采女、八王子を勧請し、『伊呂波字類抄』所掲のものに近い内容の表白文を挙げ、物怪除・五

穀成就・疫難消除・旱魃の消除などを祈願し、最後に九条錫杖・慈救呪二十一遍・吉祥天呪二十一遍・八王子呪二十一編・尊勝陀羅尼三遍・荒神呪二十一遍、心経三巻を挙げている。この修法は九条錫杖などが見られることからすると、修験者によって用いられたと考えられよう。また、ここで荒神の呪が挙げられていることは、荒神と牛頭天王の親近性を物語っているようで興味をそそられる。

なお醍醐寺には文明十七年（一四八五）書写の『牛頭天王祭文』がある。これは最初に年月日をあげ、次に蘇民将来の子孫であるこの土地（土地名は適宜に入れたと考えられる）の住民が幣帛や香花灯明を供えて、牛頭天王、武塔天神、波利采女、八王子を迎えると述べる。そして散米、供酒し、牛頭天王の伝承を述べる。そのうえで牛頭天王の子孫や八王子の名を唱えるものに、長寿、出世、豊穣、物怪鎮めなどの利益が与えられることを祈念するというものである(46)。

### (3) 祇園祭の山鉾と修験

周知のように現在の八坂神社の祇園祭では山鉾の巡行が最大の行事となっている。これは室町時代までさかのぼりうる行事である。そして『祇園社記』十五の「祇園会山ぼこの事」の条によると、応仁の乱（同元年＝一四六七に始まる）以前には各町ごとに定まった山鉾が三十―四十基出ている。この中には、山ふしほく（四条坊門むろ町）、ふたらく山（錦小路町と四条坊門間）、えんの行者山（姉小路室町と三条間）など修験に関係したものがある。そして乱後の明応（一四九二―一五〇一）頃に復興した時には、鉾が七、山が九に減少したが、その中に山伏山（四条坊門とアヤ

の小路の間）、くわんおんふだらく（六角町と四条坊門の間）が含まれている。(47)

ちなみに現在は九基の山鉾が出るがこの中に山伏山、役行者山がある。山伏山は八坂の塔が傾いたのを祈禱してもとに戻した浄蔵の大峰入峰姿をあらわす人形がかざられている。そして祇園会に際してはこの人形を会所の二階の表の門にかざり、供物を供え、聖護院の行者に祈禱してもらっている。なお会所の奥の間には牛頭天王の神号が掛けられているが、これには八坂神社の神官がきて清祓している。役行者山は役行者に一言主神と葛城神を配したもので、厄除けの利益があるとされて、そのお守りが出されている。七月十四日には聖護院の山伏がきて「みたまいれ」をしている。そして翌十五日には、聖護院の山伏は六角堂に参集し、山伏・霰天神・南観音・北観音の各山に参ってから役行者山にきて、護摩を焚いて経をあげている。(48)

このように現在の祇園祭りにおいても、修験にまつわる山鉾では本山派の修験が重要な役割をはたしているのである。

## 結

本章では最初に修験道と神道について概説的な説明をしたうえで、古来の神社である伊勢神宮・大神神社、御霊神をまつる北野天神、行疫神をまつる祇園社をとりあげて、そこに見られる修験道とのかかわりを検討した。そこで今一度立ち帰って、これらのものを全体的な修験道と神道のかかわりの歴史の中に位置づけておくことにしたい。

古代における修験道と神道のかかわりは神仏習合の流れの中に位置づけることができる。その第一は、古来の氏族の氏神に神宮寺が設けられ、そこに修験が関与するものである。天皇家の祖神天照大神をまつる伊勢神宮にかかわる世義寺・朝熊山の金剛証寺、三輪氏の祖神をまつる大神神社にかかわる平等寺、物部氏の氏神石上神宮と関わる内山永久寺などがこれである。なおこのうち伊勢の世義寺、三輪山平等寺、内山永久寺は当山十二正大先達として、近世期には大きな勢力を有していた。また伊勢の世義寺、三輪山平等寺は現在も修験寺院として存続している。神仏習合の第二のあり方は、高野山の鎮守天野の丹生都比売神社に依拠した長床衆のように寺院の鎮守に奉仕した修験である。ただ、一山組織では比叡山の無動寺の回峰行者や根来寺の修験のように、修験は仏寺に属することが多かった。そうしてこの形の修験は明治政府の神仏分離政策によって回峰行をのぞいて、ほとんどが消滅した。第三は、吉野、熊野、羽黒、英彦山などの修験一山である。これらは吉野は金剛蔵王権現、熊野は熊野十二所権現、羽黒は羽黒権現、英彦山は英彦山権現というように典型的な神仏習合の権現を主神としている(49)。ただ明治以降は吉野一山をのぞくと、そのほとんどが神社化した。しかしながら羽黒の出羽三山神社などでは、峰入など修験的な行事を行なっている。また羽黒や英彦山では神社が大きな勢力をもってはいるが、修験寺院も活動している。

神仏習合の次の展開は平安時代に芽生えた御霊神や行疫神の祭祀で、ここにも修験がかかわっている。すなわち、本章でとりあげた御霊神を代表する北野天神の創建においては、その当初から修験が関与していた。御霊の統御、憑依、脱魂による他界遍歴というようにシャーマン的能力を持つ修験が創建に深く関わっていたのである。ただ北野天神においては、その後の展開にはあまり修験の影響は認められない。これに対して祇園社の場合は創建には修験はさして関わりを持たなかった。けれども祇園会の山鉾巡行などでは、現在も修験が関わっている。また修験者の間に広く流布した『簠簋内伝』の巻頭に「牛頭天王縁起」がおさめられていることからわかるように、牛頭天王信仰の伝播には修験が深く関わっていた。吉野一山にみられるように修験一山には天神や祇園がまつられていることも少なくないのである。

近世期になり、修験が里修験化すると修験と神道の関係に新しい展開が認められる。その第一は、修験者が自己が止住する地域の氏神の別当となり、祭祀にあずかるようになったことである。こうした氏神には熊野・白山・金峰など修験霊山の祭神、天神などの御霊神もあるが、八幡・稲荷など一般的なものも少なくない。もっとも明治の神仏分離の結果これらの修験の多くは神官になっていった。(50)第二は、中世期の熊野先達に見られるように、修験者が各地の霊山登拝の先達を勤めるものである。これは特に権現を祀る修験霊山で顕著に認められ、先達を中心とした霊山登拝の講が数多くつくられた。特に富士と木曽御嶽は民衆登拝の山として栄え、数多くの講が輩出した。これらの講は明治以降は御嶽講は御嶽教、富士講は扶桑教・實行教などというように教派神道になっていった。

ところで古来の神祭りでは、神功皇后と竹内宿禰に見られるように憑依して神託を下す巫女とそれをきき出す審神者《さにわ》がセットになっていた。そして第二章で見たように平安時代には巫女と験者、中世は修験と稚児、近世は山伏と巫女が組になって憑依禱をすることが多かった。このなごりは現在も福島県の葉山祭りや石見の大元神楽、御嶽講の御座などのうちに認められるのである。

このように修験道と神道のかかわりには実に多様なものが認められるが、本章ではそのうちの神社神道を代表する伊勢神宮と大神神社の神宮寺とかかわる修験、修験者が創建にかかわった北野天神、修験者がその神事や伝播にかかわったと思われる祇園社をとりあげてその具体的なあり方を紹介した。

（1）神仏習合に関する諸研究の概要に関しては、林淳「神仏習合史研究ノート――発生論の素描」『神道研究』一一七（昭和五十九年）参照。
（2）詳細は、村山修一『神仏習合思潮』（平楽寺書店、昭和三十二年）、村山修一『本地垂迹』（吉川弘文館、昭和四十九年）参照。
（3）田村圓澄「権現の誕生」『山岳修験』二（山岳修験学会、昭和六十一年）参照。
（4）『大神神社史料』第三巻、研究論説篇（吉川弘文館、昭和四十六年）参照。
（5）『令義解』神祇令第一条、新訂増補国史大系二三巻、一九四頁。
（6）大西源一「笠縫邑を中心として」『神道史研究』（特輯・三輪明神・大神神社）九の六（昭和三十六年）参照。
（7）岡田精司「伊勢神宮の成立と古代王権」萩原龍夫編『伊勢信仰　一』（雄山閣、昭和六十年）一五頁。
（8）萩原龍夫「伊勢神宮と仏教」上掲萩原編『伊勢信仰　一』二三一頁。

(9)『延暦僧録』第二「沙門　釈浄三伝」『日本高僧伝要文抄』新訂増補国史大系三一巻。
(10)「高市ノ中納言依二正直一感レ神話　第四十一」『今昔物語』巻二〇、新訂増補国史大系一七巻、五八七―五八八頁。
(11)久保田収「聖林寺観音の戸籍」『大神神社史料』第三巻、研究論説篇、一〇二一―一〇二六頁。
(12)『三輪上人行状』続群書類従第九輯、伝記部巻二一八、五九―六六頁。なお元禄十五年性亮(玄心)によって、これをもとにした慶円の伝記「三輪山平等寺中興開祖慶円観上人別伝」(『大神神社史料』第六巻、吉川弘文館、昭和五十四年、所収)が編まれている。
(13)大江匡房『江談抄』「第一仏神事」群書類従第二七輯、五五七―五五八頁。
(14)石田茂作「伊勢朝熊山経塚」『立正考古』一八(昭和三十六年)、『昭和四〇―四五年指定文化財修理報告書』美術工芸編(文化財保護委員会編)など参照。
(15)『神宮世義寺所見録』全(世義寺)。
(16)詳細は、梅田義彦『僧徒の大神宮崇拝史』(會通社、昭和十九年)参照。
(17)叡尊については、弘安八年から九年にかけて彼自身が記した『金剛仏子叡尊感身学正記』ならびに元禄十一年に刊行された年譜『西大寺勅謚興正菩薩行実年譜』(共に奈良国立文化財研究所編『西大寺叡尊伝記集成』[法蔵館、昭和五十二年]所収)参照。
(18)『通海参詣記』上下、続群書類従第三輯下、神祇部。なお小嶋鉦作「通海権僧正事蹟考」上中下、『歴史地理』五二―一・二・三(昭和三年)参照。
(19)佐藤虎雄「世義寺考」上下(『史跡と美術』二六―九・一〇、昭和二十八年)参照。
(20)西田長男「三輪神道成立の一齣」『神道史研究』九の六(昭和三十六年)参照。
(21)久保田収「『鼻帰書』について」『神道史の研究』(皇学館大学出版部、昭和四十八年)三六八―三八四頁参照。

(22) 伊勢の内宮を胎蔵界、外宮を金剛界に充当させる見方は、すでに永仁三年(一二九五)の藤原有房の『野守護』(群書類従第二七輯、雑部巻四八四)、鎌倉末の『類聚既験抄』(続群書類従第三輯上、神祇部巻五八)などに認められる。

(23) 『仙宮院秘文』(仙宮神社蔵)『神道大系神社編一四 伊賀、伊勢、志摩国』所収。なお鈴木義一「仙宮院秘文の研究」『神道学』三三、三四(昭和三十七年)。

(24) 『大和葛城宝山記』修験道章疏Ⅲ所収。

(25) 怨霊は怨念をもって死亡し、災厄をもたらす死霊、御霊はこうした怨霊が神としてまつられたものをさしている。それゆえ前者に対しては供養したり、怨念を鎮める修法がなされるが、後者に対しては災害をのぞくことが祈られるのである(桜井徳太郎「怨霊から御霊へ」柴田実『御霊信仰』[雄山閣、昭和五十九年]参照)。

(26) 村山修一『本地垂迹』(吉川弘文館、昭和四十九年)九一頁。

(27) 北野天神縁起の内容については、笠井昌昭「天神縁起説話の成立」大宰府天満宮文化研究所編『菅原道真と太宰府天満宮』上巻(昭和五十年)四七六―四八〇頁参照。

(28) 「北野天神縁起」の諸本については、おおのいさお「北野天神縁起の成立について」『史学雑誌』六七―九(昭和三十二年)参照。

(29) 佐伯有清「殺牛祭神と怨霊思想」『日本古代の政治と社会』(吉川弘文館、昭和四十五年)参照。

(30) 林屋辰三郎「天神信仰の遍歴」『古代文化の創造』(東京大学出版会、昭和三十九年)参照。

(31) 道真の伝記は主として「北野天神縁起」のうち史実と思われるものをもとにしている。なお坂本太郎「北野天神縁起の史実とフィクション」『月刊文化財』四一(昭和四十二年)参照。

(32) 「北野天神縁起」萩原龍夫校註『寺社縁起』日本思想大系二〇巻(岩波書店、昭和五十年)一六一―一六二頁。なお以下『建久本』の内容は本書によることにする。

(33) 本縁起は「北野縁起」との表題のもとに群書類従巻一九に収録されている。なお『群書解題』第六所収の西田長男による解題参照。
(34) 西田長男「北野天満宮の創建」村山修一編『天神信仰』(雄山閣、昭和五十八年)六五―六七頁。
(35) 「最鎮記文」群書類従巻二〇、および『群書解題』第六所収の西田長男による解題参照。なお村山修一は、最鎮は比叡山の修験者で、あや子一派の北野社経営に加わるために、比良宮禰宜の良種の子に道真の霊を憑依させて、託宣を得た。そして、これをもとに北野社に介入し、菅原氏を別当とし、自分が検校となって同社を支配した。この最鎮が観音経の持経者であったこともあって、北野社の祭神の天満大自在天神の尊号は変化観音信仰にもとづいているとしている。村山修一「外来宗教の伝播と民俗信仰」『仏教民俗学大系I』(名著出版、平成五年)八八―八九頁。
(36) ともに真壁俊信校注『神道大系神社編一一 北野』に収録されている。
(37) 村瀬実恵子「メトロポリタン本 天神縁起絵 巻上、下」『美術研究』三四七、三四八号(昭和四十一年)。
(38) 村山修一「祇園社の御霊神的発展」柴田実編『御霊信仰』(雄山閣、昭和五十九年所収)二一〇頁。
(39) 『牛玉宝印――祈りと誓いの呪符』(町田市立博物館、平成三年)。
(40) 佐伯有清「八・九世紀の交における民間信仰の史的考察――殺牛祭神をめぐって」『歴史研究』二二四(昭和三十三年)。
(41) 西田長男「祇園牛頭天王縁起の成立」柴田実編『御霊信仰』(前出)所収参照。
(42) 「諸山縁起」『寺社縁起』日本思想大系二〇巻(岩波書店)一一二頁。
(43) 鈴木昭英「金峰・熊野の霊山曼荼羅」『山岳宗教史研究叢書 一五』(名著出版、昭和五十六年)八七―九六頁。
(44) 行智『木の葉ころ裳』上、修験道章疏Ⅲ、一八〇―一八一頁。
(45) この伝承は円如の祇園寺建立を助けた藤原基経が播磨介であったことに基づいている。なお播磨には平安以前から新羅からの帰化人がいて牛頭天王をまつっていた。また平安中期には、道満、智徳などの法師陰陽師がいて、広峰社を拠点に勢力をのばしていた。京都の祇園社ものちに安倍円弼の一派が社僧を勤め、それにつらなる法師陰陽師が牛頭天王の信仰を唱導した。こうしたことから京都の祇園社と播磨の広峰社を結びつけるこの伝承がつくられたと考えられる。もっとも村山修一は基経が円如を助けて祇園寺を建立するにあたって、播磨介であった関係から関心のあった広峰社の牛頭天王を勧請して権威づけをはかったと推測している（村山修一「修験道と陰陽道」『山岳修験』五、平成元年）。

(46) 村山修一「修験道と陰陽道」『山岳修験』五（平成元年）八―一〇頁。

(47) 柴田実「祇園御霊会――その成立と意義」『中世庶民信仰の研究』（角川書店、昭和四十一年）一三三―一四〇頁。

(48) 柴田実「祇園会覚書」柴田上掲書、一五三―一五四頁。米山俊直編著『ドキュメント祇園祭――都市と祭と民衆と』（日本放送出版協会、昭和六十一年）九二―九三頁。

(49) 宮家準「神仏習合論――修験道を中心に」『日本仏教』講座東アジアの仏教第四巻（春秋社、平成七年）参照。

(50) 宮家準「宮古における里修験の変容」『山岳修験』一二号（平成五年）参照。

# 第五章　修験道と道教

## 序

周知のように修験道は日本古来の山岳信仰が、シャーマニズム、密教、神道、道教などと習合して鎌倉初期頃に成立したものである。この宗教では山岳修行によって超自然的な験力を獲得し、それを用いて呪術宗教的な活動を行なう修験者・山伏を中核としている。一方道教は窪徳忠によると、中国古代のさまざまなアニミスティックな民間の信仰を基盤とし、神仙説を中心として、それに道家、易、陰陽、五行、緯書、医学、占星などの説や巫の信仰を加え、仏教の組織や体裁にならってまとめられた、不老長生を主な目的とする呪術宗教的傾向のつよい、現世利益的な自然宗教である。(1)

ところで私は宗教を自然発生的に生まれた生活慣習として存続し、特に他の民族などに布教することを必要としない自然宗教と、イスラム教、キリスト教、仏教のように特定の教祖が創唱し、その教えを全世界に弘めることを目ざし教団を設立する創唱宗教に大別している。そうして自然宗教が創唱宗教を摂取して、成立宗教化したものを民俗宗教とよんでいる。このように分類した場合には、修験道も道教も基本的には民俗宗教に所属する。なお日本の民俗宗教には修験道の他に神道、陰陽道がある。神道は水田稲作を営む人々が霊山の水分神を山麓の神社に迎えて祀ったことに始まった。また陰陽道は、中国の讖緯説や陰陽五行説に主な淵源をもつ吉凶禍福を判断する占法をもとに日本で形成されたものである。なお仏教伝来後は、神道、修験道、陰陽道と仏教が習合した。そして、これらのものが民間に沈潜し、自然宗教と習合して残留したものが民俗宗教である。一方、中国の民俗宗教には道教の他に儒教が考えられる。儒教は四書、五経を主要な経典とし、祭天の古俗を中核とするものである。なお中国においても道教や儒教とくに道教は仏教と習合した。そうしてこれらが民間に沈潜し自然宗教と習合した民間信仰の形で残存している。この中国の民間信仰を民衆道教と呼ぶ研究者も認められる。このように日本と中国はそれぞれ独自の民俗宗教を形成し展開させてきたのである。

## 1　道教の伝播――先学の研究

修験道を道教の伝播という視点からとらえた最初の論文は、小柳司気太の「道教と真言密教の関係を論じて修験道に及ぶ」（『哲学雑誌』四五〇、大正十三年）である。小柳は本論文で修験道の祈禱所の鏡、九字・十字の呪法、霊符などが葛洪の『抱朴子』所掲のものと類似していることに注目する。そしてこれらや修験道に見られる密教の要素をもとに、修験道は役小角を創立者とし、密教および道教を日本化した宗教であるとしている。また窪徳忠はこの小柳の指摘をさらに展開させて、修験道に見られる九字・唸急如律令の呪文、魔や祟りをはらう祈禱、鬼神の使役、火渡り、辟穀、服餌などの修行、神仙思想は道教から伝えられたものとしている。このように修験道と道教の間には、その性格から社会的機能にいたるまで、きわめて多くの面で酷似する点あるいは共通する点がある。したがって修験道は道教の日本版あるいは、日本の道教といいうるかもしれないとしている。[2] さらに松田智弘は「修験道の開祖役小角は仙人で、修験道は道教が日本的に展開したものに違いない[3]」と述べている。

なお役小角の伝承に道教の呪法や神仙思想の影響が認められることは、つとに津田左右吉が指摘している。[4] 近年酒井忠夫は、これを細かく検討して「役小角の呪術は後漢末期〜六朝初期の左慈―葛玄―鄭隠―葛洪の系統の道術・方術の積行修業による呪術に一部似た性格をもっていた。そのうえ六朝時代の『雑密』の呪法に刺激されて験力がより強められたのが日本の山岳信仰の呪術である」としている。[5]

道教の日本伝播は下出積与などの日本史学者からも注目された。下出は、日本には民衆道教が帰化人、道教的な知識が留学僧・留学生によってもたらされた。けれども道士による成立道教の布教はまったく見られなかった。こうした形で伝来した中国の民衆道教と日本の民間信仰は、いずれも現実肯定の論理を基調とするが、この両者が相乗されて一方において陰陽道、いま一方において修験道を生み出した、としている。(6) また重松明久は、原始修験道の創始者は役小角と白山を開いた泰澄であるとし、この二人の所伝を中心に、それぞれに影響を及ぼした道教や仏教を検討し、泰澄には新羅系の神仙思想と法華系ないし雑密系仏教との関連的立場が、役小角の場合は百済経由の道教思想とおそらく金剛蔵菩薩に代表される華厳系密教との関係が想定されるとの見解を示している。(7) なお民俗学者の宮本袈裟雄は、役小角をはじめ著名な修験霊山の開基が神仙とみなされていることから推測して、神仙の域に達することが山伏の理想とされたのではないかとしている。(8)

以上、中国史学・日本史学・民俗学の立場から道教と修験道の関係にふれた論文を紹介した。これらはいずれも道教伝播の事実を示すものとして修験道に注目している。もっとも修験道は道教が日本的に展開したとする松田智弘をのぞいては、修験道に見られる道教的要素を抽出し、それを道教伝播の証左としている。ただその際に、役小角伝説、神仙思想、呪法、現行の九字や道教的な符などが時代を考慮することなく並列的にとりあげられている。けれども修験道は日本古来の山岳信仰が道教をはじめとする外来宗教を摂取しながら成立・展開したものである。それゆえ、道教摂取の仕方もそれぞれの段階で異なっている。そこで本章では修験道の歴史を主として中央の修験に焦点をおいて、八―十一世紀を萌芽期、十二―十五世紀を成立期、十六世紀から十九世紀の教派修験の確立と里修験化に分けて、各時期における修験道に見られる道教的要素を検討することにしたい。
もっとも、この間に中国でも道教が種々の形で展開している。それゆえ一般的に考えれば、その折々に道教が日本に伝播し、修験道に摂取されたということになる。けれどもすでに下出積与が指摘したように、日本への道教の伝播は古代の帰化人によるものがほとんどで、留学僧、留学生やそれ以降の伝播はいわば道教的な知識とでもいえるものである。事実、修験道の経典や儀軌などに見られる道教的な要素は、つとに小柳や窪が指摘し、近年酒井が符呪などの詳細な検討にもとづいて解明したように、その多くが『抱朴子』内篇や『神仙伝』『列仙伝』『山海経』なかんずく『抱朴子』にみられるものである。そこで本章では道教に関しては、これらのうち主として『抱朴子』と『神仙伝』をとりあげることにしたい。周知のように『抱朴子』は呉の葛洪（二八九―三六三）の著で、道家について記した内篇二十巻と、儒家を論じた外篇五十巻がある。彼の自序によると内篇は神仙方薬、鬼怪変化、養生延年、攘邪却禍をあつかったものである。また『神仙伝』も彼の手になるもので、九十余人の仙人の伝記や仙術が紹介されている。[9]
本章では特にこの両者に見られる神仙思想、仙人譚、入山作法、呪法、符呪、仙薬、それとむすびついた鉱物、薬草などに注目する。そして以下、上記の修験道史の各段階におけるこれらの道教的な要素のあり方を紹介することにしたい。なおその際に葛城、吉野、熊野、大峰などの中央の修験に焦点をおき、必要に応じて他の地域の修験にふれることにしたい。

## 2　萌芽期の修験道と道教

修験道の開祖に仮託されている役小角は、『続日本紀』文武天皇三年（六九九）五月二十四日の条によると、葛城山の呪術師であったが、妖惑の罪で伊豆に配流された。世間では小角は鬼神を使役して水を汲み薪を採らせ、命令に従わない時は呪縛したとしている。葛城山に関してはすでに『日本書紀』の雄略天皇紀四年（四六〇）の条に天皇が狩猟にいった際、丹谷を望見する所で、蓬萊仙のような長人にあい、名前を尋ねると一言主神と名のったとの話をのせている。丹谷は道教の不死の国、神仙世界であり、蓬萊山は東海にある仙境である。なお一言主神は『日本霊異記』では役小角の命に服さず呪縛された葛城の地主神とされている。

『日本書紀』にはこの他雄略天皇紀五年の条に葛城に霊鳥があらわれた話、斉明天皇紀元年（六五五）五月の条に、青い油の笠を被った唐人らしい人が葛城峰から生駒、住吉の松峰に竜に乗って飛んで行った話が記されている。霊鳥、青衣、竜に乗っての飛行はいずれも道教の信仰にもとづくものである。なお『続日本紀』によると、葛城山系の主峰金剛山からは金剛砂（鑽）を産し、金剛山の名はそれにちなむとされている。現に二上山の近辺では石英、雲母などを産している。こうしたことから葛城山は仙境とされていて、中国から帰化した道士が住んでいたとも思えるのである。現に役小角が用いたとされる鬼神を使役する呪法は道教のものである。また韓国連広足は、家伝『武智麻呂伝』には呪禁師とされており、『東大寺要録』巻二所収の「辛国説話」でも中国の道術・方術・符呪・呪禁の名手とされている。

『続日本紀』の二、三十年後に成立した『日本霊異記』では、役優婆塞（小角）は岩窟を居所として、毎夜五色の雲に乗って沖虚の外に飛び出し、仙宮の者と一緒に修行した。また葛の衣を着て、松果を食し、養生の気を吸い、清水の泉に沐して、孔雀明王の呪法を修めて、鬼神を使役した。そして鬼神に大和の金峰山と葛城山の間に橋をかけさせようとした。しかし葛城山の一言主神の讒言で伊豆に配流された。伊豆では昼間は島ですごし、夜は富士に行って修行した。三年後許されたが、一言主神を呪縛したうえで、仙人となって飛び去った。その後道昭が新羅で五百の虎の招きに応じて法華経を講じた際、その中に役優婆塞がいたとの話をのせている。この役小角の、岩窟を居所として葛の衣を着て、松果を食し、養生の気を吸って長生をはかり、沖虚を出て五色の雲に乗って仙宮におもむいたり、鬼神を使役する修行や呪法は、一般に道士の修行とされているものである。

ところでこの役小角が鬼神に葛城山から金峰山に橋を架けさせたとの話は、修験の勢力が葛城から吉野・金峰山に及んだことを示している。もっとも吉野も古来仙境とされていた。すなわち『万葉集』巻三には吉野の味稲が仙媛拓枝と結婚する話が見られ、『日本書紀』には天武天皇が吉野宮で五節の舞を舞う二人の仙女を見た話をあげている。なお、万葉集には吉野を神仙境として称えた歌が四十余首あげられている。また時代は下るが十一世紀末成立の大江匡房の『本朝神仙伝』には吉野の竜門山の岩窟に大伴、安曇、毛堅の三人の神仙がいた。このうちの毛堅が竜門岳から空を飛んで葛城峰に行く途中、久米川で布を洗っている女性の内腿を見て通力を失って地上に落ち、その女性と結婚したが、やがて夫婦ともども西方へ飛び去ったとの話をあげている。ちなみに天智天皇の孫、葛野王は『懐風藻』所収の詩「竜門山に遊ぶ」で、吉野の竜門山に行き王子喬のような仙人の術を体得して、鶴に乗って仙境の蓬莱山や瀛州へ行きたいものだとうたっている。このように竜門山は古来、仙人の居所として広く知られていた所なのである。なお『懐風藻』にはこの他に吉野の神仙境を歌った詩が十六首あげられているが、この中では既述の拓枝や漆姫などの仙女譚、吉野を西王母が住む崑崙山になぞらえたものが注目される。

周知のように吉野の金峰山は古来金の御岳と呼ばれ、地主神の金峰神社には金山彦神と金山姫神がまつられていた。また金峰山には金があると信じられていたらしく、聖武天皇が東大寺建立に際して金峰の神に金を求められたところ、金峰山の金は弥勒下生の際に用いるものだと断られた話や[10]、京都七条の箔打ちが金峰山の金くずを持ち帰って箔に打って売ったところ、金御岳の文字があらわれたのでつかまったとの話が伝えられている[11]。なお吉野の青根ガ峰から南流して丹生川上下社、丹生神社をへて吉野川にそそぐ丹生川は水銀の鉱脈にそっている。また同じく青根ガ峰から西流する秋野川ぞいには黄金山、白銀山があるが、これらはかつては鉱山だったとされている。さらに吉野川には柘榴草、軟草、吉野人参、石楠花などの薬草があり、これらを求めて山中に入って修行した宗教者が人々から仙人と見なされたとも考えられよう。

金峰山と共に修験道の中心地として盛えた熊野は、記紀神話では伊弉冉尊の葬地とされ、熊野市の花の窟がその地に比定されている。また大国主命を助けた少彦名神は熊野の御崎から常世国に帰ったとされている。その後、平安時代中期には本宮・新宮・那智の熊野三山が成立するが、本宮は阿弥陀の浄土、那智は観音の浄土とされている。また新宮には蓬莱島があって徐福が到来したとの伝承が認められる。この蓬莱島は現在の阿須賀神社背後の小丘に比定されている。なお熊野三山を蓬莱・方丈・瀛洲の三神山になぞらえたり、仙人のすまう場所とする伝承も認められる。[12] また十世紀初頭に浄蔵が那智滝で、塩酢を断ち、松果を食し、蔦や苔を衣とし、法華経を読誦し真言洛叉遍呪をとなえて修行し、その結果護法を使役し、予兆力を得たとの話も伝わっている。[13]

なお本宮近くには金銀山、那智から本宮にかけては銅の鉱脈、熊野川中流には紀州鉱山があり、色川の円満池では金銀がとれたとされている。[14] また熊野は薬草の宝庫で、植村一郎の研究によると、薬用植物は草百四十七、木五十五、計二百二種に及んでいる。このうち仙薬に類するものには、イヌビユ（天仙草）、オオツヅラフジ、センブリ、キハダ、テントウ烏薬などがある。とくにテントウ烏薬は徐福が求めた仙薬とされている。[15]

ところで十一世紀末になると大江匡房の『本朝神仙伝』には三十七人の仙人があげられているが、この中には役行者、泰澄、窺詮、教侍、陽勝、出羽国の石窟仙、浄蔵、比良山の仙人、日蔵など修験者と思われる者が散見する。なおこのうち窺詮は長生を求めて辟穀や服餌をし、陽勝も辟穀を行なっている。さらに、『本朝法華験記』では十人の仙人中五人、『今昔物語』でも十人中五人は修験者である。これらの修験者は山中の庵や洞窟で頭髪や髭をそらずに藤衣をまとい、穀断をして松果などを食して、法華経を読誦し、呪を唱えるなどして修行する。そしてその結果童子や鬼を使役し、火を操作したり、飛行自在の力を得る。彼らは長生するが、死んだ後は尸解し、死骸を残さない。

なおこうした法華持経の山伏が仙境を訪れる話も数多く認められる。その一般的な構造は大峰山中などで道に迷った山伏が、法華経を唱えると急に視界が開け、仙境に達する。仙境には白砂が敷かれ、咲き誇った花の中に庵があり、童子・女仙・動物などにかしずかれた老人または若者の僧がいて、法華経を誦んでいる。そして訪れた山伏に丸薬などを与えて元気づけ、火を操作する呪法などを見せたうえで、他言・再来を禁じて童子や飛鉢によってもとの場所に送りとどけるというものである。この仙境訪問譚は道教のものと類似しているが、法華持経の山伏が仙境で真の法華行者の仙人と結縁するというように法華経信仰で脚色されている点が異なっている(16)。

## 3　修験道の成立宗教化と道教

鎌倉時代から室町時代にかけて、修験霊山では開山の伝記が作られ、崇拝対象が定まり、組織や儀礼が確立した。すなわちまず鎌倉初期には、金峰や熊野の修験者は役小角を開祖に仮託して、その伝記『金峰山本縁起』(『諸山縁起』所収)を生み出した。もっともその内容は前項で紹介した『日本霊異記』所掲のものとほとんど同じである。ただ最後は役小角を唐国の四十人の仙人のうちの第三座としたり、道昭が新羅の山寺で法華経を講じた時に第三の聖人役小角をはじめ神仙が集会してそれを聴いたというようになっている。これらは平安時代には隠棲していた仙人がこの頃には集団化したことを示している。

『諸山縁起』には金峰山や大峰の要事に関する先達の口伝が収録されているが、これによると役小角が修行道場とした大峰山には百二十の宿があって、三百八十人の仙人が住んでいた。その中心は神仙岳で、ここに三重の岩屋があった。この岩屋には下の重に阿弥陀曼荼羅、中の重に胎蔵界曼荼羅、上の重に金剛界曼荼羅があり、各重に大壇が設けられていた。また上の重には棚があって二通の縁起を納めた箱が置かれ、壁には役小角の御影像が描かれていた。縁起の一通には、役小角が大唐第三の仙人の北斗大師を講師に招いて大峰山中の大日岳（仙岳）で三百八十人の仙人と千塔塔婆供養を行なったことや大峰山中の三百八十人の仙人集会の儀式のことが、今一通には熊野権現の由来、金剛蔵王権現涌出譚、役小角の本縁が記されていた。この他大峰山中の仙洞には役小角の七生のうち三生までの骸骨があったとされている[17]。ちなみに時代は下るが、江戸時代初期に室町・戦国期の役小角伝説をまとめた『役行者顚末秘蔵記』では、役小角の初生は迦葉、二世は老子、三世は役小角としている。また役小角は仙人となって諸山を飛行して修行したり、海上を歩いたり、剣の刃の梯子を用いて天に登るなどし、死後は尸解したとの話をあげている[18]。

羽黒山の開山は室町時代初期の伝承では能除とされているが、『拾塊集』（元亀年間、一五七〇—七五成立）では、能除は羽黒山で藤皮を衣とし松果を食して、般若心経の「能除一切苦」の文を唱えて修行したので、能除仙といわれた。彼はある夜、蓬萊宮から宝珠を持って訪れた貴人が、烏に姿をかえて月山山頂に導いた夢を見て、月山を開いた。そして舒明天皇十三年（六四一）に死亡し、五色の雲に駕して月山に入ったとしている[19]。また九州の彦山修験に伝わる『彦山縁起』（室町初期成立）では、役小角が蓬莱山の薬、崑崙山の宝珠を求めて、彦山さらに宝満山に登った。そしてその後自分は莫蓙に座し、母を鉢にのせて海を渡って唐に到って崑崙山に上り、西王母の石室に入ったとの話をあげている[20]。なお彦山は『鎮西彦山縁起』（一五七三年成立）には、北魏僧善正と猟師の忍辱（藤原恒雄）が宣化三年（五三八）に開いたが、その折善正は石窟に居して藤衣を着て、果蓏を食し石泉をのんで修行し、恒雄も藤葛の衣を着て修行したとしている[21]。

鎌倉時代中期には金峰山の修験者の間で、役小角が金峰山上で守護仏を求めて祈念をこめると、最初に釈迦、続いて千手、弥勒があらわれ、最後に三尊の徳を一身にそなえた金剛蔵王権現が出現したとの金剛蔵王権現涌出譚が生み出された[22]。もっとも図像学的には金剛蔵王権現は執金剛神が展開したものとされている。なお重松明久は金剛蔵王権現を道教で信仰された華厳系の金剛蔵菩薩、胎蔵界曼荼羅の金剛蔵王菩薩ならびに金剛童子が習合した権現信仰にもとづく菩薩ととらえている[23]。

熊野三山の修験者は熊野権現を崇拝対象としているが、長寛元年（一一六三）になる『長寛勘文』所掲の「熊野権現御垂迹縁起」によると、熊野権現は中国の天台山の地主神王子信が日本に飛来し、九州の彦山、四国の石鎚、淡路の諭鶴羽峰、紀州の切部山、新宮の神倉・阿須賀をへて本宮に到来したのを、猟師の千与定が感得してまつったとしている[24]。ところでこの王子信は前漢末の劉向撰の『列仙伝』にあげられている、周の霊王の子で夭折して仙人となった王子信（喬）である。王子信は笙をよくしたが、道士の浮丘公と嵩高山に登って修行し、白鶴に乗って飛行したという。既述のように『懐風藻』所掲の葛野王の詩にも歌われ、我が国でも広く知られていた。このように熊野権現の本縁は中国の仙人とされているのである。

鎌倉初期の大峰山系に百二十の宿があり三百八十人の仙人がいたとされたことは、さきに紹介したが、これに先立つ長承二年（一一三三）の『金峯山本縁起』には、百二十宿中仙人がいた宿として、苫萵輪、仙行寺、神仙、十性仙、行仙、老仙、法浄仙、当熟仙、戒経仙、王熟仙をあげている。[25]また既述の『諸山縁起』の別項では、大峰山中には三百人の仙人がいたが、地主・持経・竜角・如意・摩尼の五岳仙を上首にするとしている。葛城山系では鎌倉期には法華経二十八品のそれぞれを納めた経塚がつくられ、これをめぐる峰入が行なわれた。その峰中の宿のうち、国見岳の仙処、高山寺石窟、仁照宿の仙窟、求仙ガ岳、神福山、久清仙のいた石寺、二上山の岩屋の仙宮、神福寺、智助仙、寂能仙がいた二上岳、八葉ガ岳、石命仙のいた石命山、火舎ガ岳が仙人の居所とされている。また上首の仙人として、高山・大福・神福山・金剛・竜山の五角仙をあげている。[26]これらの伝承は大峰山や葛城山中に仙人と受けとめられていた修験者の集団が存在していたことを示すと考えられよう。

鎌倉時代の修験道では峰入を中心とした儀礼がととのってくる。嘉暦三年（一三二八）の『青笹秘要録』によると、峰入は大先達を中心として、宿・閼伽・小木・採灯の四人の小先達が指導して集団で行なわれた。閼伽は谷の水を汲んで仙人に供えること、小木は採灯護摩の木をあつめることである。[27]なお峰中では七日間の断食が行なわれた。その後室町期に至ってより整えられた峰中の作法は、江戸期も踏襲された。時代は下るが文政十年（一八二七）の「峰中式目」によると、吉野から大峰への峰入では、まず出立の七日前から精進潔斎に入る。そして金剛童子、不動明王の一尊法供養をする。なお熊野からの峰入では、熊野本地供が行なわれた。さらに陀羅尼を唱え、役行者の法楽をしたうえで、抖擻の支度をし、道中を守護してくれる護法に法施をし、峰中の本尊などを入れた笈をうけて山に入る。山中では宿などの童子を拝しながら抖擻し、宿では小木採り、断食、採灯、閼伽、灌頂などの作法が行なわれた(28)。なお平安時代末から室町期には山伏を先達として熊野詣がなされたが、この折には精進潔斎、諸社拝礼後、日や方位を選び、道中を守護する伏見稲荷の護法をうけて出立する。そして、途中の王子で奉幣し、川や海で垢離をとって、熊野に詣で、牛王や神木の梛《なぎ》を受けて帰る形がとられている(29)。

ところで『抱朴子』には道士の入山修行があげられているが、それでは、まず九字などの呪文と禹歩を心得、凶日をさけて吉日に良い方角から入山すること、入山に先立って七日間斎戒し、諸神をまつって、入山符や魔よけの鏡を持って山に入り、穀断のうえで修行がなされている(30)。これを上記の山伏の峰入作法と比べると、呪文、斎戒、諸神の祭、穀断などの共通の面が少なくない。熊野詣では吉日や吉方位が選ばれ、護法を受けて出立している。もっとも山伏は峰入には鏡を携行しないで、魔よけには錫杖を用いている。また修験では入山の時には禹歩をふまないが、羽黒修験の峰中の固打木の作法や採灯護摩の火箸作法などでは類似の所作がなされている。ただ道士は一人で入山して山中の窟で仙薬をつくり、不老長生をはかったのに対して、修験道では集団で峰入して即身成仏を目的とする修行をしている点が大きく違っている。

さてこのように即身成仏を目ざす修験道の峰入では、地獄から餓鬼、畜生、修羅、人、天、声聞、縁覚、菩薩をへて仏に到る十界のそれぞれに業秤、穀断、水断、相撲、懺悔、延年、四諦、十二因縁、六波羅蜜、正灌頂の十種の作法を充当する十界修行がなされていた。なおこのうちの業秤は不動石で修行者の罪の重さをはかる作法、延年は天道快楽の歌舞、正灌頂は仏の秘印を授かり自身即仏の境地に入るものである[31]。なお重松明久は上掲の論文で、このうちの、相撲、延年、穀断は道教にも認められるとしている。

## 4 教派修験下の里修験と道教

戦国時代になると本山を園城寺末の聖護院におき、全国の熊野修験を統轄した天台宗の本山派と、大峰山中の小笹に拠点をおいた近畿地方の諸大寺の修験の結衆である真言系の当山方の集団が成立した。本山派は寛治四年（一〇九〇）白河上皇の熊野御幸の先達を勤めた天台宗寺門派総本山園城寺（三井寺）の増誉が、熊野三山検校に補されて熊野三山を統轄したのにはじまる。その後十五世紀中頃から熊野三山検校職は園城寺末の聖護院門跡の重代職となった。十六世紀に入ると聖護院門跡は京都東山の若王子乗々院を熊野三山奉行とし、住心院、積善院などの院家の協力のもとに全国の熊野先達を統轄した。その支配は各国の主要な先達のもとに年行事をおき、彼らに霞と呼ばれる一定地域の山伏の支配や参詣の先達・配礼の権限を認めるという形態で行なわれた。なお本山派では園城寺の開基円珍（智証大師、八一四―八九一）を派祖にあげている。

当山方は十五世紀末頃、近畿地方の諸大寺に依拠した山伏が大峰山中の小笹に拠点をおいて、当山正大先達衆と呼ぶ組織をつくったのに始まる。彼らは東大寺東南院に住して、金峰山で修行し、後に醍醐寺を開いた聖宝（理源大師、八三二—九〇九）を派祖として結束し、最盛期は三十六ヵ寺の先達があつまったことから当山三十六正大先達衆と称した。もっとも江戸初期には十二ヵ寺に減少したので、当山十二正大先達衆と呼ばれた。彼らはいずれも廻国して直接自己の弟子を作る袈裟筋支配とよばれる組織形式をとっていた。江戸時代に入ると当山正大先達衆は醍醐三宝院を本寺に戴いて、当山派と呼ばれる教派を形成した。なお江戸幕府は当山派を育成して本山派と競合させる形で修験道界を支配した。もっとも、吉野山、羽黒山、戸隠山などは本・当のいずれにも属さず、輪王寺門跡末になった。また彦山は天台別本山とされた。さらに江戸幕府は本・当両派などに属した山伏を地域社会に定住させて、加持祈禱、配札、社寺参詣の先達にあたらせた。こうした地域に定住して活動した修験者は、里修験と通称されている。

修験教派を包摂した園城寺や醍醐三宝院では、その派祖の円珍や聖宝の修験霊山とのかかわりを強調した伝記を作成した。すなわち園城寺では、円珍が役小角以来峰入が途絶えていた熊野三山に入って無相に住して、神呪を誦して進むと雲霧に包まれた。その時八尺の大烏が現われて本宮に導いた。そこで円珍はここで七日間にわたって法華経を講讃したとしている[32]。これは古代末の仙境訪問譚にもとづく創作である。一方、近世初頭に当山正大先達衆を統轄した三宝院門跡房演（一六六七—一七三六）が編んだ『修験秘記略解』では、聖宝が大峰山中で大蛇を退治して役小角以来途絶えていた峰入を再興した話や深草の普明寺で尸解した話をあげている[33]。もっともこれらでは、円珍や聖宝がすでに傑出した僧侶でその史伝もあったせいか、役小角や諸霊山の開山の場合のような過度の仙人化はなされていない。

江戸時代になって里修験化が進み、地域社会に定住した修験者は、人々の要請に応じて多様な神格を崇めたが、これらの中には、道教の神格も認められた。すなわち、江戸時代の里修験はほとんどが不動明王を本尊としたが、脇士には役行者、大日、観音、阿弥陀、地蔵、権現（金剛蔵王権現・熊野権現など）、さらに小堂には弁財天、毘沙門天、荒神、稲荷、庚申、童子をまつっている。このうち庚申は道教の神格、荒神も道教の竈神の信仰につらなるものである。ちなみに当山派の『修験常用集』には歩擲、大元帥、焔魔天、水天、風天、地天、妙見、北斗七星、九執十二宮神、二十八宿、司命、五竜王など道教の神格ともかかわるものがあげられている。また修験者が神祭に用いる『神祇講式』には、天神七代・地神五代・天照・豊受・八幡・加茂・松尾・平野・熊野・白山・鎮守などの他、荒神・麁乱神・北斗七星・諸宿曜・行厄神・堅牢地神・焔魔法王・五道冥官・泰山府君・司命司録・倶生神・竜神、当山派の作法である『修験最勝慧印三昧耶普通次第』の神分にも、天照・八幡などの六十余州の神・鎮守・蔵王・熊野権現の他に本命元辰・諸宿曜・焔魔法皇・太山府君・司命司録・冥官冥衆など、道教にもかかわりのある神格が招かれている(34)。

里修験は地域の人々の宗教生活に密接にとけこんでいたこともあって、彼らの宗教上の問に答えたり、その要請に応えて祭、験術、呪法などを行なった。これらの中には道教との関連が認められるものも少なくない。まず神格に関する説明を見ると総じて神は聡明かつ正直で真を賞《め》で、偽を罰する（愚答、抱朴子）[35]。もっとも神は人の心がけ次第で善神にもなれば悪神にもなる（愚答、太上感応篇）。神の中では月の晦日の夜天に昇って人の罪状をつげる竈神である三宝荒神（故事、抱朴子、感応篇）、天の司命に人の悪事をつげる庚申（故事、愚答、抱朴子、感応篇）が特に道教にかかわるものである。その他天狗（愚答、山海経）、大黒天の使いの鼠（愚答、抱朴子）も注目されている。この他では聖人は古の真人で寝ている時も夢を見ず、目覚めても憂いがない人である（愚答、荘子）としたり、血判（愚答、抱朴子）、正月に貘の夢を見ること（愚答、山海経）、七難九厄（故事、黄帝内経霊枢）、鬼門（愚答、山海経）、左義長（愚答、永平十五年、後漢の明帝が僧と道士に火の験競べをさせた際に道教の経典が焼けた故事による）など道教と関連づけた説明がなされている。なお江戸時代には道教の善書が流布したが、修験道でも「勧善懲悪に心をかける」（『修験指要弁』修疏Ⅲ）ようすすめられ、当山派修験の明存は、寛政四年（一七九二）に『太上感応篇和解』を著わしている。また里修験の間でも善書が流布している。

里修験は疫神祭、荒神祭、鬼神祭、地鎮土公祭（『彦山修験最秘印信口決集』修疏Ⅱ）、庚申待作法、荒神供作法、盗賊除散法（『修験要法集』）など道教にも見られる祭や作法を行なった。また彼らの祈禱所の壇上には壇鏡が置かれたが、これについては『抱朴子』を引用して魔除けの働きがあるためとしている（故事）。なお『抱朴子』には、道士の術には、穀断、刃物をはねかえす法、鬼や変化を折伏する法、毒を防ぐ法、治病法、山で猛獣におそわれぬ法、渡河の際に蛟竜に害されぬ方法、疫病の流行している土地を歩いても感染せぬ法、姿をくらます法（内篇六、微旨）、兵難をさける法、歯を丈夫にする法、耳や目をはっきりさせる法、登山して疲れない法（内篇十

五、雑応）などがあるとしているが、修験道の火渡り・隠形・飛行などの験術、九字・金縛り・筒封じなどの呪法もこれに類するものである。[36]また道教の入山修行の際の禹歩、入山符（内篇十七、登渉）や薬（内篇十一、仙薬）に類するものは修験道でも認められる。特に符呪は里修験が好んで用いたが、これについては『抱朴子』をひいて符は老君に始まるもので、神明から授かり、人間が用いるものとしている[37]（修験初学弁談、愚答、故事）。ここでは特に道教と関係が深い九字、筒封じ、反閇、唵急如律令の呪文、薬について簡単にふれておきたい。

九字は修験道では内縛の印を結んで臨（以下括弧内に印名をあげる）兵（外縛）闘（剣印）者（索印）皆（内獅子印）陳（外獅子印）烈（日輪印）在（宝瓶印）前（隠行印）と唱え、掌中に息を吹き込んだうえで、刀印で空中を四縦五横に切るものである。この最後に行を唱えて十字の法とすることもある。これに対して『抱朴子』（十七、登渉）所掲の九字は、空中に手で横に四本縦に五本の線を引いて三十六回歯を叩き、臨兵闘者皆陳烈前行の九字を念ずるものである。これについて、修験道では『抱朴子』を引用したうえで、修験で陳列在前と唱えるのは太公望の説（故事）にもとづき、九字に印を付したのは弘法大師である（愚答）としている。ちなみに『修験深秘行法符呪集』（以下符呪と略す）には二十近くの九字の修法が収録されているが、延命の目的でなされる「九字本地」では、北方の天に向かって、九字を九遍となえて、歯を九遍かみあわせている（符呪一九七）。九字は刀印で悪魔などを切りきざむ修法であるが、道教では張天師が悪鬼を殺す剣を持っていたとか、彼の宮殿には悪霊をとじこめた壺が並べられていたとされている。[38]修験道では豊前国求菩提山の開山の猛覚魔卜仙が威奴岳にいた八鬼の霊を甕の中に封じこめて山を開いたとの伝承が知られている[39]。また呪詛する相手の人形をつくり、これを九字で切り金縛りの法をしたうえで、竹筒に入れて百八回縄でしばり四辻に逆さまにしてうめる筒封じの法が行なわれている（故事）。『抱朴子』（十七、登渉）所掲の禹歩は、陰陽道にとり入れられ、貴人の出御の際に地霊を鎮め祓い清める反閇となっていった。修験道の「遷宮大事」でも右拳を左に向けて右足を前に出して悪神は去るといい、次いで左拳を右に向けて左足を前に出して福神は来ると唱える禹歩に似た作法がなされている[40]。またこれと似た大地を踏みつけるようにして歩いて地霊を鎮める所作は、羽黒修験秋峰の固打木の作法・採灯護摩の火箸作法、東北の山伏神楽や法印神楽の舞にも認められる。

修験道では数多くの符呪が用いられているが、それには道教のものと同様に鬼・山・日・月・喼急如律令などの記号が記されている。このうち喼急如律令の呪文は、日月の変、星の変、火災、病、風、早魃、賊兵の七難をおこす鬼神を降伏する力をもつと説明されている[41]。ただ修験の符には『抱朴子』と違ってほとんどのものに不動、大日などの種子が記されている。なお江戸時代の修験霊山では芝草などをもとにした独自の薬が作られていた。その主なものには、陀羅尼助（大峰山――製作地、以下同じ）、百草（木曽御嶽）、万金丹（伊勢の朝熊山）、熊膽・反魂丹（立山）、蓬萊丹（富士）、不老丹（彦山、求菩提山）などがある[42]。

# 結

　以上、縷々述べてきたように修験道では成立期には神仙思想や仙人譚、確立期には峰入作法、里修験の間では呪法や符、全体を通じて薬などの面では道教の要素が認められた。ところで、最後に修験道のみならず日本への道教の伝播のあり方を示す興味深い史実を紹介しておきたい。元文四年（一七三九）二月戸隠山別当乗因は一山衆徒からの非義を企てたとの申立てにより、輪王寺門跡によって八丈島に配流された。乗因（一六八三―一七三九）は幼にして比叡山に上り、二十年にわたって修行し、山王一実神道の学匠宣存からその秘伝と経典『山王要略記』を授かった。その後東叡山に住したあと、享保十二年（一七二七）戸隠山五十五代別当となって勧修院に住した。

　戸隠山を統轄した乗因は老子の『道徳経』を聖典にし、太上老君玄元皇帝を拝するというように、道教を中核とした「修験一実霊宗神道」を提唱した。そして修験の開祖役小角は老子、戸隠の開山学問行者は張天師の再来とした。学問行者は役小角から長生法を学び白日昇天したとしてもいる。一実霊宗の宗名は『道徳経』の「神得一以霊」からとり、彼自身一実道士または霊宗道士と名のった。また『道徳経』の慈・倫・後の三宝を重んじる教えを同宗の根本倫理とした。そして戸隠山本社、奥院、手力雄命社に『道徳経』を納めた。また戸隠山中社の南一里の別当の里坊屋敷近くの尾上の滝を那智滝になぞらえて熊野権現を勧請し、そこに神国第一の道観上清宮を建立し、黄金の老子像をまつったという。このように乗因はいわば「修験一実霊宗神道」という名のもとに、戸隠山に成立道教の教団を樹立しようとしたのである。ところがこれが一山の反発をかい、非義として配流されたのである。なお八丈島配流後の乗因は道教から学んだ方法で薬草から薬をつくり、島民から慕われたとされている[43]。

本章で紹介した、修験道における道教の摂取の仕方とこの乗因の事件を照らしあわせて見ると、修験道では道教を成立宗教の形で、すなわち、教祖・神格・思想・儀礼・施設・組織を含めた全体として摂取することはしなかったし、なし得なかったということができる。修験道では道教を全体的に受け入れたのではなく、むしろ必要に応じてその構成要素をばらばらに摂取したと考えられるのである。すなわち修験道には山岳修行により験力を獲得し、それを行使して人々の救済をはかるという基本構造があり、その枠に位置づけて道教を摂取したのである。今少し具体的にいうと、修験道ではまず験力を獲得したことを示すために、その意味づけとして神仙思想や仙人譚を摂取した。そして次には峰入の技術として道教の入山術を、また験力の行使の際の技術として道教の方術を摂取した。もっともこの技術とあわせて、その根底にある道教の道の思想が摂取されてもいる。

修験道における道教の摂取の仕方がこうした形態をとったのは、修験道と道教が本質的には共に民俗宗教であったことによると考えられる。そこで最後に今一度冒頭に述べた日本と中国の民俗宗教のあり方に照らしてこの問題を検討することにしたい。すると日本の民俗宗教には、まず神をまつり託宣によりその指示を受ける神道と、まつりごとによりその指示の実現をはかる政治につらなるものがある。そしてさらにこの根底には道という観念がひそんでいると考えられる。この道に関しては、陰陽五行や卜占などにより道の状況や道にかなった生活のあり方を知る陰陽道と、修行によって自己の一身に道を体現したり、道にもとった行ないをしたことから起こった災厄をのぞく技術と結びつく修験道が存在する。こうした意味で修験道の験力の獲得やその行使の技術の根底には道の思想が存在するのである。

一方、中国の民俗宗教では、祭天や祖先祭祀さらには、その根底にある秩序維持の政治思想と関係する儒教と、道のあり方やそれにかかわる技術を中心とする道教が存在する。もっとも日本の神道・陰陽道・修験道、中国の儒教・道教はいずれも民俗宗教である。それゆえ中国の側では儒教や道教を特に日本に布教することを必要とはしなかった。むしろ日本の側がその道の思想や技術を摂取しようとした。その際とくに秩序維持の政治思想を含む儒教は為政者によって積極的にとり入れられた。それに対して日本で成立した陰陽道では道教の中の讖緯説や陰陽五行説、方術、医術などの技術を必要に応じて摂取した。一方、修験道では山岳修行で得る験力の意味づけのために道の思想・神仙思想・仙人譚、験力獲得の技術として入山術、験力行使の技術として呪法や符呪を摂取したのである。そして修験道はこうした道教の要素を個別に包含 encapsulation することによって成立・展開していったと考えられるのである。(44)

（1）窪徳忠『道教入門』（南斗書房、昭和五十八年）八〇頁。
（2）窪徳忠「道教と修験道」『宗教研究』一七三号（昭和三十七年）。
（3）松田智弘『古代日本道教受容史研究』（人間生態学談話会、昭和六十三年）三二〇頁。
（4）津田左右吉「役行者伝説考」津田左右吉全集九巻（岩波書店）。
（5）酒井忠夫「中国宗教文化（特に符呪文化）の日本への伝播と受容」酒井他編『日本・中国の宗教文化の研究』（平河出版、平成三年）三一頁。
（6）下出積与『道教と日本人』（講談社、昭和五十年）一九五頁。
（7）重松明久「修験道と道教――泰澄と役小角を中心として」『古代国家と道教』（吉川弘文館、昭和六十年）四四五頁。
（8）宮本袈裟雄「修験道と神仙思想」『里修験の研究』（吉川弘文館、昭和五十九年）三五二―三五三頁。
（9）石島快隆訳・註『抱朴子』（岩波書店、昭和十七年）、『抱朴子、列仙伝、神仙伝、山海経』中国古典文学大系八（平凡社、昭和四十四年）参照。
（10）『元亨釈書』巻二十八、石山寺の条、新訂増補国史大系三一巻、四二三頁。
（11）『宇治拾遺物語』日本古典文学大系二七（岩波書店）。
（12）「熊野山略記」瀧川政次郎編『熊野』（地方史研究所、昭和三十二年）四一六―四一七頁。
（13）『大法師浄蔵伝』続々群書類従三、四六五―四七五頁。
（14）田中久夫『金銀島日本』（弘文堂、昭和六十三年）七八頁。
（15）植村一郎『熊野薬用植物』（私家版、昭和十年）。
（16）大江匡房『本朝神仙伝』二十八「大嶺の僧の事」に見られる浄蔵の話などはこの代表的なものである。なお廣田哲通「唐土の吉野をさかのぼる――吉野・神仙・法華持者」『国語と国文学』昭和五十八年十二月、三四―三九頁参照。

(17)「諸山縁起」『寺社縁起』日本思想大系二〇巻（岩波書店）一三一―一三三頁。
(18)『役行者顚末秘蔵記』修験道章疏（以下修疏と略す）Ⅲ、二五九―二六七頁参照。
(19)「拾塊集」『神道大系　出羽三山』三三一―三三三頁。
(20)「豊前彦山縁起」『神道大系　阿蘇、英彦山』二四―二五頁。
(21)宗賢坊祇暁「鎮西彦山縁起」元亀三年（一五七二）上掲『神道大系　阿蘇、英彦山』、一九―二一頁。
(22)『金峰山秘密伝』修疏Ⅰ、四三七頁。宮家準『修験道思想の研究』増補決定版（春秋社、平成十一年）四二六―四四四頁参照。
(23)重松明久、上掲論文、四四〇頁。
(24)「熊野権現御垂迹縁起」『長寛勘文』群書類従巻四十六。
(25)『金峯山本縁起』『修験道史料集Ⅱ』山岳宗教史研究叢書一八（名著出版、昭和五十九年）一二〇―一二一頁。
(26)「転法輪山（字は葛木の峯なり）宿の次第」「諸山縁起」『寺社縁起』日本思想大系二〇（岩波書店）一一七―一二九頁。
(27)『青笹秘要録』修疏Ⅱ、五八二―五八五頁。
(28)『峰中式目』修疏Ⅱ、五〇―五一頁。
(29)宮家準『熊野修験』（吉川弘文館、平成四年）七三―八七頁。
(30)『抱朴子』内篇十七、「登渉」。村上嘉實『中国の仙人――抱朴子の思想』（平楽寺書店、昭和三十三年）二四―四〇頁参照。
(31)『峰中十種修行作法』修疏Ⅰ、二六二―二七〇頁。宮家準『修験道思想の研究』増補決定版（春秋社、平成十一年）七一四―七三七頁参照。
(32)「三井修験道始」『寺門伝記補録』第十八、大日本仏教全書一二七巻、二八八頁。
(33)『修験秘記略解』修疏Ⅰ、五九二―五九三頁。

（34）『修験最勝慧印三昧耶普通次第』修疏Ⅰ、三三三頁。

（35）『修験檀問愚答集』に表記の意味の『抱朴子』の文を引用して説明していることを示す。以下同様。なお主要出典の『修験檀問愚答集』は愚答、『修験故事便覧』は故事と略記する。

（36）宮家準『修験道儀礼の研究』増補決定版（春秋社、平成十一年）参照、『修験深秘行法符呪集』（修疏Ⅱ）所収の「十字大字」は、括弧内に記した目的に応じて左掌に刀印で、天（高官の前に出る時）、竜（渡河）、虎（入山）、王（戦）、命（毒を防ぐ）、勝（沙汰）、⿰口是《コフ》（疫病の流行地にいく時）、水（暗所に行く時）、大（悪人にあう時）のいずれかの字と九字を書き、九字を九回となえて、息を吹きこむ修法である（符呪二四〇）。

（37）現在金峯山寺では安産符に「老君入山符」、入峰の際に「五岳真形図」と類似したものを出している。

（38）アンリ・マスペロ『道教』（川勝義雄訳、東海大学出版会、昭和四十一年）一六〇頁。

（39）『求菩提山雑記』『修験道史料集Ⅱ』五二〇頁。

（40）『彦山修験最秘印信口決集』修疏Ⅱ、五四九頁。

（41）『修験心鑑鈔』修疏Ⅰ、三七六頁、なお喼急如律令の呪文については『修験故事便覧』『修験檀問愚答集』にも説明されている。

（42）長野覚「修験者（山伏）と薬」『Museum Kyushu』三四（平成二年）参照。

（43）小林健三「戸隠山修験神道の新研究」『日本神道史の研究』（至文堂、昭和九年）二一一—二五九頁。曽根原理『徳川時代の異端的宗教——戸隠山別当乗因の挑戦と挫折』岩田書院、平成三十年。

（44）包含過程 encapsulation はヴォート Vogt. E. が提唱した概念で、既存の社会的、儀礼的行動のパターンの中に外来の新しい要素がとりこまれる過程のことをさしている（吉田禎吾『宗教人類学』［東京大学出版会、昭和五十九年］八三—八四頁）。

# 第六章　修験道と陰陽道

## 1　陰陽道と里修験

陰陽道は律令体制下で中国から請来した陰陽五行思想、天文、暦、方術などをあつかった陰陽寮に淵源を持っている。平安時代中期になると、天文は安倍晴明（九二一―一〇〇五）にはじまる安倍氏、暦道は加茂氏の家職となり、陰陽道は、もっぱら宮廷で尊重された。中世期には、武家の間でも陰陽師が尊重された。陰陽道は仏教や神道にも影響をもたらした。特に密教の宿曜道との習合が見られ、法師陰陽師を生み出した。また修験道や吉田神道にも摂取された。

修験道では、開祖に仮託された役小角が加茂氏の出身とされている。また平安時代の代表的な修験者の浄蔵や道賢を陰陽道に通暁した三善清行の子としたり、安倍晴明が熊野の那智などで修験的な修行をしたとの伝承もつくられている。吉野では『三代実録』の貞観元年（八五九）八月三日の条によれば、陰陽権助兼陰陽博士滋岳朝臣川人が虫害を防ぎ豊穣を祈って薫仲舒祭法による高山祭を行なっている。

南北朝期に成立した『簠簋内伝』には冒頭に牛頭大王の縁起があげられているが、本書の流布には修験者が関ったともされている。室町時代には修験者が祇園の牛頭天王信仰の唱導にあたっている。また民間の山伏の祭祀、卜占、巫術、加持祈禱、芸能には随所に陰陽道の影響が認められる。なかでも東北の山伏神楽、中国地方の荒神神楽などの修験の芸能では、陰陽五行の思想や反閇などがとり入れられている。こうした中世期までの修験道に見られる陰陽道の影響については、村山修一、五来重らが注目している(1)。近世期には修験者が里に定住して呪術宗教的活動をしたこともあって、陰陽道にもとづいて吉凶禍福を説いたり、易筮などによって卜占を行なうことも多かった。また史料も比較的多く認められる。そこで本章では特に近世期に焦点をおいて修験道と陰陽道の関係を検討することにしたい。

近世期の修験道は慶長十八年（一六一三）の修験道法度によって、本山派と当山派の両派に二分された。本山派は天台宗寺門派の園城寺に属する聖護院門跡が熊野三山検校として全国各地の熊野先達を統轄したものである。この教派では聖護院門跡のもとに熊野三山奉行の京都の若王子乗々院・住心院・積善院、播磨の伽耶院などの院家が、全国の主要な熊野系修験に先達、年行事の職と霞と呼ばれる一定範囲の地域での宗教活動の権限を認める形態の組織を形成した。一方当山派は真言宗の醍醐三宝院が大和の法隆寺・内山永久寺・三輪山平等寺・吉野桜本坊、紀伊の高野山・根来寺、近江の飯道寺、伊勢の世義寺など近畿地方の十二の大寺に依拠し、大峰山中の小笹に拠点を置いた遊行の修験者とその配下の修験を掌握したものである。この本・当両派の修験は地域に定住し里修験として活躍した。それにともなってその指針となる儀軌や次第書、その活動を教義や伝承にてらして正統化する修験道書が刊行された。

一方陰陽道の側では、近世期に入ると後述するように、安倍氏のながれをくむ土御門家が陰陽師やそれとかかわる唱聞師、万歳師などの組織化をはかっていった。土御門家ではさらに中世末以来、易などによる吉凶、方違、方術など陰陽道的な活動をしていた修験、神職、僧侶すらも包摂しようとしたことから、すでにこれらを掌握していた教団との間に出入が相次いだ。本章では、修験道において、こうした出入に対応して、その陰陽道的活動を正当化するために本・当両派で編まれた修験道書の検討を通して、近世の教派修験における陰陽道の摂取の状況と、その正当化の根拠を解明することにしたい。それに先立ってまず近世初期における、修験の儀礼や伝承に見られる陰陽道的要素と陰陽道の組織化の主要な展開を紹介しておきたい(2)。

近世の陰陽道の家職は、明和二年(一七六五)に土御門家の江戸役所吉村権頭が上申した「陰陽道家職之義申上候書付」によると、判はんじ、諸事占方、神道行事、一切の祈禱、地祭、家堅、五穀の祭、四季之祓、荒神祓、札守、暦、年筮配(年卦、年星による吉凶)、秘符、まじない、矢除守り(横難よけ)、日暦・十二神(十二支)の札、神馬の札(絵馬)、神市・巫女(打はらい、笹はたき、荒神祓、湯立神楽などの活動)、千寿万歳などとしている(3)。もっとも近世初期には上記の諸活動を行なう法師陰陽師、唱聞師(4)、博士(5)などの中には山伏姿のものも少なくなかった。また近世期を通じて里山伏が陰陽五行による吉凶、易筮、星まつり、地祭、荒神祓など、土御門家が陰陽道の家職としたものに従事することがしばしば認められた。そこでまず近世の修験道の符呪集の中から陰陽道にかかわるものをとりあげてみたい。

すると当山派修験の尊海（一八二六―九二）が伝来の秘法をまとめた『修験常用秘法集』には戦争・火災・水害・訴訟などの勝利を祈る「西吹風守」（「モミズ守り」、「イタコ守り」ともいう）に易の八卦図の周囲に祈念をこめる諸社などがあげられている。またこの修法や鬼宿日に行なう「摩利支天鞭法」では、遁甲の法の影響を受けたと思われる身隠しがなされている。その他には「牛頭天王六印法」、荒神祭文が読まれる悪虫除去の「驚動風虫加持大事」、本尊を東、荒神を辰巳（東南）に安置して行なう「地鎮祭法」がある。符札では「御符認め様の大事」、「疱瘡守」、「鬼門札」、「金神違札」などに、陰陽道の符や札に見られる喼急如律令の呪文が記されている。[6]

次に大正初期に中野達慧が近世期の行法や符呪をまとめた『修験深秘行法符呪集』全十巻のうち、陰陽道の影響が認められるものを列挙すると「庚申待之大事」（一四四―同書の通番号、以下同じ）、「九字垂迹」（一九七　九曜星・当年星をあげる）、「九字本地」（一九八　北斗七星と日月）、「兵法十字之事」（二〇三）、「方違守」（二二〇）、「金神除法」（二二一―二二三）、「荒神濡手大事」（二二四―二二八）、「牛王返大事」（二二九）、「呪咀返之大事」（二三〇）、「火伏之大事」（二三五）、「十喼之事」（二七〇）、「喼急之大事」（二七一）、「六算之大事」（二七二）、「疱瘡守」（二八六・二八七）、「癪気を治める呪」（二九一、喼急如律令の呪文――以下喼急と略す）、「虫歯を治す符」（二九三・二九四、セーマン☆・ドーマン▦）、「田虫食損祈禱札」（二九六　喼急）、「盗賊足留」（三〇四

唵急・人型)、「生家養者方」(三一〇)、「離別法」(三一四　セーマン)、「月水加持作法」(三一八　ドーマン)、「月水延之符」(三一九　唵急)、「求子之大事」(三二二—三二四　唵急)、「変子之符」(三二六—三二八　唵急)、「易産符」(三三〇—三三一　唵急)、「大槌小槌呪」(三三九)、「夢違」(三四六—三五〇)、「摩利支天日所作」(『修験深秘行法符呪続集』九　唵急・ドーマン)、「摩利支天鞭法大事」(同集　三二　唵急・ドーマン)、「三鏡方并三玉女事」(同集　四三)、「唐一行禅師出行日之吉凶秘事」(同集　四七)がある。(7)

中世末期から近世初頭にかけては、修験者は葬儀にも関与しており、その作法を記した当山方の『修験引導之軌』(修験道章疏Ⅰ)、本山方の『修験道無常用集』(修験道章疏Ⅱ)などが編まれている。特に延享二年(一七四五)に上野国和田山の鏤清の手になる後者には、葬儀の日や方位の吉凶を記した「無常用集撰日方取私記」、墓地の地取の作法である「葬所地取之式」があげられている。この地取の式は墓の四隅と中央に幣を立て、中央に散米と銭六文を供えて地神・五帝竜王を勧請して守護を祈るものである。(8) この他修験道の柱源護摩や採(柴)灯護摩、東北の山伏神楽では、五方を五色の幣で荘厳し、作法にも九字や反閇、陰陽・五行にのっとった所作がなされている。また修験道の芸能とされる奥三河の花祭にも陰陽五行の思想や反閇が認められる。(9)

## 2　占考争論

天和三年（一六八三）五月十七日、霊元天皇は陰陽頭の土御門泰福に対し、土御門家に諸国陰陽道支配を仰せ付ける綸旨を下された。これによって土御門家は全国の陰陽師に免許を与えて統轄する権限を与えられた。また同年九月二十五日には徳川綱吉からこれを追認する朱印状が下付された。土御門家ではこれにもとづいて、有髪・束髪で占考・祈禱・日取・方位などを行なうものを、土御門家支配下の陰陽師として支配しようとした。そして占いを行なっていた里修験にも、同家の免許を受けるように働きかけていった[10]。しかしながら里修験の多くは、すでに本山派、当山派などに所属したうえで、前項で紹介したような陰陽道的な活動をしていたことから、彼らを統轄しようとする土御門家との間に争論が頻発した[11]。こうした出入は吉田神道に属する神職、万歳師、神事舞大夫などと土御門家との間にもおこったが、ここでは主として、土御門家と当山派・本山派との争論に焦点をおいてその経緯を簡単に紹介しておきたい。

まず当山派と土御門家の間の占考をめぐる争いが元禄年間（一六八八―一七〇四）に遠江でおこっている。この折は寺社奉行から陰陽師触頭菊川権頭と修験道触頭鳳閣寺に両者の支配を明確にして職分を混同しないように申し付けられている。次いで明和七年（一七七〇）九月に、関東陰陽師触頭吉村権頭の支配下にあった売卜改役の東柳軒と木村清平が、土御門家が出す占考の職札なしに売卜をしていたとして、当山派修験大尺（帝釈）院・良宝院・清卜院と俗人の良助・角兵衛を寺社奉行に出訴した。土御門家側では天和三年に綸旨や朱印状をうけていること、すでに明和五年（一七六八）に無断で売卜をしていた羽黒修験三光院を奉行所に訴え、同院が奉行所から押籠を仰せつけられ占考を止めたこと、現に当山派の大楽院、本山派の本大坊・文殊院・花王院・円寿院、羽黒派の中力院が土御門家から職札を受けて売卜を行なっていることなどをあげて、修験といえども売卜をする以上、土御門家の配下に入るべきことを主張した。

一方当山派側は〝修験では従来から占考をしているが、これは弘法大師作の『一牧八卦』と『看命一掌金』にもとづく、仏教本来のものである。それに修験の占考は報酬なしにしているのであって売卜ではない〟と主張した。これに対して東柳軒は「『一牧八卦』は弘法大師作ではなく、八卦に五行を配し陰陽にもとづいて善悪を判断する陰陽道のもの、『看命一掌金』も天文道にくわしい唐の一行禅師が作ったものである。また現在一般に卜占にあたる者は馬場信武の書物を用いているが、これは陰陽道のものである[12]。このように占考は本来陰陽道のものゆえ、売卜の有無にかかわらず土御門家の免許が必要である」と主張した。この訴訟については明和八年（一七七一）に寺社奉行から裁許が出されたが、それは当山派の清卜院・大尺院・良宝院が売卜と紛らわしい活動をしていたことを叱るというものであった。寺社奉行は修験者が報酬を得ないで内々に行なう占考は認め、売卜のみを陰陽道の特権とするとの判断を下したのである。けれども土御門家ではこの裁許をもとに山伏も占考を行なう場合には、本・当両派に属していても土御門家から売卜者の免許を受けるように働きかけていったのである[13]。

本山派では安永七年（一七七八）に売卜と紛らわしい占考を行なった江戸の山伏が、土御門家から訴えられている。さらに天明四年（一七八四）十月二十八日には大坂の本山派修験玉星院が「御免本山御占」との看板をかけていたかどで、土御門家配下惣頭役の四井陽右衛門から大坂西町奉行所に訴えられた。奉行所では翌二十九日に玉星院にこの看板を下ろして、売卜を止めることを命じ、同院はこれに従った。ところが同様の看板を出して八卦占いを行なう配下を擁する大坂の本山派修験組頭は困惑し、聖護院の院家、若王子・円成寺・住心院に大坂西町奉行所への交渉を懇願した。これに対して聖護院では武家伝奏を通して大坂町奉行所と土御門家に働きかけると共に、天明六年（一七八六）五月十五日には本山派の公式の見解を江戸触頭氷川大乗院を通して江戸寺社奉行に提出した。その内容は〝修験の占考は密教の伝統にもとづくもので、浄蔵などに見られるように、修験道の随時の助道である。それゆえ修験の占考は報酬の有無に関係なく、陰陽道の売卜とは異なるものである。修験者は古来、占考の謝礼で入峰修行をし、渡世の糧としてきたが、近年陰陽道の側でこの活動の差し止めを試みているので難儀をしている。善処してほしい〟というものである(14)。

ところが幕府では土御門家の三十年にわたる愁訴を受け入れ、寛政三年（一七九一）四月に陰陽道を職業としている者はすべて土御門家の免許を受け、その支配に従うようにとの全国触れを出した。土御門家ではこれに応じて、京都の本所に家司雑掌を置き、畿内と尾張にはそれに直属する触頭を配した。また関八州は江戸役所の関東陰陽家触頭・関東陰陽家取締役を通して支配し、遠国や組織化がおくれている地域には、本所か江戸役所から出役を派遣して陰陽師のみでなく、占いをする山伏や万歳師などの掌握をはかったのである。[15]

大坂町奉行所南組では上記の寛政三年（一七九一）の土御門家による陰陽師支配の全国触れにもとづいて、文化七年（一八一〇）二月に大坂市中で無断で占考をする者は土御門家の支配に入るようにとの町触を出した。ところが、本・当両派の修験は占考は本山から許可されていると主張した。そこで大坂町奉行は武家伝奏を通して醍醐三宝院と聖護院に占考の許可に関して問いあわせた。これに対して三宝院は、当山派では年星・吉凶・占考の術をしたうえで、それにもとづいて除病・息災・祈禱をするのが宗風であって、施主からの志は加持祈禱の返礼で売卜ではないと返答した。一方、聖護院では、天明六年（一七八六）の江戸寺社奉行所への書付と同様に修験道の占考は陰陽道とは別の往古からのものである。また寛政十年（一七九八）にこの問題については、訴訟でなく本所同志の掛合によることが決められ、文化三年（一八〇六）に土御門家の触頭が大坂三郷の修験の占考を江戸表に訴えた時にも、両本所の話しあいで決着したと回答した。そして文化八年（一八一一）五月十日、土御門家は武家伝奏を介して聖護院の占考と売卜は異なるとの主張を認め和談に応じている。[16]

以下の論述ではこうした争論の論拠を示すと共に、里修験の陰陽道的な活動を正当化するてだてともなった伝承や思想を本・当両派の修験道書のうちにさぐって見ることにしたい。

## 3　当山派の『山伏便蒙』

地域に定住した里修験は、ただ単に小祠などの祭祀、うらない、加持祈禱などを行なうのみでなく、その根拠をなす思想や縁由について説明した。こうしたこともあって、そのための書物も作られている。[17] これらには中世末以来修験者が民間陰陽師的な活動をしてきたこともあって、陰陽道とかかわるものも少なからず認められる。そこでこうした書物のうち、これまであまり紹介されていない当山派の『山伏便蒙』と本山派の『修験檀問愚答集』をとりあげて、そこに見られる陰陽道に関わる記載を検討することにしたい。

『山伏便蒙』（内題は『修験道便蒙』）上下二巻は京都六角通の書林、岡吉兵衛から刊行されている。[18] ただし刊行年月や著者、成立年代に関する明記はない。ただ上巻の本文中に「朗然朗然ト者未ダ知レ二何人一蓋有二明師一自称二其表徳号一者歟撰ス」と記されている。ところがこれと同じ記載が、寛永二十年（一六四三）十一月に当山派修験の日向国正因山見性寺住職の宥鑁が朗然に仮託して著わし、天和四年（一六八四）に刊行された『資道什物記』の内題に認められる。[19] また本書は主要な字句をあげて、その註記をする形をとっているが、この記述の仕方は宥鑁の『山伏二字義』と同じである。しかも本書冒頭の修験道や山伏の字義の記述も『山伏二字義』の内容と類似している。それゆえ本書も宥鑁の手になるものと考えられよう。

本書には上巻と下巻の最初に雑目録が記され、上巻に十九、下巻に三十三の項目があげられている。これを見ると、仏教とくに真言密教、神道、陰陽道などに関するものが網羅的にあげられている。ただしその順序は不同で、必ずしも本文の記載とも符合していない。そこで以下の記述では、主として本文の記載をもとに本書でとりあげられている修験道、仏教、神道、陰陽道にかかわる項目を列記したうえで、陰陽道に重点をおいて紹介することにしたい。

修験道に関しては上巻の冒頭に役小角の小伝、ついで修験道、山伏に関する字義の説明、修験の妻帯のこと、出羽の湯殿山、富士山の紹介がある。仏教一般では釈迦、その十大弟子、須弥山、仏法僧の三宝、倶舎・成実・律・法相・三論・天台・華厳・真言・禅・浄土・日蓮・時宗の十二宗、大日・阿弥陀・釈迦・薬師・観音・文殊・勢至・普賢・地蔵・弥勒・不動など五大明王・十二天などの仏菩薩、仏性、成仏、六道（特に地獄・餓鬼・畜生の世界）、二世の安楽、南無、念仏、六根、十二因縁などをあげる。特に密教に関しては空海、金胎の曼荼羅、三密、五大、五仏、阿字、三種成仏、請雨法の本尊の善女竜王などを記している。神道では天神七代・地神五代の神格、神祇の語義と種類（権者の神・実者の神・宗廟神・祖保神）、伊勢、三十番神などがあげられている。また神は祟り仏は罰すると、両者の基本的な違いが指摘されてもいる。

陰陽道に関するものには、天地の起源、男女（陰陽）、五性（五行）神、相生相剋、八卦、日月星、北斗七星、七曜、九曜、二十八宿、本命元辰（生年の干支）、当年星、四季、歳厄、月厄、物怪がある。次に民間信仰に関するものには、悪霊、死霊、呪咀、怨敵、流行疫神、邪気、不慮の死者がある。この他には、受胎、胎児の生長、皮肉骨の数と月数・日数、性欲、病気、五衰三熱、臨終など人体に関するものや、官位十八階、盗賊、人倫（忠孝など）に関する記載がある。もっともこれらの説明には陰陽道のほかに、密教や宿曜道にもとづくものも少なくない。けれども近世の里修験の間ではこうした区分は必ずしも明瞭でなく、また区分される必要もなかったようである。そこで以下これらのうち、陰陽、五行、相生相剋、八卦、天文、厄など陰陽道の中核をなすとされているものにもとづく説明を紹介しておきたい。

陰陽は天地の起源や男女の説明に用いられている。まず、天地の起源は渾沌として鶏卵のような太極（暦道では盤古という）の中に阿字が生じ、軽く清らかなものが上にのぼって天（陽）となり、重く濁ったものが下って地（陰）となった。また鶏卵の中から牙のようなものがめばえ、そこから地水火風空の五大が生じたとしている。また男子は陽、女子は陰で、陽陰は男女不二、夫婦和合を示す。神話に即して述べると、伊弉諾尊が陽の一水を下し、伊弉冉尊の陰の二水がこれをうけとめ、これにより衆生が生まれたとする。さらに愛染明王を例にとって、女に染まるのは男ゆえ染は男・陽、男の愛を受けるのは女ゆえ愛は女・陰を示すとしている。

五行に関しては、第一表「五仏・五大・五行等一覧」に見られるように、密教の五大・五仏、陰陽五行をはじめ、万物の性格を五つのものに分けて説明する中に包摂されている。このうち、表1から11までは「五体は腰下、臍輪、心中、眉間、頂上なり」というように、五つずつをそれぞれ順に説明する形をとっている。なおこの部分は、密教の五大、五仏に関するものである[20]。

ところが表の12以下では、東方主と記したうえで、それに関する13の金剛波羅蜜菩薩から28の項にあげたものをまとめて記し、次いで南方主としたうえで、この項の13の宝波羅蜜菩薩から28

## 第1表　五仏・五大・五行等一覧――『山伏便蒙』

| No. | 印 | 項目 | | | | | |
|---|---|---|---|---|---|---|---|
| 1 | ○ | 五体 | 腰下 | 臍輪 | 心中 | 眉間 | 頂上 |
| 2 | ○ | 五輪 | 地 | 水 | 火 | 風 | 空 |
| 3 | ○ | | 不正の理 | 離言説之理 | 無垢染理 | 因業不可得の理 | 等空不可得の理 |
| 4 | ○ | | ア（阿） | バン（鑁） | ラ（羅） | カ（訶） | ケン（欠） |
| 5 | ○ | 五識〈官か〉（五識） | 眼（色） | 耳（声） | 鼻（香） | 舌（味） | 身（触） |
| 6 | ○ | 五色 | 黄 | 白 | 赤 | 黒 | 青 |
| 7 | ○ | | 方形 | 円形 | 三角形 | 半月形 | 団形 |
| 8 | ○ | 五智 | 大円鏡智 | 平等性智 | 妙観察智 | 成所作智 | 法界体性智 |
| 9 | ○ | 五仏 | 阿閦 | 宝性 | 弥陀 | 釈迦（不空成就如来） | 大日 |
| 10 | ○ | （五部） | 金剛 | 宝 | 蓮華 | 羯磨 | 仏 |
| 11 | ○ | （五転） | 発心 | 修行 | 菩提 | 涅槃 | （方便究竟） |
| 12 | × | 五方 | 東 | 南 | 西 | 北 | 中央 |
| 13 | ○ | 成身会　中輪 | 金剛波羅蜜菩薩 | 宝波羅蜜菩薩 | 法波羅蜜菩薩 | 羯磨波羅蜜菩薩 | （大日如来） |
| 14 | ○ | | 東輪、金剛埵菩薩、王・愛・喜・嬉・香鈎 | 南輪、金剛宝菩薩、光・幢・咲・鬘・花・索 | 西輪、金剛法菩薩、利・因・語・歌・燈・鏁 | 北輪、金剛業菩薩、牙・舞・塗香・鈴 | |
| 15 | × | 五行神 | 木色青・木神 | 火色赤、火神 | 金色白、金神 | 水色黒、水神 | 土色黄、土神 |
| 16 | × | 五行神の本地 | 薬師、降三世 | 勢至、観音、軍荼利 | 弥陀、大威徳 | 釈迦、金剛夜叉 | 不動 |
| 17 | × | 十干 | 甲・乙 | 丙・丁 | 庚・辛 | 壬・癸 | 戊・己 |
| 18 | △ | | 20歳まで | 21―40歳 | 41―50歳 | 51―80歳 | |
| 19 | △ | 五臓 | 肝（木膽・腑眼・筋爪） | 心（腸・舌・血・毛・耳） | 肺（大腸・鼻・皮・足） | 腎（膀胱・耳・骨・歯） | 脾（胃・肉・唇・乳） |
| 20 | △ | | 鼻汁 | 汗（心液の垢汁） | 涙 | 尿（唾） | 涎 |
| 21 | △ | | 神魂 | 神喜 | 魄（積気） | 神志（男、蔵・精）（女、胞・繋） | 意 |
| 22 | △ | 五情 | 泣 | 笑 | 憂 | 恐 | 思 |
| 23 | △ | 五臭 | 臊（なまぐさい） | （焦） | 腥 | 腐 | 香 |
| 24 | × | 五常 | 仁 | 義（理） | 信 | 礼 | 智 |
| 25 | △ | 五味 | 酸 | 苦 | 辛（五辛） | 鹹 | 甘 |
| 26 | × | 五声 | 角 | 徴 | 商 | 羽 | 宮 |
| 27 | × | 卦 | 震 | 離 | 兌 | 坎 | 坤 |
| 28 | × | 五時 | 春 | 夏 | 秋 | 冬 | 土用 |
| 29 | × | （五星） | （木星） | （火星） | （金星） | （水星） | （土星） |

○は密教（金剛界五仏の説明を中核とする）に関するもの
×は陰陽道に関するもの
△は身体に関するもの（主として陰陽道的な説明がなされている）をあらわしている。
括弧内は宮家による補足

までを説明するという順序で記されている。ここでは、陰陽道でいう五方の主を、まず金剛界成身会のその方位の仏に配し、さらにそれを五行神とその本地や干支とむすびつける形をとっている。そして、それが個人の運勢を支配することを象徴するかのように、年齢、五臓とそれと関わる身体の部分、分泌物、感情、臭、味などをあげ、それを陰陽道でとく人倫や宇宙の運行に位置づける形がとられている。この配列から見ると全体的には、密教の五大、五仏、金剛界曼荼羅の成身会に陰陽道の五行を位置づけ、それにもとづいて、病気などの個人の運勢を説明する形がとられていると考えられるのである(21)。

密教思想に陰陽道を位置づける試みは相生相剋についても認められる。周知のように陰陽道では五行について、木は火を生み（木生火）、火は土を生み（火生土）、土は金を生み（土生金）、水は木を生む（水生木）ことから木→火→土→金→水→木の相生があるとする。そして木は土に勝ち（木剋土）、土は水に勝ち（土剋水）、水は火に勝ち（水剋火）、火は金に勝ち（火剋金）、金は木に勝つ（金剋木）ことから、木→土→水→火→金→木の相剋があるとしている。これに対して本書では、地水火風空の五大（輪）には横竪（相剋・相生）の次第があるとする。その内容は、横の相剋は地水は土剋水、水火は水剋火、火風は火剋金、風空の空は木ゆえ金剋木の相剋をさし、竪の相生は木生火、火生土、土生金、金生水の相生をさすとしている。このように相生は陰陽道のものがそのまま紹介されているが、相剋については、五大を五行に充当させたうえで説明している。

八卦は伏義が金色の亀の甲に八卦を出現させて占った亀卦に始まるとする。その際八卦は東西南北の四方に角の四が加わったもので、この八卦のそれぞれに八卦が見られることから六十四卦が生じるとする。古代の太占の亀卜が易に展開したともされている。天文に関しては、日月星の三辰、七曜、九曜、二十八宿、本命星と当年星があげられている。まず三辰については、日は父・白滴、月は母・赤肉で、この赤白二滴が陰陽不二となることによって、一切衆生の妄念・妄執、精鬼を示す星が生じるとしている。

七曜は、貪狼星（本地千手、子年生まれの人の星―以下年のみ記す）・巨文《ママ》星（馬頭、丑亥）・禄孝星（聖観音、寅戌）・文曲星（十一面、卯酉）・廉貞星（准胝、辰申）・武曲星（如意輪、巳未）・破軍星（虚空蔵、午）のことで、その一つ一つが衆生の本命の星となって守護するとしている。これらの星は一般に北斗七星と総称されているもので、この生まれ年の星をまつる属星祭がなされている。九曜は木・火・土・金・水の五星に、日・月・羅睺星・計都星を加えたもので、それぞれの本地とその星が下って人の星となる日時と方位は次の通りである。

一、羅睺星――普賢、十四日、亥の時、辰の方
二、土曜星――大日、二十八日、子の時、未申の方
三、水曜星――釈迦、晦日、寅の時、子の方
四、金曜星――弥陀、十五日、酉の時、酉の方
五、日曜星――虚空蔵、十三日、亥の時、亥の方
六、火曜星――日光・勢至、十九・二十三日、寅の時、午の方
七、計都星――千手・文殊、十七・二十五日、寅の時、未申の方

八、月曜星――如意輪・弥勒、五・七日、寅の時、丑の方
九、木曜星――薬師、八日、卯の時、卯の方

九曜星は数え年によってその充当が決まっていて、これを当年星とよんでいる。当年星は七曜と同様に、その星に属する人を守護してくれるので、上記の日時にその方角にむかって九曜をまつるのである。二十八宿は黄道付近の星座を東西南北に分け、その各々に属するもの七つずつをあげたものである。東方（角・亢・氐・房・心・尼・箕）、南方（井・鬼・柳・星・張・翼・軫）、西方（奎・婁・胃・昴・畢・觜・参）、北方（斗・牛・女・虚・危・室・壁）がこれで、これらの星によって衆生の長命・短命・吉凶を占うのである。

厄には歳厄、月厄、日厄がある。これらは衆生の心がそれぞれの顔がちがうように同じでないことから人によって違っている。ただ大日如来の五輪の境地に入って、その徳を誦すると一生大難はなく小難ですむとしている。物の怪も仏神の徳を誦すれば祟りをしなくなる。その他では悪夢は妄想、顚倒、詐心からおこるので、「我見つる今夜の夢は悪からず、妙童菩薩誦徳に入る」と三度となえればよい。悪霊は他を憎む心から生じるゆえ、その心を懺悔させればよい。死霊は陰魂ゆえ、陽である大日加持の火で祟りを鎮め、呪咀には「唵急如律令」の呪をとなえればよい。この呪の唵は善い六根が具足し善い法味にあうこと、急は悪義や怪異の退散や遠離、如は真不変の位、律は万法があいととのうこと、令は修行成就を意味するという。怨敵は大日如来の五輪を誦すればその怨を消すことができ、生霊は敵対心からおこるので、徳をもって接すればよいとしている。このように厄や祟りなどに対しては、呪文や自己の精進によって克服することが求めら

れているのである。

## 4　本山派の『修験檀問愚答集』

『修験檀問愚答集』は宝永四年（一七〇七）春、本山派修験融鑁が著わしたものである。序によると彼が武蔵国の図師山釜田寺にいた時、檀家から色々と尋ねられたことについて、答えたものを編集して六冊にまとめたという。私見に及んだのは、京都六角通の岡権兵衛が享保三年（一七一八）六月に板行したもので、内題は『和漢群談故事』となっている。その内容は村人の宗教生活に身近な話題を順不同に網羅的にあげる形をとっている。その項目は修験道に限らず神道、仏教、陰陽道、道教、民間信仰など多岐にわたり、特定宗教というよりむしろ当時の民俗宗教を物語っていると思われる(22)。また各項の説明や考証も修験に限定されず、仏教、神道、陰陽道、道教、儒教など種々の立場から総合的になされている。そこでまず本書記載の項目を修験道、仏教、神道、民間信仰、陰陽道、道教に分類する。そのうえで主として陰陽道、道教に関するものをとりあげて、その説明を簡単に紹介する。なお、その他の項目についても、陰陽道にもとづく説明がある時には簡単にふれることにしたい。

A修験道

(1)山伏修験の名目と本山・当山両派（四・4——巻と目次番号以下同じ）、(2)修験と練行（四・

3）、(3)大峰の前鬼後鬼と抖擻行（四・5）、(4)不動明王（五・7）、(5)祈禱（四・6）、(6)九字（五・3）、牛王宝印（五・2）、(8)札守（一・2）、(9)最多角念珠（一・8）、(10)修験の墓・梵天（五・6）、(11)天狗（二・2）、(12)年行事（一・2）、(13)檀那（一・1）

B仏教

(1)十一面観音（五・2）、(2)弁財天（二・4）、(3)数珠（一・8）、香（二・6）、(5)盂蘭盆会（一・7）、(6)ソ八型の意味（一・5）

C神道

(1)鳥居（三・4）、(2)注連・幣帛（三・1）、(3)オハケ（四・1）、(4)七五三の札（六・1）、(5)稲荷（二・3）、(6)忌穢（三・3）、(7)神託（三・8）、(8)おみくじ（五・3）、(9)絵馬（三・5）、(10)直会（二・1）

D民間信仰

(1)元旦（一・6）、(2)左義長・繭玉供（二・1）、(3)節分（六・2）、(4)入梅（六・4）、(5)神無月（六・5）、(6)日待（二・4、5）、(7)流行神（三・6）、(8)願掛（三・7）、(9)起請文（五・5）、(10)鹿島立（四・1）、(11)時の鐘（六・3）

E陰陽道・道教

(1)修験卜占用否（五・3）、(2)インド・中国の占（五・5）、(3)鬮（五・3）、(4)日・方位の吉凶・五行配当（五・4）、(5)夢（三・9）、(6)吉夢・夢違（六・2）、(7)蘇民将来・晴明の印（一・6）、(8)年徳神（一・6）、(9)聻《せき》字（鬼）・疫神・送神（一・8）、(10)甲子祭・鼠を福神とすること（二・7）、⑾荒神・かまど神（二・9）、⑿庚申（二・8）、⒀妖怪（五・1）、⒁祓除（三・2）、⒂追儺（六・2）、⒃夏越の祓い（一・7）、⒄呪咀（三・7）、⒅痘疹（五・8）、⒆巻数・桃の木・鬼門（一・4）、⒇符・喼急如律令（一・3）、(21)善悪業報（六・6）

上記の分類はあくまでもおおよその見当をつけるためのもので、例えば修験道の九字や、民間信仰の節分、流行神などは陰陽道とも関係する。また神道の鳥居、注連、稲荷や民間信仰に関するものでは、陰陽、五行、干支、星宿など陰陽道にもとづく説明がなされている。そこでここではこれらに関する陰陽道にもとづく典型的な説明を紹介しておきたい。まず陰陽については、神道で尊重する数字の「八」（ハチ）を説明して、「ハ」は澄むことを示す語で陽が昇って天となること、「チ」は濁ることを示す語で陰が下って地となることをあらわす。そしてこの陽（養と表記）徳にもとづいて地の万物が発育するという（C・三・1―上記の分類番号と各項目の巻と目次の番号、以下同様）。その他では、鳥居の二本の柱は陰陽二神を示し（C・三・4）、陽の魂を神、陰の魂を鬼という（D・六・5）。また一月には陽気、七月には陰気が発動する（B・一・7）、としている。

五行に関しては次の五行配当の図（E・五・4）があげられている。

| | | | | | |
|---|---|---|---|---|---|
| 五臓 | 肝 | 心 | 脾 | 肺 | 腎 |
| 五形《ママ》 | 木 | 火 | 土 | 金 | 水 |
| 五色 | 青 | 赤 | 黄 | 白 | 黒 |

眼　舌　口　鼻　耳
外候　筋　血　肉　皮　骨

そして例えば竈には、塗られている竈土は埴山彦（本地大日）、掛ける釜を鋳る金は金山彦（阿弥陀）、炊す水は罔象女（釈迦）、焚く木は句句迺馳（薬師）、燃える火は訶遇突智（宝生）というように、五行、五神、五仏が具わっている。それゆえ、神をまつる時は五本の幣と、十二ヵ月の不浄をはらうために十二の注連をはるのである。そしてさらに、竈は人間の生を支える食物をつくる所ゆえ、万物の根源であり、そこに見られる五行は竈に限らず万物に具わっているとしている（E・二・9）。なお五行の相生相剋は吉凶をはじめ、時刻（D・六・3）、幣・注連（C・三・1）、夏越の祓い（E・一・7）などの説明に用いられている。このうち夏と秋の境にあたる六月晦日になされる夏越の祓いについては、夏は火で秋は金である。火と金は相剋するゆえ、その災をはらうために中臣祓を行なうのがこの行事であるとしている。

周知のように十干は十二支と組みあわせて六十干支となり、年次や日付をあらわす際に用いられている。これにもとづいて庚申の日に青面金剛をまつる庚申講がなされ（E・二・8）、甲子の日には大黒がまつられている（E・二・7）。このうち甲子に大黒をまつるのは、インドの摩訶陀国の王子大黒が同国の北方（玄武星の方向）に甲子の年、甲子の日に生まれたのにちなむという。なおこの甲は東方の四震木で、その色は青、万物の出生の方角を示し、子は北方の六坎水で、その色は黒、万物の収蔵の方角を示す。それゆえ大黒の色は本来は青黒色だったとしている。なお十干に五行を配して、甲・己の年は木運《(ママ)》、乙・庚の年は金運、丙・辛の年は水運、丁・壬の年は木運、戊・癸の年は火運にあうとして、このうち火運にあう戊・癸年には痘疹が流行るとしている（E・五・8）。

　十干は甲丙戊庚壬は陽、乙丁己辛癸は陰というように、陰陽ともむすびつけられている。例えば正月にまつられる年徳神のいる吉の方位は、甲の年徳は東宮の甲の方角、丙の年徳は南宮の丙の方角、戊の年徳は中宮の戊の方角、庚の年徳は西宮の庚の方角、壬の年徳は北宮の壬の方角で、この五干の年徳の方位は陽徳である。これに対して陰ゆえに徳がない乙の年徳は西宮の庚の方角、丁の年徳は北宮の壬の方角、己の年徳は東宮の甲の方角、辛の年徳は南宮の丙の方角、癸の年徳は中宮の戊の方角にあるとする。陰徳にあたる乙丁己辛癸の場合は、それぞれを妻に比定した陽の五干に配して吉方位である年徳神の方位を定めているのである。このように十干に陰陽を配合することによって、その年に万物が生じる徳のある吉方位が定められている（D・一・3）。

　日時の吉凶は星宿の位置にもとづいて決められてもいる。外出、出陣などを忌む往亡日、赤口日、六曜などがこれである。ただ本書では、嫌われる日の例として往亡と赤口をあげるのみである。ただこうした善悪の日を選ぶのは陰陽道の至要であるとして、そのことを記した陰陽道の日取十一部書として、文殊の『文殊曜宿経五総亀』、玄奘の『文殊曜宿経小鑑』、善無畏の『亭監拹』、一行の『新撰抄』、漢の明帝勅撰の『分別抄』、長慶の『唐暦抄』、空海の『日法鈔』、恵心の『百忌暦』、安倍晴明の『簠簋内伝』、五方天文博士の『都知袋』、洛東の清水寺の宝殿で発見された『清水鈔』をあげている（E・五・4）。このうち安倍晴明に仮託された『簠簋内伝』は『山伏便蒙』やこの『修験檀問愚答集』を板行した岡吉兵衛の「修験道書目録」に掲載されているように、当時は修験道書とされていた。ちなみにこの目録ではその他にも修験道書として『清明《ママ》物語』六巻、『清明《ママ》人相秘伝』をあげている。(23)

事実『修験檀問愚答集』には『簠簋内伝』からの引用が、弁財天・己巳（弁天待）の伝承（B・二・四）、桃の木の札（E・一・4）、年徳神・八将神（D・一・3）、入梅（D・六・4）、蘇民将来（E・一・6）、疫神・送神（E・一・8）、隠急如律令の呪文（E・一・3）などの項に認められる。特に蘇民将来の項には『簠簋内伝』の最初にあげる牛頭天王（天刑星王）が行疫神となるが、蘇民将来の子孫には符を授けて救う話が記され、あわせて御符などに画かれる安倍晴明の五角の判☆についてもふれている。この他、八卦への遊魂や生家などの充当は吉備真備から安倍晴明に伝えられた「陰陽八卦之法」に記されているとしている（E・五・3）。ちなみに熊野とくに那智山、大峰、白山、筑波山、御岳、英彦山などの修験霊場には晴明が修行したり、霊異を示したとの伝承が認められる。(24)

以上、本山派の『修験檀問愚答集』に見られる陰陽道に関する記載を紹介した。これを見ると当山派の『山伏便蒙』に比して、密教と関連づけることが少なく、また星宿に関する説明もあまり見られない。これは本山派では密教の宿曜道の影響がさして強くないことによるといえよう。それに対して安倍晴明とくに『簠簋内伝』をあたかも修験にかかわるもののように重視していることが注目される。

## 5　修験道の易筮観

近世期には里修験の多くが卜占を行なっていたことから、これを家職とした土御門家との間に出入が絶えなかった。このこともあってか、里修験の指針として編まれた本山派の修験道書には、卜占に関する修験の姿勢を示す記載が散見する。その主なものをあげると、前章でとりあげた『修験檀問愚答集』には「修験卜占用否」（E・五・3）の項を設け、卜占は本来修験の所作ではなかったが、浄蔵（八九一―九六四）が天文易象により吉凶を占って招福を説いてから兼学するようになった。卜筮には周の文王の両儀・四象・八卦などの数術による易、邵康節による蓍《めどぎ》を用いないで年月日時などにもとづいて卦爻を立てる心易、唐の袁天網《ママ》（剛か）の富貴貧賤寿夭禍福を天命によるとする思想にもとづく三世相、今流行の伏羲が作り文王が改めた八卦、この八卦の一つ一つに遊魂や生家を充当した吉備真備が安倍晴明につたえた「陰陽八卦之法」にもとづくものがある、としている。

次に元文二年（一七三七）に下総国葛飾の本山派修験恒端卓盈の手になる『修験道初学弁談』では「卜筮用否弁」との項をたてて、檀越の求めに従って卜筮をする際は、陰陽師のように私欲によって偽ることなく卦象にもとづいてはっきり判断するようにし、特に卜筮をかりて偽って凶相を告げて祈禱して利益を得るようなことをしないようにとしている。(25) また京都の大善院等空が十九世紀初期に著わした『修験指要弁』では、修験が周易、卜筮、方位、家相を行なっている。これは山伏の所作ではないが、やむを得ない時はかまわない。けれども勧善懲悪や仏法引導の方便としてなすべきで、そうでないと、売卜者や陰陽家のように悪行の因になると述べている(26)。

天保十三年（一八四二）には京都東森の普門院阿闍梨が修験の徒が易筮を行なう根拠について論じた『修験行者易筮該用』を東奥三春常楽院円照と石川大蔵院信峯が校梓している。なお本書には熊野三山奉行の院家若王子盈源が序をよせ、円照の注記と跋語が加えられている。ちなみに天保四年（一八三三）には、土御門家が三春（現福島県田村郡三春町）に出役所を置き、佐藤志都麿、早川主殿を総奥羽両国取締に任じて、東北の陰陽道の組織の強化の拠点としている(27)。これに対して三春城下の本山派修験常楽院と、白河の八槻修験配下で中世期は熊野新宮の荘園であった石川郷（現福島県石川郡石川町）の大蔵院がその対抗として、院家若王子の支援のもとに本書を刊行したと考えられるのである(28)。

本書によると修験の宗旨は大峰の胎金両峰の奥旨を極め、深仙灌頂によって大日不二の一印を此の身に現成することにある。そしてそこに導く教えを修験の宗教と名づけ、これには『法華経』『毘盧遮那経』（胎蔵界の理智をとく『大日経』）、『金剛頂経』（金剛界の果智をとく）、天文、暦数、卜筮などがあるとする。このうち、卜筮によって方位・日時・人相の吉凶禍福を占うことは、インドに淵源がある。すなわち摩訶迦葉は霊亀の背中の図をもとに占いを行なった。このインドの卜占は宿曜（二十八宿、十二宮、七曜）の徴応をもとに、年月日、時間、分野、人、家、物などについて吉凶を判ずるもので『文殊師利菩薩及諸仙所説吉凶時日善悪宿曜経』（一般には『宿曜経』という、大正蔵二一――以下判明分のみ収録書を示す）、『大方広文殊儀軌経』（大正二〇）、『摩登伽経観災祥品』（現代意訳根本仏教聖典叢書六）、『舎頭諫経』（『舎頭諫太子二十八宿経』大正二一か）、『大集日蔵経』（『大乗大方等日蔵経』大正一三か）、『大集月蔵経』（大正一三）、『大集経虚空目分』（『大集経』大正一三）、『宝星経』（大正一三）などがつくられた。なおこの他にインドから中国に請来された天文・星暦・卜占の書には『婆羅門天文経』一巻（未詳）、『羯伽仙人天文説』三巻（未詳）、『婆羅門天経』一巻（未詳）、『解天命星宿要訣』一巻（未詳）、瞿曇悉達『開元占経』一一〇巻（未詳）、『都利聿斯経』（未詳）があるとしている。

インドの仏教は後漢の明帝の永平年中（一五八―一七五）に摩謄と竺法蘭によって中国に伝えられた。それとあわせてインドの天文、星暦、陰陽、讖緯も中国に請来した。そして中国古来の天文、星暦、陰陽、卦爻と習合した。その後密教の六祖でインドの天文や暦法にも通じた唐の一行（六八三―七二七）は周易、讖緯なども加味して『大衍暦』（『諸宗章疏録第三』）を作製した。一行はこの他『遁甲十八局』一巻、『遁甲通明』一巻、『大衍明疑論』十五巻、『地理経』十二巻、『霊轄歌』三巻、『呼龍経』一巻、『四季気色訣葬律秘密経』十巻（いずれも未詳）、『看命一掌金』一巻（卍続二・九・三）などの卜占や陰陽の書を撰した。この他中国で編まれた卜占書には、玄奘三蔵の『小鏡（鑑か）』、善無畏三蔵の『亭監鈔』、日輪大師（空海か）の『日法鈔』、長慶の『唐暦抄』、南岳大師（慧心）の『百忌暦』（いずれも未詳）がある。なおこの五書はいずれも『修験檀問愚答集』にあげる日取十一部書に含まれている。

日本で編まれて特に修験者に尊重されたのは安倍晴明著述の『三国相伝陰陽輨轄簠簋内伝金烏

玉兎集』全五巻（『続群書類従』三一上）である。この題名の「三国」はインド・中国・日本のこと、「内伝」は日本で作られたこと、「陰陽」は乾坤万里すべてを含むこと、「輨轄」は衆理の要領であること、「金烏」は日、「玉兎」は月を示し、この書によって日月が諸々の迷暗を照らすように居ながらにして千里の外のことや人の賢愚、将来のことを知りうるとされている。(29) なお暦に関しては、我国ではこの『簠簋内伝』でもとりあげて注記している唐の徐昂が長慶二年（八二三）に撰した『宣命暦』が、貞享元年（一六八四）に『貞享暦』に替わるまで、八六一年間にわたって用いられている。また本書の第五巻は既述の『宿曜経』の注疏にあてられている。『宿曜経』は吉備真備が唐の白道上人から伝授され、その子孫の賀茂保憲が安倍晴明に伝えたという。なお伝説では晴明は入唐して白道上人から天文・暦術などを学んだとか、白道は九州の彦山にきて彦山修験に密教の奥旨を教えたとしている。ちなみに密教の卜占書には『宿曜経』の他にも九曜星・北斗七星による吉凶をとく一行撰の『梵天火羅九曜』（大正図像七、大正二一）、七曜・五星と十二宮の相関にもとづく吉凶をとく、唐の金倶吒撰の『七曜攘災決』（大正二一）などがある。これらは『宿曜経』と共に密教さらに修験道でも用いられた。

このように修験道の易筮はその淵源をインドや密教にもつものであって、陰陽道のものとは異なっている。しかも修験者がこれを用いる際にはかつて浄蔵がそうしたように、己れよりは人、真よりは俗を先にし、さらに緊急の悩みに苦しむ人を救って、真に導くというように菩薩道にもとづいているとしている。以上要約すると、修験道では修験の易筮はこの『修験易筮該用』に典型的に見られるように『簠簋内伝』にもとづきつつも、密教の宿曜道なども摂取していて、陰陽道とは異質のものであるとしているのである。

（1）村山修一「修験道と陰陽道」『山岳修験』五（平成元年）。村山修一『日本陰陽道史話』（大阪書籍、昭和六十二年）一五〇―一七六頁。五来重「平安貴族と陰陽道」有精堂編集部編『平安貴族の生活』（有精堂、昭和六十年）等参照。

（2）紙数の関係から近世期の陰陽道や修験道について詳細にふれることは割愛した。陰陽道については、遠藤克己『近世陰陽道史の研究』（未来工房、昭和六十年）、村山修一他編『陰陽道叢書三　近世』（名著出版、平成四年）、修験道については宮家準『修験道――その歴史と修行』（講談社、平成十三年）、宮本袈裟雄『里修験の研究』（吉川弘文館、昭和五十九年）などを参照されたい。

（3）「御家道規則記」遠藤克己『近世陰陽道史の研究』（未来工房、昭和六十年）一六〇―一六三頁。

（4）中世期には卜占、祈禱、祝福芸などにたずさわった民間陰陽師は唱門師と呼ばれていた（柳田国男「唱門師の話」定本柳田国男集九、昭和三十七年、参照）。

（5）中世末期に民間陰陽師が用いた自称。古代の陰陽寮の陰陽博士、天文博士、暦博士などの博士の呼称にもとづいている。

（6）尊海『修験常用秘法集』修験道章疏Ⅰ、二一六―二五〇頁。

（7）『修験深秘行法符呪集』『同続集』修験道章疏Ⅱ、一四四―三二六頁、なお宮家準『修験道儀礼の研究』増補決定版（春秋社、平成十一年）七五七―七七二頁参照。

（8）『修験道無常用集』修験道章疏Ⅱ、三三四―三三五頁、三四七―三五〇頁、なお五来重『葬と供養』（東方出版、平成四年）二六二―二六七頁参照。

（9）村山修一『日本陰陽道史話』（大阪書籍、昭和六十二年）一七四―一七五頁。

(10) 高埜利彦「近世陰陽道の編成と組織」『近世日本の国家権力と宗教』（東京大学出版会、平成元年）、および遠藤克己、上掲書参照。

(11) 林淳「近世における修験と陰陽師の争論」『山岳修験』一一（平成五年）、木場明志「占考をめぐる近世の問題」『大谷学報』六七―三（昭和六十二年）等参照。

(12) 馬場信武は元禄から享保（一六八八―一七三六）頃にかけて活躍した易学者、天文学者で『梅花心易掌中指南』『看命一掌金和解』など多くの著書がある。

(13) 「修験方相手取及公訴候書上并御吟味御尋ニ付書上扣」若杉家文書。遠藤克己、上掲書二一三―二二五頁。林淳、上掲論文及び林淳「近世の占い――明和七年の占考論争を中心にして」『陰陽道叢書』四（名著出版、平成五年）参照。

(14) 聖護院文書（架蔵番号　第一〇八箱）。林淳「近世における修験と陰陽師の争論」『山岳修験』一一（平成五年）二七―三〇頁参照。

(15) 高埜、上掲論文、遠藤克己、上掲書一六〇―二四六頁参照。

(16) 林淳「近世における修験と陰陽師の争論」および林淳「文化七年における土御門家と聖護院の争論――聖護院文書の一史料の紹介」『愛知学院大学人間文化研究所紀要』六号（平成三年）参照。

(17) 宮家準『修験道思想の研究』増補決定版（春秋社、平成十一年）一二七―一三一頁。

(18) 管見に及んだハーバード大学エンチン図書館所蔵本には、巻末に「安永五丙申十月十三日請取、湯原常昌院京都ニテ求青木千蔵院什物也、上下二巻法印亮雄行年七十歳」と墨書されている。

(19) 『資道什物記』修験道章疏Ⅲ、一―二頁参照。

(20) 第一表9項で五仏の一つにあげられている釈迦は金剛界曼荼羅の成身会では不空成就如来と表記されている。

(21) このように陰陽道を密教に位置づける試みは両部神道の立場から修験道の伝承、教義、法具、儀軌などを説明した文政六年（一八二三）福島県信夫郡谷光院覚瑄撰の『修験三正流義教』にも認められる。すなわち本書では金剛界は陽、胎蔵界は陰で、これが和合することによって男女が生じた。さらに金剛則胎蔵で、この原理にもとづいて日月星の三光、木火土金水の五行が存在する。そして日星月の三光が昼夜懈怠のないことが「修」で、その修徳で万物が生長するのが「験」であるとしている（『修験三正流義教』修験道章疏Ⅲ、四五一―五四頁）。

(22) 本書と似た性格をもつものに、京都西陣の日蓮宗寺院の光明山本瑞寺住職日英が享保十五年（一七三〇）に加持祈禱や民間信仰を説明し考証を行なった『修験故事便覧』全五巻（修験道章疏Ⅲ所収）がある。

(23) 「修験道書目録」は岡吉兵衛板行の『山伏便蒙』下の最後に付されている。なおここにはこの他にも『三賢一致書、三風一心記』一巻、『長暦』二巻など陰陽道のものと思われる書物が修験道書としてあげられている。

(24) 高原豊明「安倍晴明伝説――修験道説話への展開について」日本山岳修験学会第十五回学術大会発表プリント、平成六年。

(25) 『修験道初学弁談』上、修験道章疏Ⅲ、一〇二頁。

(26) 『修験指要弁』修験道章疏Ⅲ、七六―七七頁。

(27) 『晴親卿記』天保四年（一八三三）三月二十九日庚子の条。なお遠藤克己、上掲書、一九四頁参照。

(28) 「若王子配下修験人別帳」（東北大学附属図書館所蔵狩野文庫）には、三春城下の若王子配下の修験として、常楽院湛浄、三十四歳をあげている。

(29) 本書には記されていないが、簠簋は祖霊への供物の穀物を盛る祭器で、簠は外側が四角で内が丸く、簋は内側が四角で外側が丸いものとされている。なお『簠簋内伝』については中村璋八『日本陰陽道書の研究』（汲古書院、昭和六十年）二一三―二三〇頁など参照。

# 第七章　修験道と儒教

## 序

儒教は中国の春秋時代（前七七〇―前四〇三）の伝承をふまえた孔子（前五五一―前四七九）の教説を中心に成立した実践的な倫理思想と教学、祖先祭祀などからなる宗教である。我国には六世紀初頭に五経博士が請来したのが初伝で、その後聖徳太子の憲法十七条、律令などに影響が見られる。けれども古代中世にはその経典を学ぶ清原家などの明経家の間で伝えられ、中世後期には禅僧が儒教を伝習していた。近世期には幕府や諸藩が政治の指針として儒教の倫理思想を重視したことから儒学が盛行した。また仏教は儒教の祖先祭祀を一部とり入れて、葬儀、追善供養を行なった。近代には国家神道が儒教思想をとり込んだ教育勅語などをもとに国民の道徳教育を行なった。

これに対して修験道は中世後期に儀礼、思想が整って成立した。そして近世期には、なかば仏教教団に寄生した形で聖護院を本寺とする天台系の本山派、醍醐三宝院を本寺とする真言系の当山派が公認され、その教学の振興が図られた。けれども、その多くは中世後期に成立した『修験三十三通記』『修験修要秘決集』などの注疏や役行者伝、霊山の縁起類で、儒教の影響はあまり見られない。それゆえ、管見の限りでは儒教と修験道の関わりをとりあげた研究は皆無である。ところが近世期に地域で活動した里修験の中には、藩校の教授、寺子屋の師匠を勤めながら儒教を唱導した者もいた。そして近世後期には里修験によって儒教を含めた修験道の啓蒙書も著わされている。そこで本章はこれらを紹介する。

まず「1　近世の儒教」では、以下の論述を理解していただくよすがとして、ごく簡単に近世の儒学の展開を紹介する。「2　修験者と儒学」では当山派の秋田県比内綴子村の神宮寺別当般若院英泉の活動と彼が集めた儒書を紹介する。ついで長門国徳山藩の藩校鳴鳳塾の教授を勤めた本山派修験島田藍泉の思想と活動をとりあげる。「3　里修験と儒教」では武蔵国図師山釜田寺の本山派修験融鑁が宝永四年（一七〇七）に自己の檀越に彼らの宗教的な慣行に関する問いに答える形で著わした『修験檀問愚答集』に見られる故事の説明に用いた儒教を紹介する。ついで上記の神宮寺の「内館文庫」や会津の里修験が所持した儒書を通してその活動を推測する。「4　修験書にみる儒教」では文政六年（一八二三）陸奥国信夫郡左波里の本山派修験谷光院覚瑄が記した、神儒仏の三教と修験の関わりを示した『修験三正流義教』を紹介する。ここでは彼が神道、儒教、仏教の三教とくに儒教と修験道の関わりをどう捉えていたかを検討する。そして「結」ではこれらの里修験の間で儒教がどのような形で学ばれ、それを常民に説いたかを全体としてまとめることにしたい。

## 1　近世の儒教

近世における儒教と仏教、神道との関係と、その後の変化について森和也は第1図に示すように当初、儒教を頂点とし、仏教・神道を底辺とした三角形、その後は儒教が政治と結びつき、やがて近世的政教分離とも思われる形態がとられたとしている[1]。そこでこの図を参考にして近世の儒教について簡単に述べることにする[2]。

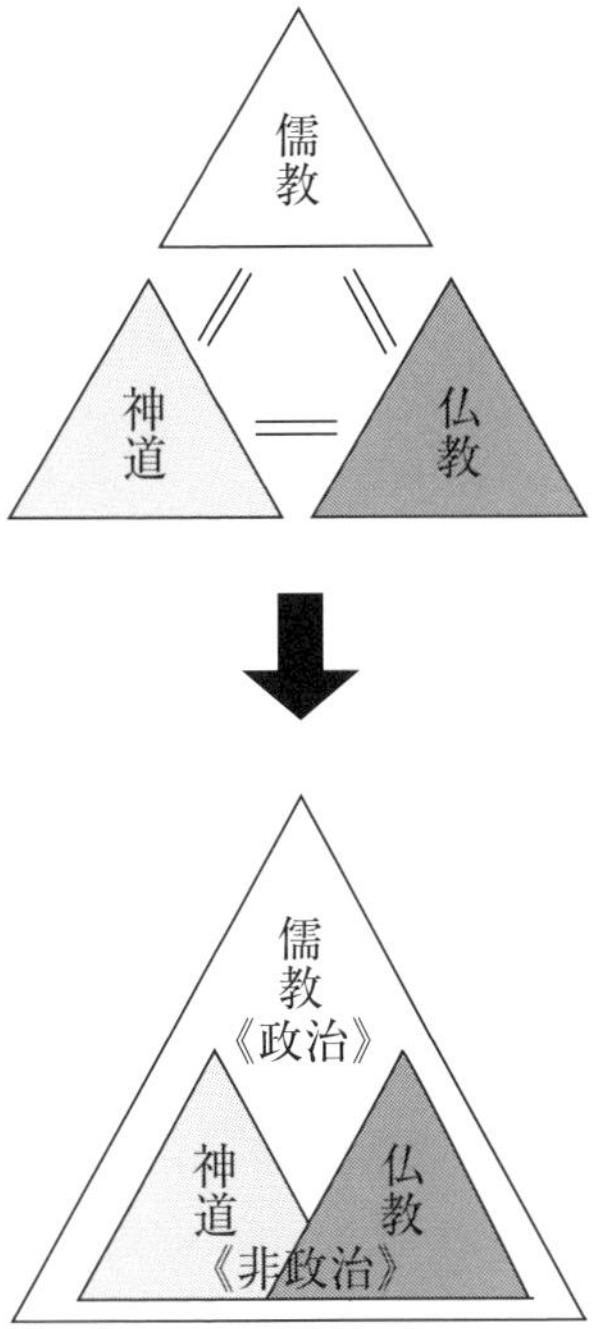


**第1図　「三教一致」から「近世的政教分離」へ**

近世日本の儒教に先鞭をつけたのは播磨国細川村に生まれた藤原惺窩

(一五六一―一六一九)である。彼は七、八歳の頃に郷里竜野の景雲寺で剃髪し、その後京都の臨済宗五山の相国寺で禅を学んだ。ただ十六世紀末、朝鮮の役の捕虜の朱子学者姜沆に学んで南宋の朱子(一一三〇―一二〇〇)に始まる理(仁・義・礼・智・信)を重視する朱子学に転じ、慶長五年(一六〇〇)徳川家康に謁した。その後弟子の林羅山(一五八三―一六五七)を家康に推挙し、自らは京都に居して門人の育成に努めた。羅山は京都で生まれ、やはり臨済宗五山の建仁寺に入ったが、十五歳の時同寺を離れ惺窩から朱子学を学んだ。その後家康に重用され、以後秀忠、家光、家綱に仕え、幕府の学制のみならず幕政にも関わった。彼は四書五経に訓点をつけるなどして、朱子学の啓蒙に努めている。その教えは理気二元論を中心に「敬」を重視したものである。そしてこの理気二元論をもとに「理当心地神道」を提唱し『神道伝授』『本朝神社考』を著わしている。なお上野忍ヶ丘の林家の家塾はその後幕府の昌平坂学問所となり、当初は広く儒教を教授したが、寛政二年(一七九〇)幕府は「異学の禁」を出して、朱子学のみを教えるように命じ、以後朱子学が幕政の指針とされた。

一方、京都では山崎闇斎(一六一八―八二)が朱子学を宣揚した。彼は京都で生まれ、当初は臨済宗妙心寺、その後土佐の吸江寺で仏教を学んだが、その後、土佐藩の家老で朱子学に関心を持った野中兼山(一六一五―六五)らと朱子学の研究に没頭した。けれどもやがて京に帰り、朱子学を究め、江戸に出た。そして会津藩主保科正之(一六一一―七二)に招かれて、その師となり、幕政にも関わった。彼は「心身相即」と「敬」を重視し、それにもとづく君臣関係を提唱した。ただ一方で吉田神道の伝授を受け、天(神)と人との一体性を強調する垂加神道を提唱している。

ところで中国では明代に王陽明（一四七二—一五二八）が、国教化された仏教の華厳思想をとり入れた当時の朱子学に対峙して仏教の唯識思想をもとに、「心即理」の立場にたつ致良知説を説いた陽明学が台頭していた。この陽明学を学んだ儒者に中江藤樹と熊沢蕃山がいる。中江藤樹（一六〇八—四八）は近江国高島郡小川村に生まれたが、祖父の養子となり、その縁で伊予国大洲の加藤侯に出仕して朱子学を学んだ。けれども寛永十一年（一六三四）母を養うために郷里の小田村に帰り、私塾を開いた。たまたま正保三年（一六四六）『陽明全書』を読み、王陽明に私淑し、万人の心に内在する「明徳」、「良知」、「孝」を重視する、その教えを唱導した。なお彼は門人や信者に一緒に『孝経』を、自己が母胎内にあって生長し、誕生することを観じながら誦経させている。(3)

熊沢蕃山（一六一九—九一）は京都の浪人の子として生まれた。幸いにして十六歳で京都所司代板倉重宗（一五八六—一六五六）の推挙により、備前藩の池田光政（一六〇四—八二）に出仕したが、二十歳の時致仕して、藤樹の下で陽明学を学んだうえで二十七歳の時、再度備前藩に出仕し、藩政改革に携わった。ただ反感もあったことから三十九歳で辞して、京で私塾を開き公家、武家などに多くの門弟を得た。ところがこれをおそれた京都所司代から京都在住を禁じられたので吉野山や山城に仮住まいした。なお吉野山では本山派先達喜蔵院に寄寓している。その後明石藩主松平信之に出仕した。彼は陽明学と朱子学の折衷を試みると共に神道や和学に精通していた。一方、武士の城下を離れた地方居住、参勤交代の緩和などの提言を行なっている。

これらの中国の朱子学、陽明学につらなる学派に対して、京都の商家に生まれた伊藤仁斎（一六二七―一七〇五）は当初朱子学を学んだが、その後京都堀川の生家で私塾古義堂を開いて、論語、孟子などを正確に読み、そこに記されている人倫にのっとった古学のより良い実践（道）を説く古義学を提唱した。その著書には『論語古義』『孟子古義』がある。その子伊藤東涯（一六七〇―一七三六）もその家塾を継承した。この伊藤父子は生涯仕官せず、家塾で古義学の宣揚に努めている。この古義学を一歩進めた古文辞学を提唱したのが荻生徂徠（一六六六―一七二八）である。彼は江戸で医師の子として生まれ、林家の朱子学を学んだ上で、元禄九年（一六九六）老中柳沢吉保（一六五八―一七一四）に仕えた。その後明で隆盛していた中国の古典の中から用例を集め、それを帰納して古い語の意味を解明する古文辞学に接した。そして易・詩・書・礼・楽・春秋の六経に依拠して先学の道を解明する日本独自の古文辞学を提唱した。なお彼は擬古文的な詩文を提唱し漢詩の文壇を隆盛させた。その古典研究は本居宣長（一七三〇―一八〇一）の国学にも影響を与えている。今一方で彼は武士を地方に土着させるよう幕政への提言も行なった。けれども将軍徳川綱吉（一六四六―一七〇九）の死後柳沢吉保が失脚したので野に下り、前記の活動を家塾の蘐園で行ったことからその門流は蘐園派と呼ばれている。

近世中期から後期にかけては石田梅岩（一六八五～一七四四）が提唱した石門心学が商人を始め、庶民の信仰を集めた。梅岩は丹波国桑田郡東懸村の農家に生まれ、独学で、神道や儒学を学んだ。そして小栗了雲の教えをもとに、天の万物を生じ養う意志である「性」を知り、その天の意志に従って生きるのが正しい生き方であるとの説を立てた。そして京都車屋町の自宅に講席を設けて、具体的には倹約（財産をほどよく用いること）などの日常倫理を商人を始め庶民に積極的に説いて信奉された。

その後を継いだ弟子の富商の子だった手島堵庵（一七一八―八六）は梅岩の性の教えを「本心」すなわち人間本来の心に目ざめさせる「工夫」（「存養」）とした日常生活に即した道話を通して説き、講舎を基盤として、石門心学の組織を確立した。その弟子中沢道二（一七二五―一八〇三）は京都の日蓮信者の西陣織の家に生まれたが後に参禅した。その後堵庵の教えに心酔し、石門心学の教化に専念した。彼は天地が定めた「道」があり、人は一箇の小天地ゆえそれに従うように説いた。その道は具体的には忠孝であるとしている。そして江戸に講舎を開きそこを拠点に全国に信者をつくっていった。なお梅岩の「性」、堵庵の「本心」、道二の「道」の教えはいずれもそれぞれの宗教体験にもとづく悟りの所産である事に注目しておきたい[4]。なおR・Nベラーなどにより、石門心学の教えは日本近代化をもたらした倫理となったとの説もなされている[5]。

## 2　修験者と儒学

般若院英泉（一七一四―八二）は、十八世紀後半に佐竹領秋田郡比内綴子村神宮寺の別当として活躍した修験者である[6]。当時綴子村八幡宮には別当の武内家八代常覚院実明が慶安年間（一六四八―五二）に創設した内館塾があった。本塾は武内家十四代烈光の時、藩の公許を得ている。

なお常覚院は伊勢の当山正大先達世義寺末の頭巾頭で醍醐三宝院からは神宮寺の寺号を授与されていた。英泉が幼少時の内館塾では、二十歳で京に上り伊藤仁斎に師事した宮野尹賢（一六八二—一七五八）が教授を勤めていた。この内館塾附属の内館文庫には現在、神道二五三、修験二九五、儒学二六五、仏教四二九、詩歌九一、雑一六六、計一四九九冊の書物が所蔵されている。(7)なお近世期には秋田藩には私塾が六十六あって漢学、儒学なども教えていた。

英泉は正徳四年（一七一四）常覚院の別当源重院を開基した智頼の三男として生まれた。長男は前記の藩から内館塾を公許とする認可を得た武内家十四代烈光である。英泉は享保七年（一七二二）九歳の頃から内館塾で京で伊藤仁斎に師事した宮野尹賢の下で学んだ。ただ享保十九年（一七二四）頃は禅に関心を持ち、道元の法語などを書写している。元文五年（一七四〇）二十六歳の時には大峰山に峰入し、世義寺正大先達玄慶を介して、当山正大先達衆から般若院の院号、一僧祇、錦地、大僧都の官職を授かっている。彼はこの後京都に赴いて、山崎闇斎に学んだ松岡玄達（一六六六—一七四八）に参学した。帰国後延享三年（一七四六）には山形の当山派修験行蔵院俊峰に参じて柱源神法を授かっている。(8)そしてこの年から翌年にかけて同国の清浄院勝峰から二十法、同地の修験者から十法の修験道の切紙を授かった。なお寛延二年（一七四九）には元文五年（一七四〇）に彼が再建した郷里の七座山天神宮で役行者千五十年忌を盛大に営んでいる。その翌年の寛延四年（一七五一）には彦山に登拝し、『即身成仏義』を求めている。そして、その帰路には京都に寄り、当時は垂加流神道を学んでいた松岡玄達に再会している。この後伊勢参宮をすませて、米沢で同地の大蔵院で即伝の『峰中法則』を書写して帰国した。

以上、英泉の活動を紹介したが、彼はこの間数多くの書物を選し書写、購入している。その内訳をみると神道四三、国文二九、修験二三、仏教二一、雑一三、儒教六、計一三五点である。このうち儒教に関するものは「宋儒道統之正図」(英泉写)、『周子全書』(英泉代)、『周礼註疏巻二五考』(英泉撰、安永四年六月二十八日)『恩義軽重論』(英泉撰、安永九年九月九日)、『孝経大義註解』(元禄元年刊、英泉代)、『忠経集註詳解』(元禄二年刊、英泉代)である。これを見ると彼は朱子学などを学ぶと共に、恩・孝などを重視していたことがわかる。ちなみに彼はこれらを含む書物に「役門末資玉峰英泉」と記している。[9]

島田藍泉(一七五一―一八〇九)は長門国徳山藩の本山派修験教学院円盛の長男として生まれた。[10]同院は元和元年(一六一九)当時安芸国草津にいた聖護院末修験の教学院良円が初代徳山藩主毛利就隆の招きで徳山に移住し、知行十五石、扶持方三人分と屋敷を賜った官禄寺院である。[11]こうしたことから同院は藩主の長寿祈願、領内の五穀豊穣を祈ると共に、夏は二ヶ月かけて大峰入峰を行っていた。ところで徳山藩三代藩主毛利元次は古義派の伊藤東涯(一六七〇―一七三六)に師事していた。このこともあって徳山には荻生徂徠の弟子服部南郭(一六八三―一七五九)の下で学んだ国富鳳山(一七〇六―六二)がいて、藍泉の父円盛もその社中に属していた。ただ円盛は明和六年(一七六九)頃から病床にあった。そこで藍泉は青年期から教学院の修験としての院務を勤めねばならなかった。けれども彼は安永元年(一七七二)二十二歳の時、萩の藩校明倫館に遊学し、徂徠の古文辞学を継承した山県周南(一六八七―一七五二)の学統をつぐ滝鶴台に師事し、その嗣子士義、秦士熊、山根南溟らと交わり、安永三年二十四歳の時、七人の同志と徂徠学の振興をめざして幽蘭社を創始し、修験とあわせて、徂徠の古文辞学や漢詩文などの振興をはかっていた。

安永六年（一七七七）藍泉はかねてから私淑していた亀井南冥（一七四三—一八一四）に知己の青木和卿の紹介で徳山で見える機会を得た。南冥は論語の聖語を細かく検討すると共に、徂徠の経世学を継承して政治即学問、学問即政治を標榜していた。また詩文にも秀でていた。彼は当時は私塾の蜚英館を営んでいたが、安永七年には福岡藩に儒者として登用され、天明三年（一七八三）藩校が設置されると、その西学問所で徂徠学を講じ、朱子学の東学問所と対峙した。藍泉はこの南冥の教導を受けて安永八年（一七七九）二十九歳の時、徂徠の先生が定めた礼学こそ後人が範とすべき大道であるとした『大道公論』を著わした。本書ではその上篇で、聖人は天地を敬い、鬼神を尊び、祭礼を始め、卜筮を制したとし、中篇で聖人が定めた条目には礼学・刑制・号令・法度の道の条目、孝悌・忠信・仁智・勇烈の徳の条目があり、この道と徳の条目の合体により「空理」の横行が避けられるとする。そして下篇では真の学者はその才が民用に任ずるに足る人材でなければならないとしている。これは朱子学が現実を遊離した修養論を弄ぶのに対峙した姿勢である。

天明四年（一七八四）三十四歳になった彼は『藍泉新語』を著わした。本書は徂徠学に主軸をおきながらも、朱子学が道徳を重視していることを評価している。こうした穏健な姿勢もあってか、翌年徳山藩に本城柴巌を学頭として藩校鳴鳳館が開設された際に教授に登用されて、三人扶持を給された。この藩校開設は、同藩が三代藩主元次以来蒐集した蔵書が膨大な量になり、その活用のこともあってのことだった。けれども彼は教学院の寺務に専念する必要もあってか藩校を辞している。ただ彼は大峰登拝に赴いた時には大坂や京都の儒者と積極的に交わっている。例えば安永八年（一七七九）には大坂町人の学問所懐徳堂の頼春水（一七四六―一八一六、頼山陽の父）、孤雲館の片山北海（一七二三―九〇）や京都の清田儋叟らに見《まみ》えている。

前項でふれたように幕府は寛政二年（一七九〇）「異学の禁」を出して朱子学を正学とし、昌平黌で朱子学以外を教えることを禁じると共に幕臣に朱子学を習得することを義務づけた。亀井南冥の福岡藩でもこれを受けて朱子学が重視された。こうした中で寛政三年南冥は嫡子昭陽（一七七三―一八三六）を徳山の藍泉の処に遣わしてその教導を依頼している。寛政四年南冥は学問所を罷免されたが、その後主著『論語語由』二十巻の執筆に専念した。一方藍泉は寛政五年再度藩校鳴鳳館の勤務を仰せつけられた。そして享和三年（一八〇三）学頭本城柴厳が他界後は学頭に就任し、その没年までこの職にあった。

寛政八年（一七九六）藍泉は聖護院から修験道大先達に補され、大峰登拝など修験の活動を積極的に行なった。ただその後体調をくずし、文化元年から同五年（一八〇四―〇八）にかけては、文化三年に無理をおして入峰した年をのぞいて、病気を理由に大峰登拝を不参した。そして同六年には無理をおして大峰登拝したが、九月帰院後、病床につき同月二十九日に入寂した。周南市舞車に現存するその墓塔には正面に「教学院旧跡十八世中興六世正大先達浄観塔」、台石には「本山職院京十乗院峯本坊両院兼職」と刻まれている。

生前藍泉は京都の屋敷で儒者の村上孟中から京で儒者として活動するように勧められた時、教学院の徳山藩、聖護院との関係を記し、分に安んじて国主の旧恩に報い、五十歳をすぎたら五畿の山水をめぐり、旧知人と酒をくみかわしたいとしている。そして俗体で仏法を極めた役小角を宗祖として崇め、その経歴し跋渉を極めたことを称えて、自らも「役」を姓としている。弟子の手になるその遺稿『藍泉集』等の表紙には「興山役先生著」とある。今一方で藍泉は真の学者は民間に任ずるに足る人物であるべきとして藩の教育に貢献した。また漢詩を得意としてその交換を通して儒者と交わり学び、徂徠学の興隆に尽力したのである。

## 3 里修験と儒教

近世期に地域社会に定住した修験者は寺子屋などを開いていた。例えば「日本教育史料」（文部省）によると、秋田県では江戸期には私塾が六十六箇所、寺子屋が二百四十九箇所あった。そして私塾では漢学・儒学、寺子屋では読み書き・算盤・日常倫理などが教えられていた[12]。寺子屋の塾主は士族五十四、神職三十四、医師二十四、修験二十三、僧侶十五、農民六十五、平民二十五、商人一、不明八である。こうした修験者が著わした書物に宝永四年（一七〇七）になる融鑁の『修験檀問愚答集』（内題『和漢群談故事』）全六巻がある[13]。著者の融鑁は武蔵国図師山釜田寺の修験者で本書では役氏本流本山派修験融鑁と自称している。本書は内題に『和漢群談故事』とあるように、彼が檀越の宗教的な慣行についての疑問に神道、仏教、儒教、道教などの故事を用いて説明したものである。そこで、このうちの儒教の位置づけに関するものや儒書にもとづく説明を紹介することにしたい。

まず儒教の位置づけに関しては、聖徳太子の密奏に植物の生長に準えて日本の神道は種、震旦（中国）の儒教は枝葉、天竺（インド）の仏教は果実であるとしている（巻一、本書掲載の巻を示す、以下同様）。ただこれは吉田兼倶（一四五三―一五一一）の説を聖徳太子に仮託したものである。なお彼は仏教の僧侶が妻帯しないことを咎めながらも、仏教のみで神道、儒教がないと人民がいなくなり、妻帯しない仏教がなくなって神道、儒教のみになると人口が増して国勢が危くなるともしている。また孟子は不孝には三種類のものがあるが、その最大のものは子孫を絶やすことであるとしている。これを避けるためには妻帯が必要で、僧侶の結婚を禁じるのは間違っているともしている。

祭に関しては『周礼』に祭事を司る大宗伯が柴をもって日月星辰を祭った。また天子は春は朝太陽を拝し、秋には暮に月を拝し、また爆竹で邪気を退けたとしている。この他儒典には牛や羊を供えて祖廟を祭ることもあげられている（巻三）。なお『周礼』は周公自作とされる戦国期に周代の官制を記した書物で歴代官制の範とされた書物である。神については孟子が神は神聖にして犯すべからざるもので、その霊徳は測り知ることが出来ない。疑心を持たないで信じれば、祈願を満足させるとしている（巻三）。また易では陰陽不測のものを神といい、『論語』にはその怪力にふれ、『朱子』には鬼神造化の迹は不正に非ずしてその理を窮めるのは容易ではないとし、『五行大義』には諸神の霊智は並ぶものがないとしている。社については稲荷の社を土を盛って造る例をあげて、社は土の主ゆえ土を封じて神を祀ると『孝経』にあるとしている（巻三）。年中行事では正月について新安陳の『論語大全』に一月といわないで正月というのは正は王者が正に居る義を示し、元旦というのは元が大・義・長・首を示すことによるとしている（巻一）。次に節分に疫鬼を祀るのは古の礼で『周礼』『礼記』『論語』にあるとしている。なお『礼記』は前漢の戴聖が礼に関する理論と実際を記した書である（巻六）。次に吉凶や妖については孔子は吉凶、悔や恨みは心の働きによって起こるとし、『性理字義』には妖は人によって起こるとしている。なお『性理字義』は朱子が唱えた「性命」（生まれつき）と「理」（宇宙万物の根本原理）を説明した書である（巻五）。

以上、『修験檀問愚答集』所掲の儒教の位置づけや故事に関する儒家の説明を紹介した。なおこれらは融鑁が儒書を援用した故事の説明ゆえ、本項では原典にあたってその引用の正否を確認していないことをおことわりしておきたい。上記の説明を見ると融鑁は島田藍泉のように儒教を儒学として学習するのではなく、宗教としてとらえて修験者も関わった民俗事象の由縁の説明に用いていることが注目される(14)。

次に里修験がふれていた儒書の一端をさきに紹介した秋田の内館文庫所蔵の書で示しておきたい(15)。まず全般的なものに「儒書目録」「宋儒道統之正図」がある。そして儒教の基本をなす四書五経に関しては、四書では『四書論考』、『論語』二（『論語』・『論語集註』）、『孟子』、『中庸』三（『中庸』・『同輯略』・『同余師』）、『大学』四（『大学』二・『同講釈』〈貝原益軒〉・『同或問』）、五経では『周易』三（『同筮儀』二・「六十四卦之外図」）、『易』二（「八卦方位」・『卜筮卦爻問答』）、『詩経』二（『詩経』・『同集注』）、『春秋』二（『同公羊伝』・『同集解』）、『春秋故氏伝』五（『同集解』・『集解事考』・『序』・『序事考』二）・『春秋左氏伝抄義』。なお『春秋』は孔子が魯国の記録を自己の理想に照らしてまとめたものである。この他では『孝経』四（『同大義』二・『同大義論解』・『孝経余師』）がある。『孝経』は『論語』の孝悌の教えを弟子の曽子が説いたものである。全体として四書十一、五経十五となっている。特に孔子と結びつく『論語』二、『春秋』八、『孝経』四が多いことが注目され、徂徠学が注目されていたと思われる。

あわせて福島県南会津郡只見村楢戸の本山派修験龍蔵院（山崎家）と、同じく只見村只見の吉祥院（五十嵐家）所蔵の儒教典籍を紹介しておきたい。両院はともに近世期は本山派大先達会津南岳院の霞のうちの伊北（現只見町域）にあって、龍蔵院（本尊不動明王）はこの地域の七院をまとめる谷老僧を勤めていた。同院所蔵の儒書には『周易指南鈔』、『周易指南』、『暦占』、『童子経』が見られた。[16]これは同院が卜占を行なっていたことを示している。一方、吉祥院（本尊不動明王）には『四教儀集註科文』四巻、『実語教』、『童子教』、『孝経大義』、『聖徳太子憲法本記』、『八卦鈔』、『幼稚学範』が伝わっている。[17]この『四教儀集註科文』は孔子が常日頃人に教えた文、行、忠、信の四教について解説した書、『実語教』は経書中の格言を抄録して朗読出来る形にしたもの、『童子教』は儒教思想、仏教思想を漢文体の五言三百二十問にまとめたもの、『孝経大義』は上記の『孝経』を説明したものである。特に『実語教』『童子教』は近世期には寺子屋で広く用いられたものである。それ故、吉祥院は寺子屋で儒教を中心とする教えをとき、卜占もしていたと思われる。

## 4 修験書に見る儒教――『修験三正流義教』

近世後期には石門心学などで神・仏・儒の三教一致が説かれている。修験道では文政六年（一八二三）に陸奥国信夫郡左波子の谷光院覚瑄が著わしその子覚峰が補筆した『修験三正流義教』にこうした視点が認められる。[18] 谷光院は本山派修験の『山伏帳』によると、京都の院家積善院霞下の極楽院触下常宝院に属する信夫郡上飯坂村（現福島市飯坂温泉）の谷光院をさすと思われるが寺歴は定かでない。[19]『修験三正流義教』はその序で神国日本の真理を窮め王法神道に位置づけて両部修験神道を明示することを目的にするとしている。その内容は修験道を王法神道に位置づける「正流」、修験道の行所である金胎両部神道を示す仏教と関わる「正儀」、天・地・人三才の弁に位置づけて修験道を具体的に示し、儒教にふれた「正教」から成っている。以下この「正流」「正儀」の要旨をまとめた上で、修験道と儒教について記されている「正教」の内容を紹介することにしたい。[20]

「正流」では役君小角が諸冉二尊の子、素戔嗚尊から三十代目の皇孫として舒明天皇三年（六三一）十月二十八日に生まれて、両部修験神道を起こしたとする。その父は出雲加茂氏の高加茂十十寸麿、母は葛城君の実女白専女である。小角は国政の本主である神道自在の大将軍で、天・地・人の万物一貫の理を熟知し、万機・万物・万行・万道にわたる両部修験神道を創始した。そして天心・地心・人心、万物の本理熟術を制作したとしている。

「正儀」ではまず修験道は王法神道を開いた役行者が始めた金胎両部神道であるとする。そして修験神道の本源は神武天皇の東征譚にあるとしている。すなわちこの東征譚に深く関わる熊野本宮には日本第一最初の天神地祇、那智には不動明王が祀られている。また熊野三山を伊勢に準えて、本宮は内宮、新宮は外宮、那智は荒祭宮の荒魂を祀る処とする。なおこの「正儀」では役行者を高尊道慧真人小角公としている。これは行者を道を慧（悟）った賢人と崇めていることを示すと思われる。そしてこの高尊道慧真人小角公が金峰葛城の霊蹟に金胎両部陰陽二柱の大日如来を勧請し、天神地祇を大祖として祀ったとしている。このように熊野系修験の本地垂迹観が見られることが注目される。

「正教」ではその冒頭に「天・地・人三才の弁」との項目を立て、天は天の徳、地は地の徳、人は人の徳を発現するとしている。またインドの仏教、中国の儒教でも天地本元の至論が立てられているとする。そして金剛界は天・陽で天の徳を明らかにする。胎蔵界は地で草木国土、陰で地の徳を含蔵する。この陽と陰が和合して万物が生じる。そしてこのことにもとづく修験道を一陰一陽正統両部修験道、略して修験道、両部神道、王法神道ともいうとしている。なおこれに続いて修験道に関する個別の事項の説明に入っている。そこで以下このうちの儒教に関わるものを紹介する。

峰入道を切り開く斧は天・地・人三才を分別する修験第一の法具である。結袈裟の山字型の山はサン・三でこれは天・地・人の三、父・母・子の三を意味し、結は陰陽和合の徳名である。次に山伏の山は無量に高い天、平で卑しい地の中間にあって中道の真理を知らせることを示す。また伏は春夏は陰気が地中に、秋冬は陽気が地中に伏することを示す。そしてこの二字から成る山伏は中道真理の尊号で、天地・陰陽・森羅万象を包括する美名であるとしている。また修験の修は日・月・星の三光が昼夜懈怠なく高天を巡ること、その修徳によって森羅万象が生長するのが験であるとする。

次に修験道の根本道場金峰山と葛城山のうち、金峰山は陽位で胎蔵界、そこに坐す八大金剛童子の八大は陰、金剛は陽とする。葛城山は陰位で金剛界、そこに坐す七大金剛童子の七は陽数、金剛は陰である。それ故この両山とも陰陽和合不二の理を示し、そこで修行することによって鎮護国家の祈願の道が開かれる。また不動明王はこの地に随時に応現して利益をもたらすので、修験道では祈禱の本尊としている。なお修験道で崇める三宝大荒神の三宝は天・地・人、大は美称、荒神は荒魂をさすとする。また弁才天は高祖道慧真人小角公が龍樹菩薩に見えて霊妙を覚知した箕面の弁才天を各地に勧請したもので、その女体は陰、身に纏う白蛇は陽で陰陽和合を示すとしている。

本書ではこれにつぐ「自身引導の本旨」の項で神・儒・仏三教をふまえた修験道の視角を明示している。すなわち山伏は中道の実地に常住することを大道とするとした上で、神・儒・仏の三道ではいずれも中を尊重する。まず神道で天御中主尊を尊重するのは、この尊が宇宙の始源で皇孫の始祖であるからとする。儒教では中庸を説くが、この「中」は天下の大本、庸は天下の達道を示すとする。仏教では空・仮・中の三諦を中道修行の第一としている。このように三教ともに実地に即して「中」を重んじている。高祖道慧真人小角公は神・儒・仏の他師と違って山伏の尊名を顕わし、「中」の全体像を人々に知らしめて正覚に導いた先師である。換言すれば役行者はこの理を覚知した神、聖人、仏を兼ねた存在で、その末流の者もこうした性格を持っているとしている(21)。

さらにこの後の「修験三道一致兼備事」の項で、神道、儒教、仏教のそれぞれとその共通点と修験との関わりについて、次のようにまとめている。まず神道に関しては役行者は諾冉二尊の子の天照大神、素戔嗚尊から三十代にあたる神道の正流である。そして大幣で祓って難行苦行し、天地陰陽森羅万象の理を開悟して神道の真髄を体得したとしている。孔子が開き孟子が盛んにした儒教では妻帯し、俗事を離れず、君臣、父子、夫婦、兄弟、朋友と交わりを結び、仁・義・礼・智・信の五常の道を修めている。この五常には天地自然の五常と人事の五常がある。前者の天地自然の五常の仁は天が地を覆い雨露が恵み地上の万物を生育させること、義は日・月・星の三光が止むことなく昼夜高天を巡ること、礼は万物が生育すること、智は天が万物にその性を与えるということ、信は天地の運行が浄穢を分たず万物に及ぶことをさすとしている。一方後者の人事の五常の仁は自己をさしおいて他人に恵みを与え、その危機を救い、哀れみの心を持つこと、義は富を驕らず他に施しをし、衆に交わっては争わぬこと、礼は臣は君を貴び、子は親に孝、弟は兄に従い、老人を敬し、上にあっては下を侮らず、下にあっては乱さぬこと、智は広く諸文を学び万の芸に達すること、信は心を清く正しく保ち、道に非ざることや善くないことに与らず努めることを体とする。そして高祖役行者の教えにはこの天の五常の下で地の五常に努めることが備わっているとしている。

仏教はインドの釈迦一代の説法で、現世でも来世でも即座に正覚に達する教えである。具体的には空・仮・中の三諦、十界、十如是、因果因縁、六波羅蜜、六識、八正道などの正覚に達する教えが説かれている。ただともすれば仏教は死後のことを説き、現世には無用のように思われるが、これは誤りである。仏教は基本的には、世界を過去、現世、来世の三世、十界と分け、すべての因果関係を示して、勧善懲悪をすすめ、悟りに導くものであるとしている。

高尊道慧真人小角公はこの神、儒、仏の三国の諸祖を越え、天地世界万国森羅万象を総括するとしている。このように役行者の教えには神、儒、仏の三道が備わっている。それゆえ未修行の者がこれを理解しないのは、役行者の本意に背くものであるとする。このように本書は修験道が三教一致の正教であることを示して、高覧に供するものであるとしている。なおこの後に修験道で用いる仏典、高祖役行者が衆徒を教誡した伝承、高祖が曽子の『孝経』を用いて孝の重要性を説き、父母、師僧、三宝に仕えるように説いたとした項目が付されている。

## 結

我国では儒教はその伝来当初から、聖徳太子の憲法や律令など為政者の政治倫理と結びついていた。修験道はその淵源が日本古来の霊山信仰にあったことから神道と始源を同じくし、その霊山に籠って修行した点では仏教、災因を神霊の祟りや悪霊の憑依とし、それを解明するための巫術や卜占・陰陽道と関わり、祈禱の点では仏教、護符などでは道教の影響を受けていた。これらに対して儒教は近世になって、修験道が幕藩体制に組み込まれて、仏教の傘下に入り、地域に定住した里修験のうち学識の秀でた者が藩校や私塾の教授、寺子屋の師匠となって儒教を講じたり、檀越の求めに応じて民間行事などの故事を神・仏とあわせて儒教と結びつけて説明するという形で修験道と関わりを持ったのである。

本章では、まず儒教と修験道の関わりを理解するよすがとして近世の儒教の概要を記した。すなわち南宋（一一二七―一二七九）の朱子（一一三〇―一二〇〇）の華厳思想もとり入れた理を強調する朱子学を導入した藤原惺窩とその推挙をえて徳川家康に仕え江戸幕府の学制を定めた林羅山、京都にあって朱子を信奉し、後に保科正之の師となった山崎闇斎を紹介した。中国では明代（一三六八―一六四四）に王陽明（一四七二―一五二八）が現れて仏教の唯識を本に朱子学に対峙して「心即理」をもとに『大学』などを再解釈し陽明学を樹立した。日本では当初朱子学を学んだ中江藤樹が天人合一思想を参考にした心の教えや自ら実践したことを説いたが、後には陽明学に転じた。その影響を受けた熊沢蕃山は備前藩の池田光政に重用された。彼は陽明学と朱子学の折衷を試みると共に神道や仏教にも目をくばっている。

一方、伊藤仁斎は京都の私塾で孔孟が説く人倫を日用に生かす古義学を提唱した。また荻生徂徠は六経（易、詩、書、礼、楽、春秋）に見られる聖王の道を重視する明におこった古文辞学を提唱した。彼は柳沢吉保に重用されたが、その失脚後は家塾の蘐園で古文辞学にのっとった教えを説き漢詩文壇にも影響をもたらした。近世後期には石田梅岩が天の遺志である性を知り、それに従って生きることを説き、倹約を勧めるなどの日常論理を、神、仏の教えも交えて分かりやすく説き、その弟子手島堵庵や中沢道二の活動もあって石門心学と呼ばれる神・儒・仏三教を調和した実践倫理が多くの人々に影響をもたらした。

近世期には学識のある修験者は私塾、藩校、寺子屋で儒教を説いていた。そこでその事例として秋田県綴子の般若院英泉、徳山の島田藍泉、会津の吉祥院をとりあげた。まず秋田の佐竹領秋田郡比内綴子村（現北秋田市綴子）の綴子八幡宮神宮寺の当山派修験世義寺末の頭巾頭の般若院英泉は、少年期にはこの八幡宮に付属した藩の公許を得た内館塾で京で伊藤仁斎の門人だった塾長宮野尹賢に学んだ。なおこの内館塾に付属した内館文庫には特に儒教の基本書や徂徠学のものが集められていた。そして元文五年（一七四〇）二十六歳の時、大峰に峰入して世義寺大先達を介して般若院の院号、大僧都の位を授かった後、京に赴いて山崎闇斎に学んだ松岡玄達に師事し、朱子学や古学を学んでいる。そして積極的に儒教の書物を書写、購入した。その書物には「宋儒道統之正図」『周子全書』『周礼註疏』『恩義軽重論』『孝経大義註解』『忠経集注詳解』がある。

長門国徳山の本山派修験教学院島田藍泉は少年期には徂徠学の服部南郭に師事した国富鳳山に学んだ。その後彼は福岡のやはり徂徠学の亀井南冥と交流した。そして『大道公論』『藍泉新語』などを著わした。なお三代徳山藩主毛利元次は伊藤東涯に師事し、儒書も含めた和漢書を集めていたが、同藩では天明五年（一七八五）それをもとに藩校の鳴鳳館を開設し、藍泉を教授に任命した。ただ彼は修験の活動に従事するために一時その職を辞したが、寛政五年（一七九三）

再任され、塾頭として藩の教学の振興に尽力した。なお彼は漢詩に秀で詩を介して同学の儒者と交流している。その一方で修験の本務にも精励して、寛政八年には聖護院から修験道大先達に補され、京都の十乗院、峯本坊も託されていた。また自ら開祖役行者に因んで役藍泉と名乗っていた。このように彼は徂徠派（蘐園派）の儒者でありながら、修験者を自称したのである。

寺子屋を営んだと思われる修験者には福島県南会津只見村の本山派修験吉祥院がある。同院は『実語教』『童子教』『四教儀集註科文』『孝経大義』などを所有しており、卜占なども含む修験活動とあわせてこれらを用いて檀越の子供達の教育を行なったのである。

武蔵国図師山釜田寺の本山派修験融鑁が著わした『修験檀問愚答集』（内題『和漢群談故事』）には次のような儒教にかかわる説明があった。まず儒教の位置づけに関しては、吉田兼倶の説を聖徳太子に仮託して、神道は種、儒教は枝葉、仏教は果実としている。またこれと合わせて、儒者が僧侶に妻帯しないことを批判しながらも、それを容認し、神・儒・仏三教鼎立を説いていることが注目される。また孟子の子孫を残さないことを三大不孝の第一としたことに注目している。宗教に関して神の霊智は並ぶものがない（「五行大義」―引用儒書、以下同様）とし、祭は祖廟に牛や羊を供えていたことに淵源があるとし（『周礼』）、一月を正月と呼ぶのは正は王者をさす（『論語大全』）からであり、吉凶や妖は心の動きにある（孔子）などの論述がある。ここでは神、儒、仏を鼎に準えていることと、儒教の宗教的性格をもとに説明がなされていることに注目しておきたい。

神・儒・仏三教の共存を説いた石門学が全国に普及した幕末期の文政六年（一八二三）陸奥国

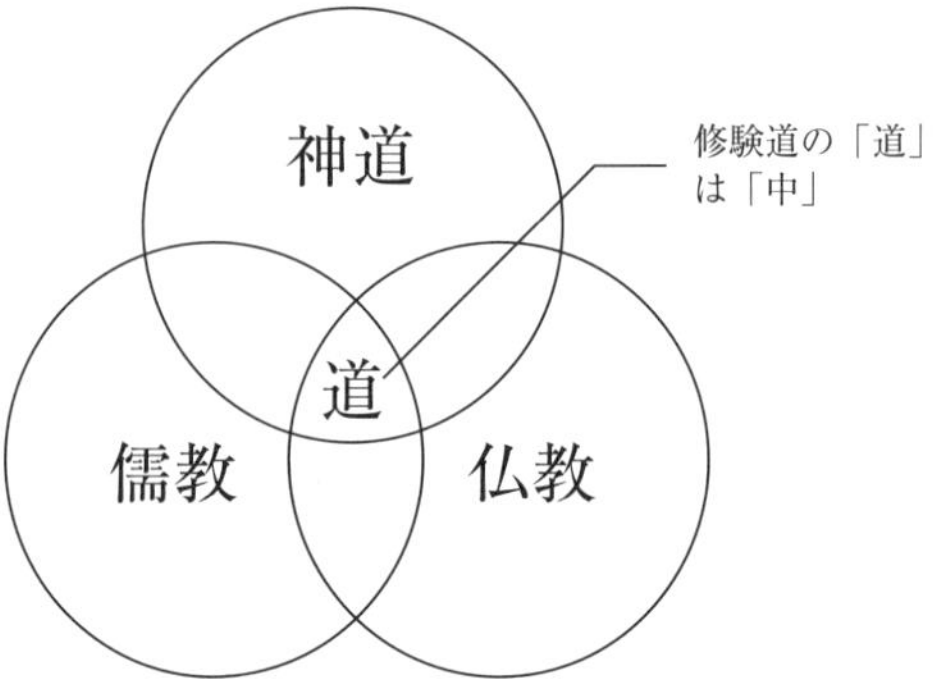


**第2図　『修験三正流義教』の三教と“道”（“中”）**

信夫郡上飯坂村の本山派修験谷光院覚瑄は両部神道の視点から神、仏、修験と儒教を「正流」「正儀」「正教」の項目を立てて説明した『修験三正流義教』を著わした。本書ではまず「正流」で王法神道の立場に立って役君小角は天照大神の弟の素戔鳴尊から三十代目にあたり、天・地・人の万物の本を熟知し、天・地・人の万物に応じるために神変して活動するとしている。そして「正儀」では本山派修験の道場である熊野を神武天皇がここから八咫烏に導かれて大和に入った神話を述べると共に、熊野本宮を天神地祇の大祖、那智を不動明王を祀る霊地としている。そして役小角は金峰、葛城の金胎両部に大日如来を勧請したとしている。

「正教」では冒頭の天地人三才の弁の項で、金剛界は陽で天の徳、胎蔵界は陰で地の徳、この陽と陰が和合して生じる人は人の徳を生ずるとし、これにもとづく修験道を一陰一陽両部修験道と言うとしている。ついで山伏の字義は山伏が天と地の中間に位置する山に伏して修行することを示すとする。次に修験の字義は日・月・星の運行が修、そこで万物が生長するのが験であるとする。そして最後に神道、儒教、仏教では「中」の思想を眼目としている。すなわち神道では天地開闢の神である天御中主神を崇め、儒教では何事にも偏しない「中」とそこにあって変じない達道である「庸」から成る中庸、仏教では空・仮・中の三諦の「中」をそれぞれ第一としている。高祖道慧真人小角公はこの神道、儒教、仏教に見られる中の思想の全体像を示す道を人々に知らしめ、そこに導いた先師であるとしている。覚瑄が高祖役小角の尊称としてあげたこの「道慧真人」の尊称は神道、儒教、仏教のいずれにもあるとした中道（道）を悟（慧）った賢人（真人）をさすと思われるのである。これを図示すると第2図のようになる。[22]このように覚瑄は『修験三正流義教』でこの神道、儒教、仏教に通じる道として「中道」を考えたと思われるのである。

以上、本章では朱子学にふれた当山派修験の般若院英泉、荻生徂徠の古文辞学を学び漢詩にも秀でつつも役姓を名乗った島田藍泉、寺子屋で儒教の教えをといた本山派修験吉祥院、同じく本山派で檀越の求めに応じて、その民俗宗教に見られる儒教の宗教面を説いたやはり役氏末流を称した融鑁、幕末期に神道、仏教、儒教に通じる中道のうちに修験の道を求め高祖役小角を「道慧真人」と崇めた、やはり本山派の覚瑄の思想を通して、儒教と修験道の関わりの一端を紹介した。

（1）森和也『神道・儒教・仏教――江戸思想史のなかの三教』（ちくま新書、平成三十年）、九六―九九頁。
（2）武内義雄『儒教の精神』（岩波新書、昭和十四年）、相良亨『近世日本における儒教運動の系譜』（理想社、昭和四十年）、丸山真男『日本政治思想史研究』（東京大学出版会、昭和二十七年）参照。
（3）子安宣邦『江戸思想史講義』（岩波現代文庫、平成二十二年）三四―三八頁。
（4）石川謙『石門心学史の研究』（岩波書店、昭和十三年）。

（5）R・Nベラー、池田昭訳『徳川時代の宗教』（岩波文庫、平成八年）。
（6）般若院英泉の伝記については佐藤俊晃「英泉伝記に関する基礎的研究」長谷部八朗、佐藤俊晃編『般若院英泉の思想と行動』（岩田書院、平成二十六年）一九―四八頁。
（7）武内直俊氏が昭和四十五年に作成の内館文庫蔵書目録による。上掲　長谷部、佐藤編著『般若院英泉の思想と行動』、四六頁。
（8）菅江真澄の「布伝能麻迩万珥」によると、この柱源神法は行蔵院が備前児島の本山派修験児島五流吉祥院から伝えられたものである。上掲　長谷部、佐藤編著『般若院英泉の思想と行動』、二二頁。
（9）「内館文庫所蔵　英泉撰述・書写・購入書籍目録」上掲　長谷部、佐藤編著『般若院英泉の思想と行動』、三七七―四〇七頁による。
（10）教学院に関しては『当院格縁由来記』荒木見悟「島田藍泉研究　その一」『哲学年報』三五（昭和五十一年）所収参照。
（11）藍泉の活動に関しては、荒木見悟『島田藍泉伝』（ペリカン社、平成十二年）。荒木見悟「島田藍泉研究その二」『哲学年報』三七（昭和五十三年）参照。
（12）上掲　長谷部、佐藤編著『般若院英泉の思想と行動』、八頁。
（13）融鑁『修験檀問愚答集』全六巻、京六角通御幸町西江入町　関権兵衛、享保三年六月。
（14）儒教の宗教面に注目した研究には加地伸行『沈黙の宗教――儒教』（筑摩書房、平成六年）がある。
（15）「内館文庫所蔵資料分類目録　四　儒教・漢籍」上掲　長谷部、佐藤編著『般若院英泉の思想と行動』、二八一―二八四頁。
（16）『修験龍蔵院聖教典籍文書目録』（国立歴史民俗博物館、平成二十二年）。
（17）『修験吉祥院聖教典籍文書目録』（福島県只見町教育委員会、平成二十六年）。
（18）谷光院覚瑄『修験三正流義教』修験道章疏Ⅲ、四二一―七〇頁。

（19）　宮家準編『修験道の地域的展開と神社』『神社と民俗宗教・修験道』研究報告Ⅱ（國學院大學、平成十八年）一八九頁。

（20）　三橋健「『修験道三正流義教』解題」、宮家準編『修験道章疏解題』（国書刊行会、平成十二年）二六二―二六三頁。

（21）「自身引導」は、本来は修験者が僧侶の手を借りずに自身で葬儀をすることをさしているが、本書ではこの項を立て上記のことを述べている。

（22）　本図は森和也「神儒仏　三教一致と各別」日本宗教学会七十六回学術大会、於東京大学、二〇一七年九月十六日の発表レジュメ、図一「心学的三教一致論のイメージ」を参考にしたものである。

# 第八章　山岳修験と教派神道

## 序

近代の神道は国家神道と教派神道から成っている。これに対して修験霊山は明治元年（一八六八）の神仏分離令によって権現や仏名を神格としていたことから神社化された。その後明治五年（一八七二）の修験宗廃止令によって本山派、羽黒派は天台宗、当山派は真言宗に帰属を命じられた。そして明治政府は明治五年に大教院を設けて、神仏合同で大教（神道）の宣布を計ったが、真宗の離脱もあって同八年大教院は解散した。その後明治十五年（一八八二）政府は皇室祭祀・伊勢神宮以下全国神社の神職と、神道の教導にあたる教導職を分離し、前者を国家神道、後者とその教会、講社を神道（教派神道）とした。そして国家神道を国教とし、それを侵さない範囲での神道、仏教、キリスト教の信教の自由を公認し、その他の巫術や医薬を妨げる禁厭や祈禱などの宗教活動は類似宗教として取り締まりの対象とした。この神道としての活動を公認されたのが教派神道である。このように教派神道は、政府の国家神道確立の試みと、識者の信教自由運動の妥協の所産ともいえるものである。

この教派神道を構成する教派は大きく幕末期に教祖の神秘体験をもとに開教した黒住教・天理教・金光教・禊教の民衆宗教系、富士講を結集した扶桑教・實行教と木曽御嶽講を母胎とした御嶽教の山岳宗教系、神道行政機構と関わる神道(本局)(昭和十五年〈一九四〇〉神道大教と改称)・大社教(昭和二十六年〈一九五一〉出雲大社教と改称)・神宮教(明治三十三年〈一九〇〇〉解散して神宮奉斎会となる)の神道行政系、神道イデオローグが組織した神道修成派・神習教・大成教・神理教の惟神系の四種類に分けることが出来る。この教派神道に関しては昭和初期にそれぞれの概要と分類、共通点の指摘などに焦点を置いた研究が田中義能、古野清人、中山慶一、阪本広太郎、鶴藤幾太らによって行われた[1]。けれども太平洋戦争終了後はその研究は民衆宗教とされた黒住教、天理教、金光教、禊教に焦点が移っていった[2]。なお井上順孝の『教派神道の形成』(弘文堂、平成三年)では上記の先学の研究を概説したうえで、これを近世までの神道史を近代的に継承した教団と天理、金光のように創唱宗教の色彩が強い神道系新宗教に類別したうえで、前者の神理教、神道修成派、神道大成教を紹介している。なお扶桑教・實行教に関しては井野辺茂雄・城崎陽子、御嶽教に関しては中山郁の研究がある[3]。

ところで大教院解散後神道の教導職が組織した神道事務局では同局所属の教会中講員五万人を

擁し、うち五千人以上が神葬祭を行ない、資本金五千円以上を収納しうることを直轄教会の資格とした。そしてこの資格を得た直轄教会が同十五年に教派神道の教派として認められたのである(4)。その際に民衆宗教系や登拝講を母体とする扶桑教、實行教、御嶽教以外の神道イデオローグを管長とする惟神系教派にあってはその組織基盤を確立するために、幕末期以降盛行していた民間宗教者や山岳信仰の講社を包摂していったのである。その中には明治政府の神仏分離令や淫祠、卜占、禁厭などの禁制で活動に困難をきたした民間宗教者もいたと思われる(5)。なお天理教や金光教の教祖の回心には修験者が関わっている。また惟神系の教派の教祖の中には修験的な修行をした者もいる。そこで本章では国家神道の成立展開の過程における教派神道と山岳修験の関わりを以下の順序で検討する。なおここで山岳修験としたのは、近世の本山派・当山派の教派修験、それとつながる近世末の富士講、御嶽講などの霊山信仰、これらによって育まれた民俗宗教をさすことにしたい。

まず「1　幕末期の山岳修験」では近世後期から幕末期の本・当両派の修験、富士、木曽御岳などの霊山信仰をとりあげる。「2　国家神道の成立・展開と山岳修験」では、国家神道の成立と展開の概要とそこにおける教派神道と修験道の概況を紹介する。「3　教派神道の教祖と山岳修験」では、教祖の修行、回心、立教と山岳修験の関わりを検討する。「4　教派神道の組織基盤と山岳修験」では山岳宗教系や惟神系の教派神道の設立の際やその後になされた御嶽講や富士講への働きかけを跡づける。「5　教派神道の思想・儀礼と山岳修験」では山岳宗教系教派神道や御嶽講をとりこんだ惟神系の教派神道の思想や儀礼に見られる山岳修験的要素について考察する。そして「結」では、国家神道体制下の教派神道のうち、とくに惟神系の諸派における上記のことを要約したうえで、こうした関わりがなされた理由を考察する。その際太平洋戦争敗戦後の神道指令による国家神道禁止、宗教法人令施行の際の神道界の対応や教派神道における分派の輩出にも注目したい。

## 1　幕末期の山岳修験

江戸時代末期の当山派修験惣学頭行智（一七七八―一八四一）の『踏雲録事』によると、当時の本山派修験は本寺聖護院の下に院室（積善院、若王寺、勝仙院、住心院、伽耶院）、児島五流（後醍醐天皇の末葉で公卿を称する、智蓮光院、伝法院、尊滝院、太法院、吉祥院（賢徳院ともいう））の大先達、二十九院の諸国先達を中核としていた。一方、当山派は醍醐三宝院を法頭として、大和国山辺郡の内山永久寺、添上郡の菩提山正暦寺・同寺内の宝蔵院、添下郡の鼻高山霊山寺と補陀落山松尾寺、式上郡の三輪山平等寺、葛上郡の宝宥山高天寺、吉野山の五台山桜本坊、近江国甲賀郡の金寄山飯道寺岩本院と梅本坊、紀伊国高野山金剛峰寺行人方、伊勢国山田の教王山世義寺が諸国先達を支配していた。[6]なお本山派では諸国先達のうち江戸赤坂の氷川大乗院と大久保大聖院が関東江戸触頭を勤めていた。ただ幕末期には三峰山の観宝が先達職に補され、氷川大乗院の後見となっている。[7]一方、当山派では吉野山の同派の祖聖宝（八三二―九〇九）の廟所鳳閣寺の名跡を江戸青山の戒乗院に付して袈裟頭としていた。

修験霊山を見ると、吉野一山は東叡山に所属したが、山内は吉水院を代表とする寺僧方（天台）と、当山正大先達でもあった桜本坊などの満堂方（真言）や社僧などからなっていた。出羽三山では羽黒山と月山は東叡山に属し、独自の峰入を行なっていたが、湯殿山は真言宗で、木食修行をし、加持祈禱によって人々を救済して死後即身仏として崇められた行人が活躍した。このほか信濃の戸隠山は東叡山寛永寺に属し、その別当は寛永寺から派遣され、山王一実神道の信仰が伝わっていた。[8] 九州の彦山は近世初頭は聖護院に属したが、東叡山の後楯を得て、元禄九年（一六九六）に天台修験別本山として認められ、享保十四年（一七二九）には霊元法皇の勅許により、山名を英彦山と改めている。幕末期の文久三年（一八六三）三月には、長州藩が受けた尊皇攘夷の勅諚に組して座主を始め、一山は同藩に荷担した。けれども英彦山が属した小倉藩にこのことを密告され、座主以下二十余名の修験者が同藩に捕縛されている。[9]

富士山では九世紀初頭の『日本霊異記』に役優婆塞の修行伝説が見られ、十二世紀に末代が大日如来を祀り、十四世紀初頭に富士宮浅間神社大宮司系の頼尊が山麓の村山に興法寺を開基して村山修験を興した。この村山修験は近世期には本山派に属し、大鏡坊、池西坊、辻之坊が活躍している。一方、近世初頭には遊行の修験者長谷川角行（一五四一―一六四六）が富士山麓の人穴に籠って、四寸五分（十四センチ）四方の角柱に立って修行し浅間大菩薩から角行の名を授かり、江戸で治病などで効験を示し富士講を創始した。その法流をつぐ食行身禄（一六七一―一七三三）は享保十八年（一七三三）に富士山の七合五勺の地で、弥勒の世の到来を心願して入定した。その死後富士講は富士登拝、御身抜、おふせぎ、お焚きあげ（護摩）、富士塚などにより江戸を中心に盛行した。一方身禄の娘お花は身禄の「仙元菩薩を崇め家業を励めば幸になる」との教えを継承した。その教えを学んだ小谷三志（一七六五―一八四一）はこれに尊王思想を結びつけた不二道を唱導した[10]。

木曽御嶽では近世期には山麓黒沢口の御嶽神社里宮を祀る諏訪氏の流れをくむ武居家が入山者に七十五日にわたる厳しい精進潔斎を課していた。今一方の王滝口では開発地主の滝家が里宮の御岳岩戸神社を祀っていた。なお木曽谷の山伏は聖護院から年行事に補された信濃国埴科郡皆神山の熊野権現別当和合院に属していた。天明五年（一七八五）尾張国の行者覚明（一七一八―一七八六）は地元の信者達を率いて水行だけの軽精進で黒沢口から登拝した。その後三峰山観音院で修行し、本山派の江戸修験長となった普寛（一七三一―一八〇一）は、滝家の協力を得て王滝口からの登山道を開くとともに修験道の憑祈禱をもとにした託宣儀礼の御座を案出し、円城院泰賢、金剛院順明、本明院一心など本山派修験の御嶽行者や在俗行者を育てて、関東を中心に数多くの御嶽講を組織した[11]。

ところで江戸幕府はこうした富士講や御嶽講の盛行に先立つ寛文五年（一六六五）に「公事方御定書」の中で「新規之神事并奇怪異説御仕置事」によって、新規の神事や仏事をしたり、奇怪異説を説いて人集めをすることを禁じている[12]。そしてこれをもとに寛政七年（一七九五）庶民の富士講への加入、文化十一年（一八一四）武士の富士の行への参加を禁じ、文政三年（一八二〇）には御嶽行者一心を配流している。そこで一心の弟子盛心行者は福島宿の児野善左衛門らと協力して尾張藩木曽福島代官所の山村代官の許可を得て、山麓に護摩堂を新設して、これを尾張藩祈禱所にすると共に東叡山の自証院諶真から関東の一心講や普寛講に講中取り締まりの勧誡状を授かったうえで、山村代官から配札許可証を得て、その活動を合法化している。[13]

## 2　国家神道の成立・展開と山岳修験

慶応三年（一八六七）新政府は王政復古、祭政一致の号令を発した。そして翌閏四年には神祇官を再興し、全国の神社の祭祀、祝部、神戸のことを統轄させた。[14]また諸社の社僧に復飾を命じた。さらに太政官では諸社において権現や菩薩など仏語を用いることや仏像を御神体にすることを禁じる布達を出した。なおこの両者と合わせて十の神仏分離令と総称される布達が出されている。この結果、神社に奉仕する修験者は復飾か神勤を命じられた。[15]これによって修験霊山の吉野山、出羽三山、英彦山、戸隠山などは神社とされた。もっとも吉野一山では明治十四年に神社として残った旧吉水院をのぞく修験寺院は天台宗となり、羽黒山では荒沢寺が天台宗に復帰した。また本山派では院家若王寺、三峰山、赤坂氷川大乗院は神社、三輪山の当山派の平等寺は廃され、同山は神社のみとなった。このほか里修験で神社になったものも少なくなかった。ちなみに明治二十年（一八八七）十月には神社、仏堂などで私号として権現号を用いることが認められている。

ところで明治元年（一八六八）十一月神祇官では全国の重要な神社を勅祭社（二十二社など三十

社）、直支配社（日吉以下二十五社、阿蘇、英彦山、戸隠、熊野三山を含む）、準勅祭社（大宮氷川神社など東京とその周辺十二社、赤坂氷川社を含む）に分けている。[16] これを見ると直支配社に修験霊山、準勅祭社に旧本山派触頭赤坂氷川神社が含まれている。

明治三年一月三日には神祇官に吉田・白川両家から迎えた八神[17]と天神地祇、歴代皇霊を祀る神殿を設けている。けれども翌明治四年八月八日に神祇官は太政官に属する神祇省とされた。なお同年七月には大蔵省戸籍寮に社寺課を設置し、上記の旧神祇官直轄以外の神社、仏教諸宗、その他の民間宗教者を統轄させている。その後明治五年三月十四日には神祇省と大蔵省の社寺課を廃止し、全神社、仏教各宗、民間宗教者を包摂して国民教化をはかる教部省を新設した。そして神仏合同で大教（神道）の宣布にあたる教導機関として東京芝の増上寺に大教院、各県ごとに中教院、地方の社寺を充当した小教院を設置した。また教部省では教導の大綱として「敬神愛国、天理人道、皇上奉戴・朝旨遵守」の三条の教則を基本にした神徳皇恩、人魂不死、天神造化、顕幽分界、愛国、神祭、鎮魂、君臣、父子、夫婦、大祓の各説から成る十一兼題と皇国国体、皇政一新など国家神道の基本と文明開化的な啓蒙からなる十七兼題を翌六年に設定した。そして神官、僧侶、民間宗教者のみならず、在地の知識人、俳優、講釈師、落語家などを用いて、上記の唱導にあたらせた。

ところで太政官では明治三年閏十月十七日に土御門家の陰陽道、明治四年十月には六十六部と普化宗（虚無僧）を禁じ、同五年には修験宗を廃止した。また同年十一月八日には無檀、無住の寺院を廃している。さらに明治六年一月十五日には梓巫、市子、憑祈禱、狐下げ、玉占、口寄せなど、七年六月七日には禁厭、祈禱をもって医薬を妨げることを禁じている。けれども大教宣布を推進する為には説教の能力に長けている僧侶のみならず、一般の民間宗教者、さらにはこれらの禁制の民間宗教者を掌握のうえで利用せざるを得なかったと思われるのである。(18)

ただこの大教院は明治初期の神仏分離や政教分離と矛盾することや信教の自由への要望などから明治八年一月真宗四派が島地黙雷(一八三八―一九一一)の提唱で離脱した。そこで太政官では同年四月教部省に神仏合同布教の廃止を達し、同年五月には大教院を解散した。その際この結果を予測した神官の教導職はこれに先立つ八年三月に神道事務局を設立した。これには大教院に協力してきた惟神系や山岳信仰系の講社や民間宗教者も参加した。なお大教院発足の明治五年からこれに参加した黒住宗篤の黒住講社、その翌年に参加した新田邦光の修成講社は、明治九年大教院での唱導活動に貢献したことを評価されて、神道黒住派、神道修成派として独立を認められた。その後明治十年一月には教部省が廃止され、内務省に新設された社寺局が神社行政を司ることになった。

明治十三年(一八八〇)神道事務局では日比谷に神宮遥拝所(神殿)を建立した。その折同局副管長で神宮宮司の田中頼庸(一八八七―九七)らはその祭神を従来通り造化三神(天之御中主神、高御産巣日神、神産巣日神)と天照大神にするとした。これに対して、かつて神宮教導職の西部管長だった出雲大社宮司千家尊福(一八四五―一九一八)は、幽冥界の主神大国主神の合祀を主張して、田中らの伊勢派と出雲派が対立して紛糾した。そして結局明治十四年二月二十三日の勅裁をうけて遙拝所には、造化三神と天照大神を祀り、神道事務局総裁を有栖川宮幟仁親王とすることが決定された。

これを受けて政府は皇室祭祀と神社祭祀を中核とする国家神道の成立を目指して、明治十五年（一八八二）一月二十四日に内務省達一号によって、神社の祭祀は宮内省の式部寮、運営事務は内務省神社局が担当し、神社の神官が教導職を兼務することを禁止した。その後神道事務局所属の上記の条件を充たした有力な教会は、明治九年の神道黒住教、神道修成派と同様に一派独立が認められた。そこで明治十五年神道事務局から神宮教（管長〈以下同様〉田中頼庸）、大社教（千家尊福）、扶桑教（宍野半）、實行教（柴田花守）、神習教（芳村正秉）、大成教（平山省斎）、御嶽教（平山省斎）が相い続いて独立した。なお田中は伊勢神宮、千家は出雲大社、芳村は龍田大社、平山は武蔵氷川神社の宮司を辞しての管長就任である。一方神道事務局では明治十七年（一八八四）に神仏教導職の制度が廃止されたことから、同局にいた教導職は明治十九年（一八八六）にその名称を神道（本局）と改称して、もと大教院大教正の稲葉正邦（一八三四―九八）を管長に戴いて教派神道の一派を形成した。

これらに対して幕末期に独自の調息法と祓い修行をもとに教説を整えて信者を集めたことを咎められて三宅島に配流された井上正鉄（一七九〇―一八九四）の門流は、彼の死後、東宮千別の吐菩加美講と、坂田鉄安の惟神教会禊社に分裂した。そして前者は明治十二年（一八七九）に大成教会に属し、後者は鉄安の子坂田安治を管長として禊教として独立した。これらに対して金光教は金光教会、天理教は天理教会として、ともに神道（本局）に属していたが、金光教は明治三十三年（一九〇〇）、天理教は明治四十一年（一九〇八）に独立を認められている。なお上記の明治十五年の内務省達による神社祭祀に携わる神官と教導職を分離し、前者を国家神道、後者から独立した教派神道（当初は九派）と神道事務局（のちに神道〈本局〉）とする決定によって、国家神道体制の枠内での信教の自由を認める安丸良夫のいう日本型政教分離が成立したのである(19)。

明治二十二年（一八八九）には大日本帝国憲法が発布され、宮中の皇霊殿で奉告祭があり、それを受けて全国の神社でも奉告祭が行なわれた。本憲法では大日本帝国は万世一系で神聖にして侵すことが出来ない天皇が統治するとした。そしてその二十八条で、臣民は安寧秩序を妨げず、臣民の義務に背かざる限りに於いて信教の自由を得るとしている。翌明治二十三年（一八九〇）には教育勅語が発布され、神武天皇が創始し歴代天皇が継承した国体の護持と発揚が臣民教育の目的とされた。そして儒教的な忠孝、友愛、恭倹、博愛、修学とさきの憲法を重んじることが教育の基本とされた。この憲法と教育勅語によって国家神道の教義が確立したのである。

明治三十三年（一九〇〇）には、政府は内務省の社寺局を廃して、新たに神社局を設置して国家神道の全国の神社の祭祀を運営管理させた。そして、これと別に同省に神道（教派神道）、仏教、キリスト教を管轄する宗教局が設けられた。なおこの前年に教派神道の神宮教は解散し、財団法人神宮奉斎会となっている。その後明治四十年には神社局では宮中や伊勢神宮の祭祀をもとに全国の神社祭祀を画一化した「神社祭式行事作法」を定めた。また明治末年には官国幣社国庫供進制度が施行されている。これに伴って明治三十九年（一九〇六）から大正五年（一九一六）にかけて、この供進制度の財源や全国の各神社により充実した祭祀を行なわせるために、従来各大字ごとにあった神社を廃して各行政村に一社とする神社合祀を強行した。この間大正元年（一九一二）には内務省では神道（教派神道）、仏教、キリスト教の代表者を招いて懇談会を開いて国家神道への協力を求めている。そして大正二年には内務省の宗教局を廃して文部省に宗教局を設置している。

ここで修験道界に目をむけると中野達慧（一八七一―一九三四）は、日本における宗教思潮の三大勢力として念仏の流行と修験の力と神社の力をあげて、修験道の典籍を自らが編集した日本大蔵経に『修験道章疏』全三巻（一巻大正六年、二・三巻大正九年）を収めている。彼はまた修験道と天理教が練行鼓吹と現益に効験を現わす万民普遍的宗教の要素を持つとしている。また宗教学者の宇野円空は修験道を日本の民族宗教と捉えてその研究を推進し、文部省宗務官の村上俊雄がこれを継承し、昭和十八年（一九四三）『修験道の発達』に結実させた。[20]

満州事変（一九三一）以降、太平洋戦争にかけては戦意高揚のために国家神道が宣揚されると共に、アジアの侵略地に神社が創建された。特に昭和十五年（一九四〇）には神武天皇の即位から二千六百年にあたるとして盛大に式典が催された。そしてこれを機に内務省の神社局を神祇院に昇格させ伊勢神宮、官国幣社以下の神宮、神社に関する事項を担当させると共に敬神思想の普及をはかっている。また同年宗教団体法が施行され、教派の合併が強行され、教派神道十三派はそのままだったが、仏教は十三宗二十八派、キリスト教は新・旧二教団に統合された。また類似宗教は地方長官に届け出させ、警察に管轄させた。なおこの頃修験道界では大伴茂の『山伏と尊皇』『山伏と皇民練成』が刊行され、聖護院の機関紙『修験』、醍醐三宝院の機関紙『神変』などにも天皇制の護持や峰入を皇民練成と結びつける記事が掲載されている。[21]

## 3　教派神道の教祖と山岳修験

教派神道の教祖の開教に至るまでの修行や開教の直接の契機には山岳修験との関わりが多多認められる。まず注目されるのは、天理教の中山みき（一七九八—一八八七）である。彼女は大和国山辺郡の庄屋村の地主の嫁だった。四十一歳の天保九年（一八三八）十月、長男秀司の足の病の時、当山正大先達内山永久寺配下の市兵衛の憑祈禱の寄りましの代役を勤めた時、天の将軍（のちに天理王命と改称）が憑依し、みきの身体を神の社として貰いうけると告げ、夫がこれを承認した。天理教ではこれを開教としている。[22] 金光教では備中国浅口郡大谷村の農民赤沢文治（一八一四—八三）が、四十二歳の安政二年（一八五五）四月にのどけ（重い咽頭炎か）にかかり、石鎚行者の巫儀を受ける。その後、文治に神号（のちに金光大神と改称）を授けられたのを契機に開教した。[23] 同教ではこれを「立教神伝」と名付けている。なおこの地には児島五流配下の山伏が多く、彼はその妨害を防ぐために一時児島五流本山の五流尊滝院から補任を受けている。[24]

黒住教の教祖黒住宗忠（一七八〇—一八五〇）は備前国御野郡今村宮の宮司の折、水垢離・断食・千日参籠・五社詣など修験を思わせる修行をしている。そして肺病になった三十五歳の文化十一年（一八一四）十一月十一日冬至の日に、日の出の太陽を拝し、それと合体した神秘体験を得た。彼はこれを天照大神からの「天命直授」と受けとめて開教した。ちなみに今宮宮近くの五流尊滝院では古来旧暦一月二十三日に日の出にあわせて採灯護摩を施行するお日待を行なっている[25]。また児島五流大法院の霞の美作国新庄村では正月に山伏を招いて床の間に天照大神の軸を掛け、日の出を拝する日待がなされている[26]。宗忠がこうした日待を知っていたかどうかは定かではないが、日の出の太陽に救済を求めている点では一致している。

禊教の祖とされる井上正鐵（一七九〇―一八四九）は山形藩士の家に生まれ青年期に医学を学んだが、その後京都の観相家水野南北に師事し、木食のうえで清水寺の音羽の滝で水行した。その後四十四歳の天保四年（一八三三）の春、夢の中で神明の使いと名乗った若い女性から心の闇を破る明玉を口に入れられる神秘体験を得ている。その後彼は白川家に入門しこの体験とそこで学んだ禊祓いの法をもとに「吐菩加美依身多女、祓比賜比清女給布」と唱える三種の祓いや口に神の息を頂き鼻から罪穢れを出す調息の法を案出し、念仏も唱導した。そして天保十一年（一八四〇）武蔵国足立郡梅田村の神明社を拠点にこの行法や教えを唱導した。そこで幕府はこれを異端として彼を三宅島に配流した。正鉄は島では一時山伏恵教と同居して活動したが、嘉永二年（一八四九）同島で死亡した[27]。なお、大成教を設立した平山省斎は静岡でこの正鉄の門下から調息法を学び、それをもとに独自の静座調息法を案出して大成教を設立した。

扶桑教、實行教はいずれも近世初頭の長谷川角行（一五四一―一六四六）を始祖とし、その六世の食行身禄（一六七一―一七三三）を中興の祖とする富士講を母胎としている[28]。特に身禄以降は富士登拝、お焚きあげ（護摩）、おふせぎ（参明藤開山の「参」の一字を書いた護符）、在所の富士塚などをもとに活動し、関東地方を中心に多くの講社を輩出した。扶桑教の教祖宍野半（一八四四―八四）は弘化元年（一八四四）薩摩郡隈之城村に生まれ、安政六年（一八五九）十六歳で薩摩藩の藩校国学局に入った。明治元年（一八六八）京に出て平田鉄胤（一七九九―一八八〇）に入門した。明治五年（一八七二）には教部省に入って、翌年大教院が発足すると大講義に補され、会計長を勤めた。同年富士吉田の御師代表が彼の所を訪ねて富士講の庇護を求めた。そこで宍野は彼らを大教院の教師試補に任じ、富士一山講社を設立し、講社長となった。そして明治七年（一八七四）本宮浅間大社の神職らと登拝し、山頂の大日堂を浅間宮、薬師堂を久須志神社とかえ仏像などを廃棄した。同年彼は大教院大講義を辞して、本宮浅間大社宮司を拝命した。その後村山修験池西坊の富士宗四郎を本宮禰宜、主典に任じている。また須走村浅間神社（現東口本宮富士浅間神社）、甲斐国富士嶽神社（現北口本宮富士浅間神社）、川口村浅間神社（現河口浅間神社）の社司を兼任した。そして明治八年（一八七五）、当時富士講中最大の勢力を有した相模国登戸村の丸山講の伊藤六郎兵衛（一八二九―九四）の参加を得た。翌明治九年宍野は本宮浅間大社宮司を辞して、扶桑教会を設立し、教会長となった。なお彼はこの年富士吉田の御師田辺水穂から譲られた神鏡を持って吉田口から登拝し、食行身禄が入定した七合五勺の元祖室でこれを祀って祭典をし、山頂に登拝すると共に五合目を周回するお中道巡りをしている。そして明治十五年には神道扶桑教を設立して管長となったが、同十七年四十一歳で急逝した。

實行教の教祖柴田花守（一八〇九―九〇）は文化六年（一八〇九）肥前国小城郡桜岡東小路の小城藩士の家に生まれた。六歳で藩校興譲館に入り、元服後長崎に遊学した。その折長崎に滞在していた不二道八世小谷三志に入門し、彼から不二道の教えと勤王思想を学んでいる。三志はその後京都で醍醐寺理性院の徳大寺参行を弟子とした。この理性院は当山派の本寺醍醐三宝院を創建した勝覚（一〇五七―一一二九）の法をつぐ三宝院東北に隣接する門跡寺院である。参行は天保十二年（一八四一）六月三志の名代として富士登拝するなどして彼から後事を託され、同年九月三志の死後不二道九世を継承した。柴田花守は上京してこの参行に師事し、参行の跡をついで不二道第十世となった。そして明治十一年（一八七八）七月不二道を實行社とし、明治十五年には實行教として認可され、初代管長となった。ただ三志の生地である武蔵国鳩ヶ谷の当初からの彼の弟子たちは、不二道はあくまで民のものとして實行教には加わらず、不二道孝心講を組織した。花守は数多くの著書によってその教えを唱導したが、明治二十三年（一八九〇）八十二歳で帰幽した。

御嶽教は上野国舘林出身で江戸浅草で油屋を営んだ熱心な御嶽行者下山応助（生没年未詳）が御嶽山の登拝口に滞在するなどして普寛系統の講社を中心にまとめ、明治六年（一八七三）に結成した御嶽教会に始まる。[29] 彼はその後大教院の大教正で後に大成教の管長となった平山省斎の助けを借りて、同教会の組織化をはかった。けれども次項で紹介するように、当時平山の大成教や新田邦光の神道修成派、芳村正秉の神習教も御嶽講の包摂を計っており、下山の御嶽講の組織化はこれら諸教の反発をかった。そこで彼は明治十三年（一八八〇）自らの御嶽教会を平山の大成教と合併させた上で、同十五年平山を管長に戴いて自らは総理として実務にあたる形をとって御嶽教を設立した。本教は修験色が強く、講員は白衣で水行のうえ登拝し、御座をたてるなどしている。なお上記の諸教による御嶽講のとり込みや、これら諸教の傘下にある御嶽講の思想や儀礼については後に紹介することにして、ここでは御嶽講をとり込んだ平山省斎と、神道修成派の新田邦光、神習教の芳村正秉の修行を中心としてその活動を紹介しておきたい。

大成教の平山省斎（一八一五―九〇）は奥羽三春藩の藩士の出身だが幕府の外国奉行などの要職を勤めたことから維新当初は徳川慶喜と共に静岡で謹慎した。たまたまその時井上正鐵の弟子から授かった静座・調息の修法をもとに同教を設立した。[30] 神道修成派を創始した新田邦光（一八二九―一九〇二）は徳島藩士で儒学、国学を学んだが脇屋義助（一三〇六―四二）の子孫だったことから勤王の志を持ち各地で巡教すると共に富士、木曽御嶽などの霊山で修行した。特に安政年間（一八五四―六〇）には富士の山開きにあわせて富士吉田から登頂して朝日を拝し、富士を天神が在す所と観じた。そしてその後は富士を望見しうる十三箇国で富士を拝礼している。なお神道修成派では明治九年の成立後加賀の白山麓に教務分局を設け、派内には御嶽山登山部がある。同社の中には信濃の有明山・飯縄山・浅間山、甲斐の駒ヶ岳、相模の大山、越後の八海山・苗場山、上野の吾妻山・相満山、越中の立山、美濃の恵那山、大和の大峰山、阿波の剣山、伊予の石鎚山、伯耆の大山、京都の愛宕山、常陸の筑波山、下野の日光山、出羽三山にも登拝するものも多く見られた。これは高山に在す神霊が当派の教法を喜び、善としたまうことによるとしている。[31]

神習教の芳村正秉（一八三九―一九一八）は津山藩士の出身で、儒学、国学を学んだが尊皇攘夷を唱えたことから幕府の追補をさけて鞍馬山に籠った。その折、郷里の鎮守で七歳の時祖母から自家が大中臣の後裔と教えられたことを想起して物忌し、斎戒して神人感応の霊験を得たという。明治五年教部省に入ったが、大教院には加わらず神宮司庁に入り、明治十三年（一八八〇）には龍田大社宮司となった。けれどもこれを辞して富士山、御岳山、駒ヶ岳、二荒山、那須岳、吾妻山などの霊山で洞窟に起居して、木食、水行、抖擻などの修験的な修行をして霊験を求めた。特に那須岳での修行中に遭難の危機に瀕した際、瞑想して惟神を念じた処、岳神の使いの白猿の導きで難をのがれたという。こうした体験をふまえて彼は身滌によって身体の汚穢を除き、祓除で心神の不浄をのぞいたうえで物忌し、離遊の霊魂を身体に留める「神憑」の神事法を体得した。この彼の神憑きによる神気作用の顕現は御嶽講の御座を海外に紹介したP・ローエルも注目し、芳村が「人を神道に導くには、まず神事を行い無形の神を有形の上に顕わし、有形の証拠をあげ示すに如くはない」(32)といって、神がかり、火渡り、祓除、祈禱、禁厭など修験的な活動をしたことを紹介している。

神理教の佐野経彦（一八三四―一九〇六）は豊前国企救郡企救町の物部氏の祖饒速日命の巫部の道統を伝える家に生まれた。青年期には医学を学んだが、四十二歳になった明治九年（一八七六）十月十六日に広前で祈禱に専念していると天在諸神（あめにますもろもろの神）が示現して、汝の霊を救って神としてやる、福徳を授ける故、功徳を取り次げと告げた。その際、日の神、次に月の神、それから土・木・水・火、最後に金の神が次々に現れた。そして今後は「明誠代神」と名乗れと告げた。この神秘体験により、彼は立教を決心した。そして明治十四年（一八八一）神理教会を設立して、天在諸神の働きを五行思想などを用いて実生活に即して説明した独自の「神理図」を作成してそれを用いて唱導した。その後明治十七年（一八八四）神道（本局）直属となったが同二十一年御嶽教に転属し、明治二十七年（一八九四）神理教として公認されている。

ただその後の活動は九州北部に重点をおいて、当地の修験にも関心を持ったのか、明治二十五年に著書『英彦山考』を著わしている[33]。

大社教は神道事務局に祀る神格に関する祭神論争で伊勢派に破れた出雲大社宮司千家尊福が宮司職を弟の尊紀に託して大国主命の経国、治幽、和譲の精神を普及するために結成したものである。民間には出雲大社の恵比寿、大黒、縁結びの信仰で知られたが。尊福には特に山岳信仰や修験道の信仰は見られない[34]。ただ岩手県宮古市では山伏と組んで湯立てをする神子が出雲大社教に属している[35]。また現在大阪支部では大峰登拝をしている。

## 4　教派神道の組織基盤と山岳修験

明治五年（一八七二）の政府の大教院に教導職を配して惟神の道を唱導させる政策に呼応して、幕末期に国学や儒学を学んだ神道イデオローグは共鳴者を集めて講、教会を結成した。ところが御嶽教の管長を兼任した平山省斎の大成教に限らず、明治六年に新田邦光が結成した修成講社、同十五年（一八八二）に認可された芳村正秉の神習教には多くの御嶽講が加入している。さらに大教院解散への対策として神道関係の教職者が組織した神道事務局（後の神道〈本局〉）も御嶽講を包摂している。また佐野経彦は明治十四年（一八八一）に神理教会を起こしたが、同十七年に神道（本局）直轄となり、明治二十一年に御嶽教に転属の上で、明治二十七年になって初めて公認されているのである。[36]こう見てくると、明治十五年に認められた伊勢神宮崇敬の神宮教、出雲大社崇拝にもとづく大社教と、民衆宗教系の黒住教、天理教、金光教、禊教以外の教派神道はすべて御岳講に関係しているのである。なお富士講を母体とした扶桑教、實行教にも御嶽講が包摂されている。そこで以下これらの諸教派に内包された御嶽講と御嶽教の関わりを検討することにしたい。

木曽御嶽山の黒沢口では幕末期に代官の山村家に仕えていた今井弘が明治二年（一八六九）黒沢口の御嶽神社宮司となった。今井は同口から登拝する御嶽講社を同社に直属させることを考えて、明治六年十一月に「御嶽講社規約」を作って、翌年一月に御嶽講社設立を教部省に出願した。その際に今井は「東京高砂講の福井滝造、普寛講の旧本山派修験秩父金剛院（薄平寿光）、一心講の武蔵国幡羅郡江原村の本明院（柴崎仙左衛門）らが各地を徘徊して配札し、寄加持、狐下げをしている。けれども自分達の御嶽講社では護摩、御座、火渡りを禁止している」としている。そして黒沢口の御嶽神社社掌の武居重知らと登拝し、王滝口の社家滝家が管理する山頂の社殿を取り壊し、そこに造化三神を祀る結廻神社を建設した。けれどもこれを王滝口側が訴えた結果、示談のうえ黒沢口側が王滝の山頂の社殿を再建している。なお今井はこの件で宮司を罷免されている。

一方、明治六年に修成講社を結成した新田邦光は関東の北方を巡錫して、下総で国学の平田派門下だった中里允修が天保年間（一八三〇—四四）に創始した関東有数の御嶽講である巳講や、三峰山で修行し現在の大田区嶺町に御嶽山関東分社を開いた一山行者に始まる東京府内から相模、長野県に広まる一山講を掌握した。この一山講では御嶽の登拝とあわせて、一人伺いの御座（感得の中座法）を行なっていた。新田は大教院大講義を勤めたが慶応三年（一八六七）有栖川宮に神典を講じるなどして同宮に親しく、明治七年から十年にかけて、修成講社本部を有栖川宮邸内においていた。このこともあってか、修成講社は明治九年には黒住教とともに一派独立を認められている。新田はこれに勢いを得てさらに積極的に関東や尾張など各地の御嶽講の掌握に努めている。その後明治十五年（一八八二）には、同派の中講義森亮蔵ほか二名が『神道修成派御嶽登山部説諭略記』を著わしている。本書には神道修成派が旨とする修理固成の教えにもとづいて御嶽山登拝の心得と意義を説き、「当派は純粋の神道ゆえ当派社中となって御嶽神を信仰すれば神慮に叶う」としている。また同年同派の山本大夢ほかが著わした『神道修成派富士嶽登山心得略記』には、同派所属の御嶽講では神前でまず「修理固成光華明彩」という唱詞を幾度も唱え、心が清くなった時「神道修成派盛大我家内安全家業繁栄」と祈ることを勧めている。また里の講での崇拝対象には医薬と禁厭の道を始められた大穴牟遅神と少彦名神の軸を用いるようにと説いている。[37]これは御嶽講が禁厭や祈禱をすることを考えてのことである。こうした唱導もあって修成派の信者の八割は御嶽信者となっている。ちなみに御嶽山王滝口の御嶽神社祠掌滝岩登は、神道修成派に入社し、自坊を同派の指定宿舎にさせている。

なお新田は今一方で前項でもあげたように富士山も信仰し登拝していた。そして明治十六年同派の山本大夢が著わした『神道修成派富士登山心得略記』には、新田の富士登拝の記録とあわせて、浅間神社の祭神は世間では木花咲耶姫命としているが、本来は天御中主神以下の天に在す天つ神で、この神を拝むべき霊山の中では富士が最高であるとして、神道修成派の第七百九十三社を神道修成派富士部と改称して、ここに富士講を包摂している。(38) ちなみに神道修成派は明治十六年（一八八三）には戸隠山に教務支局を設け五百余人の信者を擁した他、高知県香美郡物部村の修験道と陰陽道を習合したいざなぎ流の大夫を信者とした岡ノ内教会を設立している他、三河国上町村森下の万歳師も配下としている。(39)

神習教の芳村正秉は自らも御嶽山に登拝しているが、明治十五年（一八八二）に著わした自著『御嶽教会講社開設告文』で次のように述べている。御岳行者が分散し、それぞれが独自に御嶽大神を崇拝している。そこで彼らの要望に応えて、明治十三年（一八八〇）に神習教会を設立した際に一山系の講など各地の御嶽講員十万人を結集した。そして、明治十五年神習教が一派独立した際にこれを神習教御嶽教会と公称させたという。翌十六年には御嶽講員と共に御嶽山に登拝して、山上の神社に参拝し、その神霊を日比谷に創設した神習教本祠に勧請している。(40)

さきに述べたように明治八年（一八七五）大教院解散後同院に属した神道系の教導職は神道事務局を組織した。本事務局でも御嶽講掌握の試みがなされている。特に明治十五年（一八八二）頃には神道修成派と御嶽講のとり込みを競っている。本事務局は明治十七年（一八八四）神仏教導職の全廃の後、同十九年旧淀藩主稲葉正邦（一八三四—九八）を管長として神道（本局）として一派独立した。そしてその教勢を整えるために御嶽講に限らず扶桑教から分離した丸山教会、神籬教会、大神教会、富士教会、三山教会、蓮門教会など山岳宗教や神道系の民俗宗教の諸教会を包摂した。(41) なお金光教は明治三十三年（一九〇〇）、天理教は明治四十一年、それぞれ一派独立するまでは、神道（本局）に属し、その主要な財政基盤となっていた。神理教も既述のように明治二十一年（一八八八）御嶽教に転属する以前は一時神道（本局）の直轄となっていたのである。

## 5　教派神道の思想・儀礼と山岳修験

教派神道の諸派ではその認証の前提に大教院の敬神愛国、天理人道、皇上法戴・朝旨遵守の三条の教則の遵守や人魂不死、顕幽分界、鎮魂、大祓などの十一兼題の理解、宮中祭祀に準ずる祈年祭、新嘗祭、例祭などの執行があったことから、教派の公認にあたっては、これらと教祖の神秘体験にもとづく思想・儀礼の調整が求められた。こうしたことからその成立も天照大神信仰を中心とする黒住教、神道行政と関わる神宮教大社教、惟神系の神道修成派、神習教、大成教が早く、山岳信仰系の扶桑教、實行教、御嶽教がこれに次いでいる。けれども教祖独自の神秘体験にもとづく禊教、金光教、天理教や独自の「神理図」にもとづく神理教は国家神道の教義や儀礼との調整に手間どったこともあってか、設立の公認はおくれている。

従来の教派神道の思想や儀礼の研究は上記の成立事情もあって、国家神道の教義や儀礼との対比に焦点がおかれてきた[42]。そして鶴藤幾太は教派神道各派に共通する思想や儀礼の志向として、1神人一致観、2一神教的要素、3神に任せ切る、4無我・誠・感謝、5霊験、6禊祓い、7鎮魂観、8霊魂観、9疫病観、10世界宗教への志向をあげている[43]。これに対して天理教、金光教、黒住教、禊教などの民衆宗教の思想は、上記の教派神道との共通点を含みながらも、山岳宗教にみられる民俗宗教を超克したものとして注目されている。[44] ただ本項では主として教派神道十三派のうち山岳宗教系とされる三教と一見山岳宗教とは無関係と思われながらも、その中に山岳修験とくに御嶽講を包摂している惟神系の神道修成派、神習教、大成教の思想と儀礼を検討することにしたい。

御嶽教では下山応助が教派設立の際には、主神を国常立命として許可を得たが、その後の『御嶽教神典』では、1神徳宣揚、2開国元理、3建国本体、4国土経営、5国体尊厳、6皇恩無窮、7国家礼典、8天佑保全、9治乱興廃、10神異霊験、11彝（宗廟の祭器）倫大元、12神人感応、13人魂不滅、14顕幽分界、15壊災招福の十五項目をあげている。[45] ここでは国土をもたらした造化三神、諾冉二神、天照大神とあわせて顕幽分界、人魂不滅、神人感応を説いて神託、禁厭、祈禱の効果を認め、人の罪過が災因になるとし、祓除、祈禱、壊災招福を説いている。もっとも教内では奉斎主神は御嶽大神とし、同神は国常立命、大己貴命、少彦名命の三神をさすとしている。また覚明と普寛を教主として崇め、その霊を神として祀るために御嶽山に霊神碑を建立している。そしてこれに因んで各講でも御嶽山に講祖の霊神碑を建立している。

本教の眼目である御嶽登拝について『御嶽教教典』では「山霊の感化は真にこれ一切感化の最上乗である。山は人をして神秘ならしめ、森厳ならしめ、勇猛ならしめ、清浄潔白ならしめ、剛壮雄偉、耐苦堅忍高潔、独立自尊の真人格を陶冶す」と記している。[46] なおこうした山霊の感化を受け験力を得るために、1身滌（水行）、2息吹（端坐して深呼吸）、3鎮魂作法、4六根清浄、

5祭式儀礼、6神占・卜占、7祈禱、8禁厭（その式目に神秘法、神符法、気吹法、駆虫法、灌水法、神宝法、修道法、木綿襷法をあげる）、9霊感、10霊夢、11神懸り、12誓約の実修を行なうとしている。[47]

そしてこれらの実修をおえた講員には「祈禱禁厭免許状」を出している。「御嶽教教規」によると、そこで認めている神事と神占には次のものがある。

神事

祭典式　鎮火式　探湯式　鳴動式　鎮魂式　八剣式　神託式　蟇目式　鳴弦式　火焚式　昇神式　降神式　祝誕式　冠礼式　婚礼式　葬儀式　霊祭式　灌水式　神舞式　祓除法　昆虫祭　疫神祭　神秘法　神符法　気吹法　十種神宝　修道真法　石笛神託式　神勇音楽式　竈注連祭式　斎戒物忌法　神人感通法　祈禱諸式　禁厭諸式　審神式　木綿襷法　戦勝祭式

神占

天神太占之伝　亀卜法　籤占　筮占　星占　卜占　観験　感通数理　幹枝　観相　水卜　天源術　淘宮術[48]

なおさきの実修にある11神懸り、「神事」の神託式、神人感通法は御嶽教の祭祀のときになされる「御座」をさしている。これは普寛が修験道の憑祈禱をもとに案出した作法で現在多くの御嶽講で祭祀の際に実施されている。そこで普寛系の御嶽教群馬寛泰教会の祭礼に見られる御座を紹介しておきたい。

1螺貝、2三種祓、3禊祓、4修祓、5護身法、6普礼、7五大尊の印明と九字、8御嶽山諸

神号、9中座が行者の願文風に願い事を唱える、10一切成就祓、11六根清浄祓、12三条錫杖経、13聖不動経・三十六童子、14舎利礼文、15般若心経、16御座（心経の最中に中座が神懸りして託宣を宣べる）、17大祓詞、18諸真言(49)

このうち17大祓詞は御嶽教本部の指示で加えられたものである。この祭式の次第は修験道の勤行式を参考にして編んだと思われる。

大成教の平山省斎は明治十三年（一八八〇）に下山応助の御嶽教会を包摂し、御嶽教成立時には平山が管長を勤めているが、彼自身は御嶽山に登拝していない。ただその著『本教真快』に、同教主宰神の天之御中主神を天地万物を生み、人間に神魂を授ける産霊神の宇宙大霊神であるとしている。また人間の欲によって神魂が汚されている。そこで静座・調息を中心とする鎮魂法によって解除することが必要であるとする。そして著書『修道真法』で、内外清浄（宝剣）し、万物と同根の自己の霊性を磨き（玉璽）、その光明を煥発し（神護）、不動不遷の境地に達し（鎮魂）、自然の妙を知る（大本一源）との修行の階梯を示している(50)。これは修験道の峰入の六根を清浄にし、自己の霊性を磨き、自然法爾の悟りを得る修行と相通じると思われるものである。

成員の七割が御嶽信者の神道修成派はその宗派名を諾冉二尊が天照大神の神勅を受けて、この国土を修理固成したことに因んでいる。そして諾冉二尊はその後この事業を大穴牟遅命、少名毘古那命の二神に託した。この二神は高山なかんずく御嶽山に鎮座し、医薬と禁厭の業を開かれた。このこともあって高山の神霊は当派の教法を喜び善をもたらすとしている。さきに述べたように新田自身も御嶽山に登っており、その門弟の中講義森亮蔵らは明治十六年（一八八三）に『神道修成派御嶽登山部説諭略記』を著わして、修理固成の理にもとづいて御嶽に登拝するように説いている。なお本教でも禁厭、祈禱がなされている。[51]

神習教の芳村正秉は自ら御嶽山に登拝して、御嶽大神を観じて神人合一をなしとげた。そして明治三十九年（一九〇六）に著わした著書『宇宙の精神』では「身滌法を以って身の汚穢を去り、祓除法を以って心身の不浄を祓い、物忌法を以って先天の気質を変じ、鎮魂法を以って離遊の運魂を身体の中府に留めたる後、更に神事法を以って神明を此の身に憑らしめて、神気の凝結を疏通する」としている。そして具体的な修法には鎮火式、探湯式、祭祀、神魂神気賦与帰着、死生幽顕、神人感格などをあげ、最後に惟神の大道を論じている。[52]

次に富士講の流れをくむ扶桑教と實行教の思想と儀礼を検討する。扶桑教の宍野半は明治十年（一八七七）著書『富士信導記』の中で富士は諸神が集まる霊峰で、特に天祖天神（もとのちちは）に愛され、本宮浅間大社の祭神木花咲耶姫命を番神としたという。また人の霊魂は天祖天神から授かったもの故、その恩に報いるために角行の神誓の跡を思い富士に登拝するようにすすめている。[53]なおこの天祖天神は宍野が富士修験の仙元大菩薩（本地大日如来）、角行の元の父母、木花咲耶姫命を習合させたものである。もっとも彼はその後の「神徳経」で天祖天神を「大元の父母にます大祖参神」と造化三神になぞらえている。ただ自然現象、人間・動植物など生育するものすべてはこの大祖参神にもとづくとしている。[54]

實行教の教えは柴田花守の『本教大基』によると「皇国は上古より不尽山を以って鎮守と尊奉す。富士の中央凹き処常に気ありて蒸し出す。この気は大父母にましします産霊神の使令し給ふ所にして、万品尽くこの大一元気をうけざれば生産活発なること能わず。皇国に生れ出たらん益良雄の伴は軽々に見過ごすことなく、この神理の尊き本源を深く観察し遠く思惟して、富岳の高く雄々しき倭魂を突立て、此神理を以って諸蕃国を教え導き、万国兄弟親睦し均しく大父母の孝子とならまほしきことならずや」としている。(55) この富士の噴火口を大父母（祭神のもとの父母）の気が蒸し出す処とし、これを受けて生産を活発にするとの信仰は、浅間大社で噴火口を御神体としたり、富士修験でそこに出現する仏（ブロッケン現象）を崇めお鉢まわりをする信仰、丸山教の教祖が噴火口で浅間菩薩に見えて開教したことと結びつくものである。なお柴田花守は角行がこの噴火口で唱えた御神語「呼吸大息妙王息体十方光空心」を、その著『教訓謡集』の「道祖御恩礼詞」の中で「天地の神気を心身にこうむり、あらゆる罪けがれ邪気を祓い得ることが出来れば、人の心は清浄潔白となり至誠天に通じ、神と合体（神人合一）となって天地に充つ」と解説しているが、これも修験道の峰入の目的に通じるものと考えられる。(56)

花守の死後の明治四十三年（一九一〇）九月に實行教の大教正千葉幸吉が著わした『神道實行教』では、同教で用いる祝詞として国家が定める祝祭日の他に大祓、祈晴、祈雨、除厄難、除疫、病気平癒、除邪気、避方障、追儺、害虫除、養蚕、酒神、狩猟・漁猟、井神、山神、竈神、避雷、避地震などの現世利益、建築に関する地鎮、斧始、柱立、上棟、新宅の祝詞、神殿の建築に関する新築（修繕）、本殿動座、仮殿鎮座・動座、本殿鎮座、平産・生児命名・初宮詣・誕辰・結婚、銀婚・金婚、還暦・喜寿・米寿の人生儀礼と葬祭に関する帰天奏上、土神祭、告死者霊前、遷霊、発葬、前誄、埋葬（火葬）、帰家、十日・五十日・百日祭、改葬、一年祭、春秋二季祭、鎮怨霊詞、外征戦死者招魂、建碑（銅像）除幕式をあげている。[57] これを見ると祈晴雨、除災、病気平癒、除邪気、避方障、追儺、山神、荒神、人生儀礼、葬祭など近世末に里修験が行なってきたものが見られるのである。

神道修成派の教祖、新田邦光は自ら富士に登拝しているが、明治十六年（一八八三）同教の少講義山本大夢他が著わした『神道修成派富士登山心得略記』には、富士の霊容をたたえ、登山の心得を述べている。そして一般に浅間神社の祭神は木花咲耶姫命としているが、本派の天御中主神以下の祭神は天つ神で天に在すゆえ、直ちに親しく此神を拝むべき霊山は富士を最上とするとしている。[58] ここでは富士山を同派の祭神である天つ神を拝する至上の霊山としているのである。

ここでその他の禊教、惟神系の神理教、大社教の思想と儀礼のうち山岳修験を思わせるものをあげておきたい。禊教では罪穢れを祓って天神と合体するとの思想や、井上正鐵の修行や神明の使いの少女から口に明玉を入れられたとの体験が注目される。またその教規では鎮魂、禁厭、祈禱、巫、神占、釜鳴、鎮火、観志、生花、葬法、神楽、神符をあげているが、釜鳴、鎮火、巫などは修験でも見られるものである。なお大社教では現在大阪分教会が大峰登拝を行なっている。

民衆宗教の黒住教、金光教、天理教は教祖の立教と結びつく神秘体験に里修験との関わりが見られるが、教祖はそれを超克して独自の神観念を形成し、それをもとに教えを説き、独自の儀礼を行なっている。すなわち黒住教では日待に見られる太陽崇拝を天照大神とし弟子から神と崇められた宗忠が吹きかけ治療を行なっている。金光教では赤沢文治が石鎚行者の巫儀によって憑依した金神を金神大神と祭りあげ、信者たちの相談事を大神にとりつぎ、彼がそれを理解し裁断することによって信者の信仰を得ているのである。天理教の中山みきも山伏の市兵衛の憑り祈禱の寄りましの代わりを務めた時に憑依した天の将軍を天理王命として、また彼女自身も安産をもたらす「おびや神様」として崇められている。このようにこの三教は修験者との関わりを契機としていてもそれを超克して独自の教えや儀礼を案出しているのである。

# 結

近代の神道は国家神道と教派神道に大別される。国家神道は皇室祭祀とそれに準じた祭祀を行なう全国の神社とそれを支える惟神思想で国民はそれに従うように指示された。一方教派神道は明治五年（一八七二）の敬神愛国、天理人道、皇上奉戴・朝旨遵守の三条の教則を唱導することを目的として、大教院の解散後、その惟神の趣旨を生かした教導をいわば託された形で明治九年（一八七六）に認証された教派である。その種類は⑴大教院など行政機構と関わる・神宮教（明治三十三年解教して神宮奉斎会となる）・出雲大社教・旧大教院教導職らが組織した神道（本局）（昭和十五年神道大教）、⑵神道イデオローグが組織した惟神系の大成教・神道修成派・神習教・神理教、⑶富士御嶽の山岳信仰系の扶桑教・實行教・御嶽教、⑷民衆宗教の黒住教・天理教・金光教・禊教に四分される。そして昭和初期には教派神道十三派の紹介、分類、比較などの研究がなされたが、現在は特に民衆宗教の研究と山岳信仰系教派の母胎をなす富士講、木曽御嶽講の研究

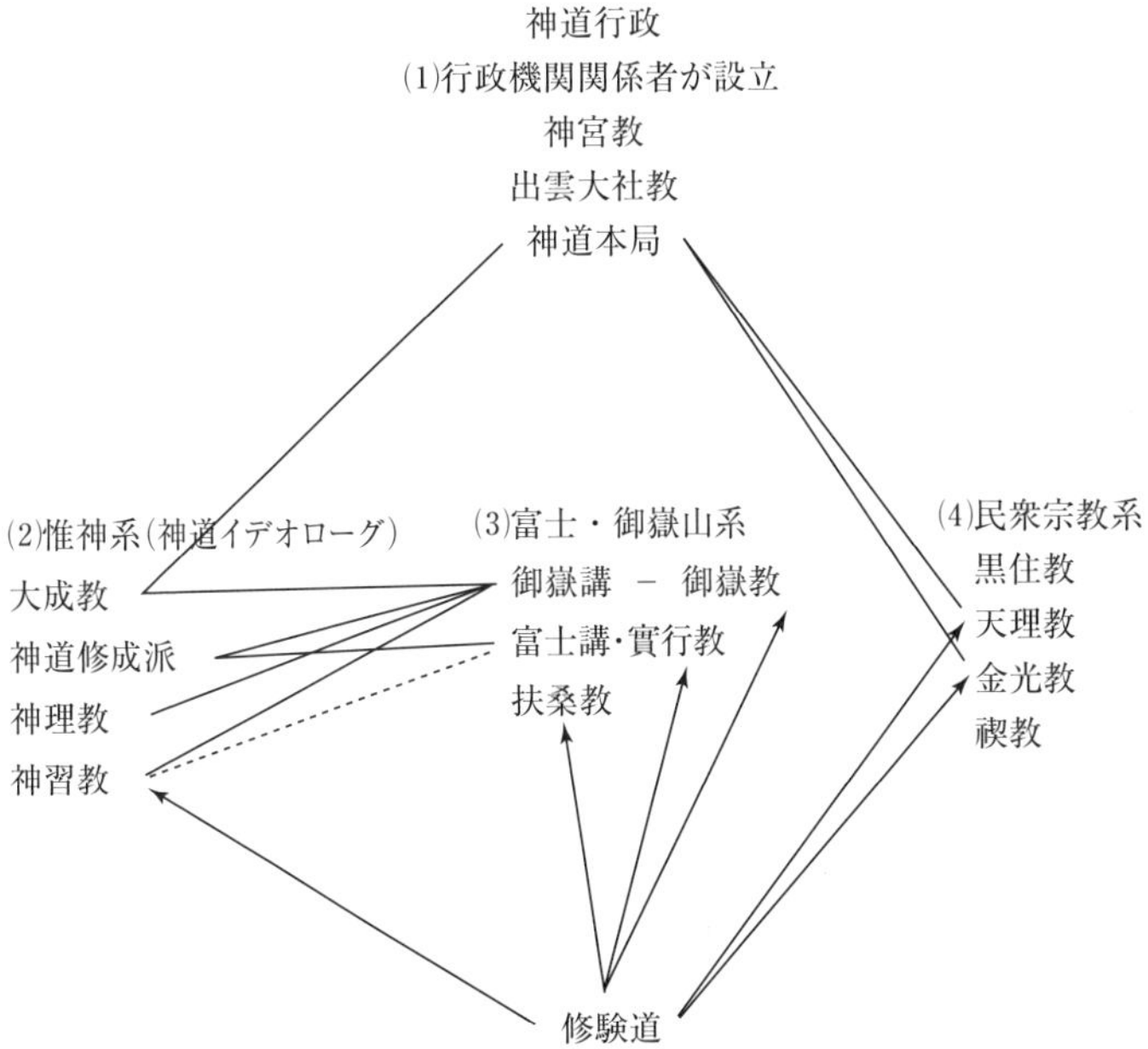


**第1図　教派神道の相関図**

が中心となっている。これに対して本章ではこれらの諸派の教組の多くが立教に際して山岳修験と関わっていたこと、また惟神系の教派は山岳信仰の講とくに御嶽講を組織母体としていること、その教義、儀礼においても御嶽講や富士講と類似しており、その背後には修験道があることを解明した。これは国家神道体制下においても、古来の山岳修験を中核とする民俗宗教が常民の信仰を支えていたことを示すと考えられるのである。そこでこの結ではその要約をあげると共に、特に明治政府が惟神思想の教導を神道イデオローグに託したにもかかわらず、こうした状況が起こった原因を太平洋戦争敗戦後の神道や新宗教の輩出にも目をむけて検討しておきたい。

まず教祖の立教前の修行や開教の契機となった神秘体験を見る。民衆宗教では、黒住教の黒住宗忠は太陽（天照大神）との合一体験、天理教は中山みきの山伏の憑祈禱の寄りましの代理を務めた際の「天の将軍」の憑依、金光教は赤沢文治の石鎚行者の巫儀による金神の憑依、禊教の井上正鐵の神明の使いの少女からの明玉の入身の夢がある。これらに対して扶桑教の宍野半、實行教の柴田花守、御嶽教の下山応助は登拝はしているが、特に神秘体験は見られない。そして宍野と下山は組織者、柴田は神道イデオローグ的性格を持っている。

惟神系の教祖では、神習教の芳村正秉は霊山での修行や霊告、神理教の佐野経彦は天在諸神の啓示、大成教の平山省斎は禊教の静座調息法の習得が立教の契機となっている。ただし神道修成派の新田邦光は脇屋義助を始祖としている。なおただ芳村の霊告や佐野の啓示などは教派をまとめるための神話と思われないでもない。

組織の上では民衆宗教系の黒住、天理、金光は教祖（その子孫）を頂点とした組織を形成している。また扶桑教・實行教は富士講、御嶽教は御嶽講を母体としている。ところが惟神系の大成教、神道修成派、神理教は御嶽講を包摂し、神道修成派は富士講も包摂している。また大成教の平山省斎は御嶽教の初代管長でもある。なお扶桑教を結成した宍野半は当時最大の富士講だった丸山講を包摂することによって教派基盤を確立している。このことは近世後期以来弾圧を受けた富士講、御嶽講の先達たちが、大教院の重職であり、官幣社などの宮司でもあった神道イデオローグの権威にすがることを必要としたことによっている。すなわち扶桑教の宍野半は大教院の会計長、大講義で本宮浅間神社宮司を勤め山麓の浅間社の社司を兼ねていた。神道修成派の新田邦光は大教院の大講義で有栖川宮と親しく、同派の本部を有栖川宮邸に置いていた。神習教の芳村正秉は神宮司庁の重鎮で龍田大社宮司だった。大成教の平山省斎は大教院大教正で武蔵一宮氷川神社宮司である。在野の富士講、御嶽講の講元や先達はその活動の保証を求めて、これらの神道イデオローグが管長の教派に加わったとも思われるのである。一方、明治政府では禁制したにも関わらず淫祠によって禁厭、祈禱、憑祈禱などを行なう民間宗教者の管理をこれら神道イデオローグの教派に委ねたとも思われるのである。そこでこうしたことが教派神道の教えや儀礼にどのように反映していたかを示しておきたい。

まず各派の主祭神を見ると民衆宗教系は、黒住教が天照大神とする他は、天理教は天理王命、金光教は天地金乃神、禊教は天照します太神というように独自の神格を崇めている。なお大社教は大国主大神である。これらに対して御嶽教では御嶽大神（国常立命、大己貴命、少彦名命）と霊山の神社や諸社の神格を認めている。そして扶桑教は大祖参神（おおみおたのかみ）、實行教では天祖参神（あまつみおやもとのちちはは）だが、どちらも公称は造化三神であり、神道修成派、神習教の造化三神と同様である。また、神理教は天在諸神（あめにますもろもろのかみ）を、教祖が禊教を学んだ大成教は天神地祇としている。なお扶桑教は富士山を神仙の住む霊岳、實行教は日本の鎮守、御嶽教は木曽御嶽山を覚明、普寛や講祖など霊神の坐す処としている。そして登拝については、扶桑教では天祖天神の力をいただくため、實行教は神人合一、神道修成派では神の力を得るためとしている。

救済儀礼を見ると民衆宗教系では黒住教の祓祈禱、金光教のお取りつぎ、天理教のおさづけ、禊教の息の術、祓い修行など独自の儀礼を行なっている。また扶桑教には富士山での天拝式、お身祓、お焚きあげ、御嶽教は御座、大成教には静座、調息など講以来の伝統的儀礼がある。けれども扶桑教、御嶽教に限らず、神習教、神理教などでも火渡り、湯立て、刃わたり、釜うらないや禁厭、祈禱、除災、巫術などを行なっている。また實行教でも国家神道の祭りの他、祈晴・雨、除災、治病、建築、年中行事、人生儀礼、葬祭を行なっている。これらは近世以来里修験が行なってきたものである。それ故、扶桑教、實行教、御嶽教に限らず、御嶽講や富士講を包摂した惟神系教派においても、その末端ではこうした山岳宗教系の行者が常民の現世利益の希求に応えた活動をしており、このことが惟神系の教派神道の存続を可能にしていたとも思われるのである。

ところで太平洋戦争敗戦後の昭和二十年（一九四五）十二月二十五日連合国軍最高司令部は国家神道廃止令を出し、「国家神道乃至神社神道として一般に知られたる非宗教的な国家的祭祀として類別せられたる神道の一派（国家神道或いは神社）に対する政府の保証、支援、保全、監督ならびに弘布を禁止」した。そして同十二月二十八日には宗教法人令を施行し、宗教団体は所定の形式に則して届け出れば宗教法人とされた。そこで教派神道十三派は直ちに届け出て宗教法人となった。一方神社に関しては昭和二十一年二月二日、従来の神社に関する諸法令が廃止され、同日宗教法人令の改訂により神社は宗教法人となる道が開かれ、同月三日に全国の神社を包括する法人として神社本庁が結成された。

神社本庁では、昭和二十二年四月十二日に「社寺境内処分法」（法律第五三号）が定められ、国有境内地とされていた旧社地が払い下げられることになったことへの対応として、神社の鎮守の森や霊山の神社の奥社がある山を神霊のます聖地と主張した。そして山岳宗教研究者の講演などによってその唱導に努めた。また霊山の神社では登拝行事を実施して講の活性化をはかった。その結果、出羽三山神社、日光二荒山神社、大山阿夫利神社、富士浅間神社、白山比咩神社、木曽御嶽の黒沢口と王滝口の御嶽神社、三輪山の三輪神社、熊野本宮・新宮・那智大社、石鎚神社、英彦山神社、霧島神社などでは背後の霊山を獲得し、開山・閉山の祭などを行なって講の組織化をはかっている。石鎚神社の石鎚本教、木曽御嶽山黒沢口の御嶽神社の木曽御嶽本教などの教団も設立された。

一方、教派神道のうち富士、御嶽の講を母体とした扶桑教、實行教、御嶽教、神道イデオローグが御嶽講などを包摂して結成した惟神系の教派では、宗教法人令の施行にともなって数多くの分派が成立した。そこで扶桑教、實行教、御嶽教、当初から諸教会の集合体だった神道大教、惟神系の神習教、神道大成教、神理教から分派した教団名をあげておきたい(59)。

扶桑教：石鎚教、五十鈴教、大日の本教、大参天教、金毘羅教、神祖教、誠誓教、大道教（福島）、天崇教、天地教（京都）、富士教（富士本教）、真乃道教、弘法宗弘法苑、峯高稲荷大社教、明治教団

實行教：神道金刀比羅教、明治教

御嶽教：御嶽山曽間本教、御嶽教修正派、神宣教、神道国清教、神徳教団、智覚山民主教教団、天常教、天壌教本院、直霊教、日月教（東京）、日之教、日之本教、みたま教

神道大教：稲荷教、大神教、大三輪教、香取金光教、神ながら教、丸山教、自然社、神道観真教、神道神心教、神道神導教、神道天行居、至誠真柱教、天元教、天善教、瑞穂教、弥山教

神習教：神之導教、天照教（京都）、明正教

神道大成教：修験道教、天地教（兵庫）

神理教：洗心教、長生教、鎮宅霊符神教、日の本教

この現象は本文でも述べたように、霊山系や惟神系教派神道の諸派が多様な諸講、教会を含み、政府の側もその掌握と国家神道への教導をその教派に委ねていたことを裏付けていると思われるのである。これらの各教派から分派した諸教団の分派以前、以後の活動実態の解明によるこのことの検証に関しては今後の研究に委ねることにしたい。

（1） 田中義能『神道十三派の研究　上・下（復刻）』（第一書房、昭和六十二年）（昭和七―十四年にかけて各

教派別に発表)。古野清人『現代神道概説』(山喜房、昭和六年)。中山慶一『教派神道の発生過程』(森山書店、昭和七年)。阪本広太郎『宗派神道教典解説』(神宮皇學館、昭和十三年)。鶴藤幾太『教派神道の研究』(大興社、昭和十四年)。

(2) 村上重良『近代民衆宗教史の研究』(法蔵館、昭和三十八年)。村上重良、安丸良夫『民衆宗教の思想』日本思想大系六七(岩波書店、昭和四十五年)。坂田和亮編『禊教の研究』(みそぎ文化会、昭和四十七年)。

(3) 井野辺茂雄『富士の信仰』(古今書院、昭和三年)三六五―四四四頁。城﨑陽子『富士に祈る』(ふこく出版、平成二十九年)一一八―一七三頁。中山郁『修験と神道のあいだ　木曽御嶽信仰の近世・近代』(弘文堂、平成十九年)。

(4) 「教会大意」では三条の教則、倫常の道を守り、異端邪説を信じないことと、吉凶禍福を相輔け、疫病患難を相救う事を公認基準としている。豊田武『宗教制度史』著作集第五巻(吉川弘文館、昭和五十七年)三六九頁、三七六頁。

(5) 上掲　豊田『宗教制度史』、三五三―三五八頁。

(6) 『踏雲録事』修験道章疏Ⅲ、本山派二二九頁、当山派二三二―二三三頁。

(7) 横山晴夫「三峰信仰の展開」『山岳修験』二四(日本山岳修験学会、平成十一年)一四―一五頁。

(8) 曽根原理『徳川時代の異端的宗教』(岩田書院、平成三十年)一五―一八頁。

(9) 広渡正利校訂『彦山編年史料』近世編(文化出版、平成十二年)六二一―六二五頁。

(10) 岩科小一郎『富士講の歴史――江戸庶民の山岳信仰』(名著出版、昭和五十八年)。

(11) 生駒勘七『御嶽の歴史』(木曽御嶽本教、昭和四十一年)。

(12) 「公事方御定書」石井良助編『徳川禁令考』別巻。

(13) 上掲　中山『修験と神道のあいだ』九九頁。

(14) 国家神道の成立、展開に関しては村上重良『国家神道』(岩波新書、昭和四十五年)。阪本健一『明治神道

史の研究』（国書刊行会、昭和五十八年）。阪本是丸『国家神道形成過程の研究』（岩波書店、平成六年）参照。
(15) 宮家準「近現代の山岳宗教と修験道――神仏分離令と神道指令への対応を中心に」『明治聖徳記念学会紀要』復刊四三（平成十八年）参照。
(16) 上掲　阪本『明治神道史の研究』三八頁。
(17) 八神は近世期に吉田、白川両家が天皇の守護神として祀った神産日神、高御産日神、玉積産日神、生産日神、足産日神、大宮売神、御食津神、事代主神をさす。
(18) 上掲　豊田『宗教制度史』、三五三―三五九頁。西海賢二『明治初期における教会諸社の展開について』『神道研究』四（昭和五十九年）。
(19) 安丸良夫『神々の明治維新――神仏分離と廃仏毀釈』（岩波新書、昭和五十四年）二〇八―二〇九頁。
(20) 宮家準『日本仏教と修験道』（春秋社、平成三十年）。
(21) 大伴茂『山伏と尊皇』（平凡社、昭和十六年）。大伴茂『山伏と皇民錬成』（敞文館、昭和十八年）。
(22) 上掲　村上『近代民衆宗教史の研究』、一〇六―一〇七頁。
(23) 島薗進「金神、厄年、精霊――赤沢文治の宗教的孤独の生成」『筑波大学哲学・思想学系論集』五（昭和五十五年）。
(24) 早川公明「修験道との折衝過程に関する一考察――尊滝院許状の取得から返却に至る過程分析」『金光教学』一六（昭和五十一年）。
(25) 宮家準「五流尊滝院のお日待」『岡山民俗』五（昭和三十七年）。
(26) 等々力貴子「オヒマチの性格と宗教者の役割――岡山県真庭郡新庄村」『仏教民俗』二（昭和五十年）。
(27) 萩原稔『井上正鉄の生涯』（禊教教典研究所、平成十一年）。
(28) 扶桑教、實行教については上掲　井野邊『富士の信仰』、三六五―四〇五頁。上掲　城﨑『富士に祈る』、一一八―一七三頁、参照。

(29) 御嶽教については上掲　中山『修験道と神道のあいだ』、一一二―一三四頁、参照。
(30) 鎌田東二『平山省斎と明治の神道』（春秋社、平成十四年）参照。
(31) 田中義能「神道修成派の研究」上掲　田中『神道十三派の研究』上、五四―五七頁。上掲　阪本『宗派神道教典解説』、一二四―一二五頁。
(32) 田中義能「神道神習教の研究」上掲　田中『神道十三派の研究』上、五―一一頁。
(33) 田中義能「神道神理教の研究」上掲　田中『神道十三派の研究』下、六―二四頁。井上順孝『教派神道の形成』（弘文堂、平成三年）一三三―一六一頁。
(34) 田中義能「大社教の研究」上掲　田中『神道十三派の研究』上、一二一―一六頁。
(35) 神田より子『神子と修験の宗教民俗学的研究』（岩田書院、平成十三年）一六七―二〇九頁。
(36) 上掲　中山『修験と神道のあいだ』、九六―一三四頁。
(37) 中山郁『説諭略記』（一五丁―一六丁）・『登山心得略記』（一一丁―一四丁）、上掲　中山『修験と神道のあいだ』、一六〇頁。
(38) 田中義能「神道修成派の研究」上掲　田中『神道十三派の研究』上、五四―五七頁。
(39) 小松和彦「教派神道と宗教者・芸能者」林淳編『勧進、参詣、祝祭』シリーズ日本人と宗教　近世から近代へ四（春秋社、平成二十七年）一八六―二〇七頁。
(40) 「御嶽教会講社開設告文」上掲　中山『修験と神道のあいだ』、一〇七頁。
(41) 村上重良「教派神道」川崎、笠原編『日本宗教史』（山川出版、昭和三十九年）三七八頁。
(42) 上掲　田中『神道十三派の研究』上下、上掲　阪本『宗派神道教典解説』、参照。
(43) 上掲　鶴藤『教派神道の研究』、三六四―四一〇頁。
(44) 上掲　村上『近代民衆宗教史の研究』二一〇―二二三頁参照。
(45) 「御嶽教神典」上掲　阪本『宗派神道教典解説』、八七―八八頁。

(46)「御嶽教教典」田中義能「神道御嶽教の研究」上掲　田中『神道十三派の研究』下、二一一―二一二頁。
(47)上掲　田中「神道御嶽教の研究」、一九―二一頁。
(48)上掲　田中「神道御嶽教の研究」、三四―三五頁。
(49)上掲　中山『修験と神道のあいだ』、二五二―二五三頁。なお御座については菅原壽清編「木曽御嶽の御座儀礼」菅原壽清編『木曽御嶽信仰と東アジアの憑霊文化』(岩田書院、平成二十四年)六一―一〇五頁。
(50)『本教真快』(明治十五年述)・『修験真法』(明治十八年述)、上掲　鎌田『平山省斎と明治の神道』、一八九―二二五頁、参照。
(51)上掲　田中「神道修成派の研究」、五四～五七頁。なお「神道修成派御嶽登山部説諭略記」上掲　阪本『宗派神道教典解説』、二一四～二一五頁。
(52)『宇宙の精神』上掲　阪本『宗派神道教典解説』、七九頁。
(53)『富士信導記』上掲　城﨑『富士に祈る』、一二六―一三五頁。
(54)「神徳経」上掲　阪本『宗派神道教典解説』、四八―四九頁。
(55)『本教大基』上掲　阪本『宗派神道教典解説』、六六―六七頁。
(56)上掲　城﨑『富士に祈る』、一五八頁。
(57)千葉幸吉『神道實行教』(實行教本庁、明治四十三年)。
(58)「神道修成派富士登山心得略記」上掲　阪本『宗派神道教典解説』、二二五頁。
(59)井上順孝他編『新宗教事典』(弘文堂、平成二年)。なお天理教の分派、金光教と大本教など民衆宗教に関しては、ここでは割愛した。天理教に関しては本書第九章、島薗進、弓山達也「天理教の影響」(上掲　井上他編『新宗教事典』、六七―七四頁)、金光教と大本教の関係については安丸良夫『出口なお――女性教祖と救済思想』(岩波書店、平成二十五年)、参照。なお、松野純孝編『新宗教辞典』(東京堂、昭和五十九年)参照。

# 第九章　修験道と新宗教

## 1　伝統的宗教と新宗教

近年、修験行者的性格を持つ教祖が創唱した新宗教が簇出して人々の関心をひいている。そこで本章では、修験道が新宗教に対してどのような影響を与えてきたかを、具体例に則して考えてみることにしたい。周知のように江戸時代を通して形成された日本の伝統的宗教は、地域社会の守護神である氏神と檀那寺を中核としていた。庶民たちは豊穣と生活の保護を氏神に祈り、葬儀や追善の法要を僧侶に求めて生活を営んでいた。また当時は各町村に一人はいたといわれる山伏の加持祈禱などの活動によって、治病などの現世利益的な希求をかなえてもらったり、その導きで山岳霊場や社寺に参詣することも少なくなかったのである。

こうした幕藩体制を内側から支えてきた神道、仏教、修験道などの伝統的な宗教に対して、幕末期以降になって、幕藩体制がいきづまりを見せるようになった時以降に出現した民衆宗教運動が新宗教と呼ばれるものなのである。もっとも、新宗教は何もこの時期の日本に限定されるべきものではなく、世界各地に認められるものである。こうした認識に立って、井門富二夫は、新宗教を社会変動期のアノミー状況における庶民一般の世直し欲求、あるいは安定期における庶民の不充足欲求や生き甲斐の模索が、多くは自らも俗人で庶民の出である教祖のカリスマ的言動を核として、宗教的組織に結晶し、かつ教祖の唱える信条の下で共生感を味わう時に生じてくる大衆の思想運動であるとしている。そして新宗教の思想・儀礼・組織は次のような特徴があるとする。まず思想は、教祖の啓示に基づく誰にでも理解可能なやさしいもので、終末主義的色彩が強い。儀礼は治病などの救済儀礼、法座などによる身上相談、団体参拝や大祭などを主要なものとする。組織は教祖やリーダーへの絶対帰依の感情に基づいている。そして、在俗信者を布教師とする末端の個別的な組織がたくみに中央の宗教的権威に結びつけられている。

現在日本の新宗教研究者たちは大体において上記のように新宗教をとらえたうえで、幕末期から明治初期に成立した天理教・金光教・黒住教・丸山教、大正末期に成立した大本教・生長の家・ひとのみち・霊友会、第二次大戦後の創価学会・PL・立正佼成会などを代表的なものとしてとりあげている。もっとも近年は解脱会・真如苑など伝統的色彩の強いもの、原理研究会・GLA・真光教団などのいわゆる新新宗教にも関心がむけられている。ただし本章では、修験道と関連づけて新宗教を把握するために、富士講・御嶽講など、その前駆をなす幕末期の民衆宗教運動、これらの講を包摂することによって教団基盤を確立した教派神道諸派も含めて考えることにしたい。

## 2 修験道

修験道は各地に住んで、呪術宗教的活動に従事したり、人々を山岳や社寺に導いた山伏たちの宗教である。この宗教では山伏の山岳修行と、彼らがそれによって獲得した超自然的な力を用いて行なう呪術宗教的な活動を中核としている。歴史的には古来の山岳信仰が仏教・道教・シャーマニズムなどの影響のもとに十二世紀頃になって一つの宗教体系を作りあげたものである。そしてそれ以来、神道・仏教と並んで日本人の宗教生活に大きな影響をもたらしたものである。そこで、以下まずこの宗教の歴史を日本宗教全体の中に位置づけて簡単に説明することにしたい。

古代の日本においては山岳や海が神霊や祖霊・魔物などが住まう他界と信じられて畏怖されていた。そして日本人の大部分を占めた水田稲作民は自分たちの生活は山岳などに住まう他界の神に守られていると信じて山麓に神社を作り、ここに他界の神を迎えて祭を行なった。これがやがて神道となっていくのである。一方、日本に伝来した仏教の僧侶たちの中には、奈良県の吉野山などの山岳で修行するものも多かった。彼らは山中で『法華経』を読み、陀羅尼を唱えて修行した。こうした流れの中から比叡山を拠点とした最澄の天台宗、高野山を拠点とした空海の真言宗が成立する。その後密教が隆盛するようになると、他界とされた山岳で修行を積めば加持祈禱の効果が高まるとされ、密教僧たちが競って山岳修行を行なった。そして山中で修行して験力（超自然力）を獲得した宗教者が験を修めたものという意味で修験者と呼ばれるようになっていった。

やがて十一世紀に入ると、浄土信仰が盛んとなり、弥勒の浄土とされた吉野の金峰山（金の御岳）、阿弥陀の浄土とされた紀伊の熊野本宮などに数多くの皇族や貴族が参詣するようになった。その際これらの山岳で修行した修験者が先達を勤めたのである。こうしたことから熊野や金峰山は次第に修験者の拠点となっていった。その際、熊野には天台系の修験者、金峰の奥の小笹には真言系の修験者が集った。そして十四世紀に入ると、前者は京都の聖護院を本山として本山派という教派を結成し、十六世紀頃には後者は醍醐三宝院と結びついて当山方という集団を形成した。そして、同世紀末頃までには、修験道の儀礼や教義もほぼ大成されていった。なお中世期にはこの他にも羽黒山・日光・富士・木曽御嶽・彦山など各地の霊山でも修験者の拠点が作られていた。そして数多くの修験者がこれらの山岳をめぐって修行をし、宗教的にも、政治的にも大きな力を持っていた。

十七世紀に入ると江戸幕府は、修験者が諸山を遍歴して修行することを禁じ、本山派か当山派のいずれかに所属させた。この結果修験者は、地域社会に定住して、加持祈禱などの呪術宗教的活動に従事したり、修験の霊山に自己の信者を導くなどの活動に従事した。しかしながら、明治五年（一八七二）修験宗は廃止され、本山派は天台宗、当山派は真言宗に包摂された。しかし太平洋戦争後、これらの修験教団は相次いで独立し、本山修験宗・修験道・真言宗醍醐派・金峯山修験本宗などの修験教団が設立された。

次に、修験道の思想・儀礼・組織に見られる特徴について簡単に述べておきたい。まず思想の上では、修験道には教祖の教説というようなものは存在せず、その思想は山岳修行とその結果得られる験力に関する宗教的意味づけを中核としている。すなわち山岳を金剛界・胎蔵界の曼荼羅とし、本来仏性を持つ修験者は、山岳で修行することによって、即身成仏することができるとしている。もっとも実際にはこの成仏は大日如来の現れである不動明王と同化し得たと観ずることをさしている。なお修験道では災厄は邪神邪霊の憑依や祟りによるとされ、修行の結果不動明王と同化した修験者がその眷属である童子を使役して、障礙霊をおとしたり、調伏することができるとしている。

修験道の儀礼は山中での修行と呪術宗教的な救済儀礼に分けることができる。山中での修行には、洞窟にこもって守護神を得るもの、山内を歩いたり山頂をきわめるもの、そしてもっとも壮絶なものは入定である。この入定には火中入定・入水・窟内で入定するものなどがある。これは身を捨てて菩提を求めたり、苦悩に喘ぐ人々の身がわりになるなどの思想に基づくものである。

救済儀礼の中で特に修験道独自のものは憑祈禱である。これは、修験者が寄りましに神霊や障礙霊を憑依させて、託宣を得るものである。修験者は憑祈禱によって豊凶に関する託宣を得たり、災厄の理由をただしてそれに応じて祈禱したり、さらに憑依霊を寄りましに引き移しておとすなどの活動を行なった。なお修験者は好んで護摩祈禱をするが、特に屋外に丸太を井桁に組んだ護摩壇を設けて行なう採（柴）灯護摩は修験道独自の護摩として知られている。またこの他修験者は調伏・憑きものおとしなどの呪法を行なったり、符を授けるなどして、庶民の現世利益の希求に応えたのである。

修験道の組織は都市にある本山、修行道場である山岳の社寺、それに所属して山内の案内・宿泊の便をはかる御師、地域社会に定住して加持祈禱をしたり信者を山岳に導く里山伏（先達）の四者からなっている。なお山岳の社寺が本山であることも多い。そして宗教的な権威の中心は山岳（そこにある社寺）におかれていた。この四者の関係を見ると、先達は自己の地域社会で同信者を集めて講を結成し、講員を導いて山岳に行く。山岳の御師は、自己の配下の先達が導いた講員を宿泊させ、山中で修行させ、御札を授ける。その際山内の御師はそれぞれが自己の配下の先達を掌握し、一つの集団を形成しているが、先達や各講の相互の結びつきはさして強くない。そして本山では他のものに対してこうした活動の認可を与えている。もっとも、末端の里修験の中には自己の宗教活動を合法化する目的で、修験者としての認証を得るものも少なくなかったようである。

## 3　修験道と新宗教の関係

十八世紀になると、民衆が積極的に山岳登拝をするようになっていった。それにともなって山岳宗教の主役が山岳の社寺やそれに付属した御師から各地の講に移っていった。例えば、修験道の中心道場である大峯山寺では、元禄年間（一六八八―一七〇四）の本堂建替に際して大坂や堺の在俗講社が経済的に貢献し、その管理運営に大きな発言権を持つようになっていった。もっともこの大峰山や、羽黒山・彦山などの修験道の主要な道場では、弱体化したとはいっても、山岳社寺の権限は強く、在俗講員たちもその統制下で活動したことにはかわりなかった。

しかしながら富士山ではすでに元亀三年（一五七二）遊行の山伏の角行（一五四一―一六四六）が、富士山の伝統的な修験とは無関係に登拝し、以後その弟子たちも独自に登拝していた。そして享保十八年（一七三三）にはその流れをくむ身禄（一六七一―一七三三）が富士山で入定する。また同じ頃村上光清（一六八二―一七五九）は独力で富士吉田浅間神社を修復する。爾来、富士講は民衆の富士信仰に支えられて、江戸時代を通して大きな勢力を持ち続けた。そして明治十五年（一八八二）にはこの富士講を母体として、扶桑教・實行教などの教団が設立された。また当初扶桑教に包摂された伊藤六郎兵衛（一八二九―九四）の丸山教も、民衆の帰依を集めた富士信仰に基づく新宗教である。

一方、これまた修験霊山として知られた木曽御嶽では百日間の精進後山麓の御嶽神社宮司の先達で登拝することのみが許されていた。しかし天明二年（一七八二）には尾張の修験者覚明（一七一八―八六）が三岳村黒沢口から、寛政四年（一七九二）には江戸の修験者普寛（一七三一―一八〇一）が王滝口から、いずれも山麓神社の制止を無視して、水行だけの簡単な精進で登拝し、以後多数の民衆が登るようになっていった。そして木曽谷はもちろん、中部から関東にかけて各地に講が作られていった。明治十五年（一八八二）には、これらの講社を結集した御嶽教が設立された。なお御嶽教では前座が中座に神霊を憑依させる修験道の憑祈禱の流れをくむ御座が盛んに行なわれている。

もっとも富士講や御嶽講の中には、扶桑教・實行教・御嶽教以外の教派神道に包摂されて、その活動を続けたものも多かった。さてこうした経緯をへて成立した富士や御嶽の信仰を中核とする新宗教は、修験霊山の山伏主導型の儀礼や思想が民衆の宗教的指導者中心型へ脱皮した形をとっている。すなわち民衆宗教者が山岳登拝によって得られた霊異をもとに教えをひらき、教祖となっていったものである。私はこれを修験道が内在的に変化した新宗教ととらえ、これを修験道の新宗教への影響の第一の種類と考えることにしたい。そしてこの種類に属する新宗教を修験超克型と名づけることにする。

ところで幕末期における町や村の山伏は、密教僧や吉田神道などの認可を受けた神職に加持祈禱の仕事を侵食され、その地位が次第に危うくなっていた。それに加えて、明治五年（一八七二）には、修験宗は廃止され、山伏は天台・真言両宗のいずれかに所属するか、神官になっていった。そして明治六年（一八七三）にはその主要な活動である憑祈禱や口寄が禁じられ、さらに巫者もその活動が禁じられた。また山伏を包摂した仏教教団でも、彼らに修験的な活動を止めさせ、仏教僧侶たらしめようとした。その結果本来ならば、修験者に霊的に統制され、修験教団に所属した巫者が、その束縛を受けることなく、独立して教祖となって自由に活動し、すぐれた宗教性を発揮した場合も少なくなかったのである。時代的には修験宗廃止以前にさかのぼるが、修験者が、教祖が啓示を得るきっかけを与えた天理教や金光教もこうしたものと考えられるのである。
すなわち天理教は教祖中山みきが天保九年（一八三八）四十歳の時、長男が病気の際に山伏に憑祈禱を頼み、寄りましの代理をしたところ神がかりとなり、「天の将軍」を名のったのに始まっている。一方、金光教は岡山県金光町の農民赤沢文治（一八一四―八三）が、安政二年（一八五五）四十二歳の時、喉の病で苦しみ、修験道の石鎚行者に祈禱を頼んだ際、行者が神がかりとなり、病気は金神の祟りによると指摘した。文治はひたすら金神に許しを乞い、全快後は金神をまつり、やがて直接金神のお知らせを受けるようになった。この金神を主神として文治が始めたのが金光教なのである。

このように天理教・金光教では教祖が山伏の儀礼を受けたことを契機に守護神を感得し、さらにその啓示を与えられたが、その後は山伏に霊的に統御されることなく独立し、やがて新宗教になっていったものである。私はこれを修験道の新宗教への影響の第二の種類のものと設定し、修験者が教祖に衝撃を与えたという意味で、修験衝撃型と名づけることにしたい。

ところで近代以降になると、宗教統制がきびしくなったこともあって、何らかの契機から霊的能力を得たものが、自己の宗教活動を合法化する目的で山岳宗教の教団に所属することも多かった。これは山岳宗教系の諸教団は各自の宗教体験を尊重するゆえ、他の仏教教団に比べると内部の統制が弱かったことによっている。もっともその場合でも、こうした教団に所属した行者が、山岳修行などを行なうことによって、その影響を受けることも多かった。また彼らの中には積極的に修験道の修行をし呪法を学んだ者も認められた。例えば大本教の出口王仁三郎は扶桑教に入信しており、ＰＬ教団のもとともいえる徳光教は御嶽教に所属していた。もっとも扶桑教や御嶽教には、太平洋戦争中に宗教活動の合法化のために便宜的に所属した結社が多く、戦後扶桑教からは十七、御嶽教からは十四の教団が分派独立している。それゆえにこの両教団から独立した新宗教は、その影響をあまり受けていないとも考えられよう。これに対して真言宗醍醐派（当山派修験）に属した解脱会と真如苑は、現在も醍醐三宝院と密接な関係を持ち、少なからぬ影響を受け続けている。私はこのように当初は修験道とは関係を持たなかった宗教者が、修験集団に一時的に所属するなどして、その影響を受けたものを第三の種類と設定して、これを修験受容型と名づけることにしたい。

以上のように私は修験道と新宗教の関係について三つの類型を設定した。すなわち、第一は、富士・木曽御嶽に見られるように、民衆の山岳修行者による修験超克型、第二は修験者がその宗教の教祖の開教にきっかけを与えた修験衝撃型、第三は民間の行者などが活動の便宜などから修験教団に所属するなどして修験道の影響を受けた修験受容型がこれである。そこで以下第一の類型については丸山教、第二については天理教、第三については解脱会をとりあげて、特に修験道から影響を受けたと考えられる面に焦点を絞って、簡単に紹介することにしたい。

## 4　修験超克型――丸山教

丸山教は明治三年（一八七〇）川崎市登戸の農民伊藤六郎兵衛が創始した新宗教である。六郎兵衛は文政十二年（一八二九）登戸の農家清宮家に生まれ、嘉永五年（一八五二）二十四歳の時、伊藤家に入婿した。当時登戸には丸山講と呼ばれる富士講があり、彼は病気を契機にこの講に加入し、熱心な信者となり、富士登拝も行なっていた。明治三年（一八七〇）三月、彼の妻が熱病にかかり、不動行者に祈禱を依頼した。すると不動行者に彼が信仰していた富士講の主神である仙元大菩薩が憑依した。そしてその後は六郎兵衛自身がこの仙元大菩薩の声を聞くようになり、神の命に従って生きることを決心した。丸山教ではこの年を開教の年としている。

これを契機に伊藤は、小さな日の丸の周囲を爪先立ちでぐるぐるまわる爪立行、断食行、線香の煙に鼻をかざし続ける烟行、水をかぶる水行、富士への登拝行をくり返した。さらに彼は、自分の魂を富士塚におさめて再生する修行や神と一体となる修行を行なっている。その結果すぐれた霊力を得、治病などにあたったことから、登戸の生神様と呼ばれ次第に信者が集まるようになった。しかしながら彼のこうした活動は、非合法なものゆえ、官憲に拘引され、そのこともあって家族から信仰を放棄するように求められた。これに対して彼に憑依した神は宗教活動を続けるように命じた。この両者の板挟みに苦しんだ彼は、明治七年（一八七四）九月富士山中での入定を決心して登山した。

その頃、平田派の国学者で教部省の役人であった宍野半は富士講を結集した組織を作ることを考えた。彼はこの目的をはたすために明治六年（一八七三）職を辞して、富士浅間神社宮司となり、浅間神社の御師やそれに属する富士講を結集して富士一山講社を組織した。そして、当時富士講の中でも最も活動的であった伊藤の丸山講を包摂することを考えた。そこで入定を覚悟して山中で修行中の彼を訪れて、協力を求めた。これに応えて伊藤は下山して富士一山講社に加入した。こうしてその宗教活動を合法化した丸山教は急速に信者をふやし、明治十三年（一八八〇）には多摩川で信者が十万人になった祭典を行なっている。明治十五年（一八八二）富士一山講社は扶桑教となるが、その中心となったのは丸山教である。しかし宍野が死んだ翌年の明治十八年（一八八五）丸山教は、扶桑教を離れて神道本局に所属して神道丸山教会本院と称した。その後も丸山教の信者は急速にふえ続け、ちょうど富士山を大きく取り囲むように中部地方から関東にかけて分布し、最盛期の明治二十五年（一八九二）には百三十八万人に及んだ。丸山教ではこれらの信者をいろは四十八組に組織していた。しかし明治二十年（一八八七）頃、同教団を二分するほどの勢力を持った静岡県の「み組」が納税拒否などの動きをとったために弾圧され、以後急速に勢力を失った。ただし第二次大戦後、神道本局から独立し、現在川崎市登戸に本部をおいて活動している。現在の教勢は教師八百余、信徒は一万五千人である。

丸山教の思想は教祖が晩年に記した『おしらべ』から知ることができる。それによると、主祭神は「もとの親神」（「日月仙元大菩薩」）で、富士山・太陽（日の丸）に体現されている。この親神は宇宙万物の根元で、その作用をつかさどっている。人間もこの神から生み出され、それによって生かされている。それゆえ、神の分身である人間は神と人間が一体となった平穏で清らかな境地を示す「天明海天」という神言を唱えて、明るく和合して毎日の仕事に努めなければならない。そうすれば死後神のもとに里帰りすることができる。またこの信仰によって人々が幸福となり、文明に毒されないより良い新しい世が出現するとしているのである。このように文明開化を悪の根源として否定し、その教えを信じてまじめに農業に従事することによってより良い世の中を作ることができるとする丸山教の思想は、没落農民たちの支持を得て多数の信者を獲得していったのである。

丸山教の儀礼の中ではもとの親神である富士山にふれ、この主神と人間が一体となるための富士登拝が重視された。また治病などの庶民の現世利益的希求に対しては、伝統的な富士講の呪法の流れをくむ「身祓い」が行なわれた。この身祓いは丸山教の経本を患部にあてて「身祓詞」を唱えて悪気を祓うものである。この他旧暦三月三日には農村の春祭にあたる水祭、旧暦十月には収穫祭にあたる泰祭が行なわれた。

先にもあげたように丸山教は富士山をとりかこむ広範な地域に信者を擁したが、この信者分布は自由民権運動の盛んだった地域と一致している。これは神の兄弟である人間の平等と世なおしを説く丸山教の教えが、当時の政府の政策に批判的だった人々の心をひきつけたことによると考えられよう。なお丸山教では旧村ごとに講をつくり、これを布教上の親子関係に基づいて、いろは四十八組に組織した。そして各講がそれぞれでまとまって富士登拝や川崎市登戸の教団本部への参拝を行なったのである。

## 5　修験衝撃型――天理教

天理教は天保九年（一八三八）十月二十六日、奈良県天理市の農婦中山みき（一七九八―一八八七）が開教した新宗教である。みきは少女時代、熱心な浄土教信者であった。十三歳の時、隣村の庄屋中山善兵衛に嫁し、一男五女をもうけた。四十歳の時、長男が足を患い、医薬に頼ったが効果がなかったので、山伏の市兵衛を招いて祈禱してもらった。市兵衛は当山派十二正大先達の内山永久寺に属する呪験力に秀でた修験者として広く知られていた。市兵衛は寄りましの巫女に神霊を憑依させて病因をきく憑祈禱を行なった。しかし長男の病気は全快せず、市兵衛はたびたび中山家を訪れて憑祈禱を行なった。

天保九年（一八三八）十月二十三日、またしても長男が足痛をうったえ、市兵衛に祈禱を依頼した。しかしその折、平素寄りましを勤める巫女が不在のため、みきが寄りましの代わりをすることになった。みきは奥座敷の正面に新しい莫蓙を敷いて作られた神座に二本の御幣を捧げて坐った。市兵衛はその前で護摩をたき、呪文を唱えて神霊を憑ける修法を行なった。するとみきが突然神がかった。そして「天の将軍」（のちに天理王命と改称）と名のり、「三千世界」を助けるために天降ったと述べ、夫にみきの身体を「神の社」として貰い受けたいといった。この神がかりは、夫がこの神の求めを承服するまで三日間にわたって続いた。天理教では彼が承諾した同年十月二十六日を立教の日としている。これを契機にみきは宗教活動に入っていくことになるが、当初は山伏の市兵衛からいろいろと教えを受けていた。

もっともみきが積極的に宗教活動に乗り出したのは、嘉永六年（一八五三）の夫の死後である。やがて彼女は安産と治病の神として知られるようになり、信者もふえていった。その結果、地元の当山派修験と争いをおこすなどしたが、吉田神道の配下に入って活動を合法化した。そして神からの啓示に基づいて、「みかぐらうた」「おふでさき」「おさしず」などを作って教義をととのえた。また中山家があった場所を人間世界創造の聖地（「ぢば」）として、ここに「甘露台」と呼ばれる柱を造った。そしてここで世界が創造されたことを記した神話「こふき」（『泥海古記』）を編集した。またこの世界創造の神話を演じる「かぐらづとめ」の方式を定めるなどした。しかしながらみきの周囲に救いを求めて民衆が集まるにつれて、弾圧も激しくなり、みき自身もたびたび拘留された。こうした弾圧をさけるために、天理教は明治十年（一八七七）には真言宗寺院の「転輪王講社」、明治二十一年（一八八八）には神道本局所属の教会になるなどしたが、明治四十一年（一九〇八）教派神道の一派として別派独立が認められた。

天理教の思想はみきが書き記した教義歌「おふでさき」から知ることができる。それによると、主祭神は世界の創造主で救済者である親神の「天理王命」である。そしてこの神が、世界、人類を創造した聖地を「ぢば」と呼んで、ここに甘露台を設けている。この「ぢば」は親神がみきを神の社として天降り、世界の救済をはじめた場所である。人間は悪心を去り、自分の身体が神からの借りものであることを知って、神に奉仕しなければならない。そうすれば神の助けを得て、健康で平和な陽気ぐらしのより良い世を作りあげることができるとしている。

天理教の主要行事には、教祖の命日の春季大祭（一月二十六日）、教祖誕生祭（四月十八日）、立教記念日の秋季大祭（十月二十六日）などがある。こうした際には、教団幹部によって甘露台の周囲で宇宙の創造を演じる「かぐらづとめ」がなされている。また信者は大祭の時、あるいはその他適宜の時に、「おぢばがえり」と称して教団本部を訪れている。一方末端の教会では、毎日みかぐらうたと鳴物にあわせておどる「つとめ」が行なわれている。なお教祖は治病に際して患者に息を吹きかけて助けたといわれている。しかし一般には「おさずけ」と呼ばれる儀礼が行なわれている。これは主祭神を招いて願い事を言ったうえで、患部の上で両掌を握って加持をするというものである。

天理教の組織は、その初期は講を母体としていた。もっともその講は丸山教の場合と違って江戸時代の旧村の範囲を越えた同信者によって結成されていた。そして講員が個人的に多数の信者を持つと独立したが、その場合も以前所属した講とは親子の関係で結ばれた。このしくみは教会制度をとるようになっても踏襲され、本部・大教会・分教会・布教所が、それぞれ親子関係で結ばれている。

## 6 修験受容型——解脱会

解脱会は、海運業で一家をなした岡野英蔵（一八八一―一九四八）が、昭和四年（一九二九）に故郷の埼玉県北本市で開教した新宗教である。岡野の生家は北本で氏子総代、檀家総代を務めた旧家で、彼の父は富士講の先達だった。岡野は郷里で事業に失敗し出奔するが、やがて海運業で成功する。しかし肺炎になって死線をさまよった際、母親が飲ませた「天茶」によって神秘体験を得て生命をとりとめた。これを契機に霊能力を得るようになった彼は、修験の行者と交わったり、相模の大山や丹沢山系、伊豆山神社などの修験霊場で修行している。

そして昭和四年（一九二九）北本で天手力男尊をまつった小祠（現在の「天神地祇社」）で開教の啓示を受ける。また檀那寺の多聞寺境内の宝篋印塔から霊感により陀羅尼経を取り出している。そしてこの地を聖地として解脱会を開教した。しかしその宗教活動を合法化する必要もあってか、昭和六年（一九三一）四月には、真言宗醍醐派の醍醐三宝院で得度を受け、昭和八年（一九三三）十月には会名を真言宗醍醐派教会解脱分教会として届け出て、その担任教師に任命されている。そして昭和十二年（一九三七）頃までには「五法則」の発表、北本の御霊地での春秋の大祭、「万霊魂祭塔」の建立など、教義・儀礼・施設をととのえ、「月報」などの刊行を通して会員をふやしていった。

しかしその後官憲の弾圧により霊能に基づく活動が禁止されたことなどがあって、醍醐三宝院の指導のもとに修験道の要素を積極的に導入していった。例えば、勤行法則を修験道のものに準拠して作ったり、本尊を天神地祇大神・皇祖皇大神・大日如来としたり、小冊子『修験道祖師神変大菩薩と解脱教義』を著わして、修験道を宣揚するなどのことを試みている。なお解脱会では富士山麓の吉田浅間神社境内に役行者像を奉納したり、御霊地の正面に富士塚を造っている。太平洋戦争に入ると、解脱会では「大日本精神碑」（現在の「太陽精神碑」）の建立、伊勢・橿原・泉涌寺の三聖地と醍醐三宝院の巡拝、戦没者の遺児慰問、軍事献金など国策にそった活動を積極的に行なっている。そして戦後岡野は信者の授産事業の指導にもあたったが、昭和二十三年（一九四八）に死亡し、京都の泉涌寺に葬られた。

解脱会では宇宙の生命を神格化した「天神地祇大神」、その働きを示す「五智如来」、「解脱金剛」（岡野英蔵の諡号）を主祭神としているが、この他にも天神地祇大神の眷属の六柱の「御守護大神」を崇めている。この御守護大神は天狗・稲荷・弁財天など俗信の神格である。この主祭神や眷属はいずれも「お山」と呼ばれる御霊地の正面に祀られている。なお解脱会ではこれらとあわせて氏神を天神地祇大神と信者の間をとりもつ神格として重視している。この解脱会のパンテオンは主尊である大日如来の他に眷属神や氏神などを重視する修験道の神観念を彷彿とさせるものである。

次に解脱会の儀礼で特に注目されるのは、天茶供養・お浄め・御五法修業の秘儀三法である。「天茶供養」は五智如来や諸霊の名を記した供養塔（木製の小八角柱）に教祖を死の床から救った天茶をかけて御霊や無縁霊を供養するもの、「お浄め」は霊符（御秘法）を両掌の間にはさんで心を浄化するもの、「御五法修業」は五智如来の種子を記した霊符（「御五法」）を両掌にはさんだ信者に修法部員が修法を施して、その掌を霊動させ、それによって災因や信者のあやまちを発見するものである。この御五法修業は形はかわっているが、修験者による憑祈禱を想起させるものである。

なお教団全体の行事には、二月十一日の太陽精神碑建立記念祭、四月一日から三日の三聖地及び醍醐寺巡拝（この時醍醐寺で柴灯護摩供を施行する）、五月七、八日の春の大祭と十月九、十日の秋の大祭、教祖の命日にあたる十一月四日に泉涌寺の教祖の墓に参拝する解脱金剛御年祭、十一月二十八日の解脱金剛生誕祭などがある。これらの諸行事の中で特に重要なものは、春秋の大祭である。この時にはまず御霊地（お山）の正面にある天神地祇社に拝礼がなされる。そしてこれについでその左方の万霊魂祭塔で教団幹部をはじめ参加者一同によって祖霊・邪霊・無縁霊などを供養する天茶供養がなされている。

解脱会は組織面では教祖の甥の子の法主、教祖の養子の理事長を中核としている。そして全国を三十三教区に分け、その中に直轄道場六、支部三百四十六、座談会二十四、教師五百十六、会員二十三万余を擁している（昭和五十八年）。このうち末端の活動の中心をなすのは支部や座談会である。各支部では月に一回感謝祭が開かれ、秘儀三法を行なったり、支部長による身の上相談がなされている。そのやり方は立正佼成会の法座などときわめて類似している。なお解脱会では米国にも、教祖の教えを受けた清田いねが第二次大戦中独自に開教し、岸田英山が設立した米国解脱教会を擁している。

## 7　新宗教に見られる修験道の影響

私は以上修験道の新宗教への影響を、修験道自体が内在的に超克したもの、修験道が新宗教成立に衝撃を与えたもの、行者的な教祖が教団設立後に修験道を受容したものの三種類に分類した。そしてそれぞれを代表する事例として、丸山教・天理教・解脱会を取りあげて、特に修験道に関係した局面について簡単に紹介した。そこで最後にこれらを相互に比較検討することによって、新宗教に見られる修験道の影響を全体的に把握することにしたい。

まず教祖の宗教活動について見ると、第一類型の丸山教では、教祖にとっても、また信者にとっても富士登拝が必須のものとされている。教義上でも富士山はもとの親神で、そこに行って神と会い神人合一になることが求められている。もっとも富士山は、教祖が修行し、信者も訪れてはいるが、他の富士信仰の諸教団にとっても同様の意味を持つ教団に外在する聖地である。

次に第三類型の解脱会では、教祖は丹沢山系などで修行し、富士吉田の浅間神社に役行者像を作ったり、御霊地に富士塚を造っている。もっともこれらのことはその後の解脱会の宗教活動にとっては、さして大きな意味を持っていない。しかしながら教祖は自己の故郷にお山と通称される本部御霊地を作っている。しかも修験道の霊山におけると同様、そこに金剛界・胎蔵界の曼荼羅になぞらえた施設を設けている。つまり解脱会では教団内に造った聖地に、修験道の霊山と同様の宗教的意味を与えているのである。なお解脱会において、修験道と同様に護法的な性格を持つ眷属神が重視されていることにも注目しておきたい。

これに対して第二類型の天理教では修験者が教祖の立教の契機となった神霊の憑依をもたらしている。これは当事者にとってはきわめて異様な体験ゆえ、これをもたらした修験者がその後も教祖と関係を持ったことは充分推測される。そのためか天理教の聖地である「ぢば」につくられた甘露台の発想には修験道で宇宙の中心の柱をたて、天地、人間の起源を演ずる柱源護摩と似たものが感じられる。また宇宙神的な親神の思想も、丸山教・解脱会のものと同様、修験道の神観念と似た性格を持つものである。

次に儀礼面では丸山教の富士登拝は修験道の山岳登拝の伝統を踏襲したものである。またこの教団の春秋の祭は予祝と豊穣の感謝という農村の伝統的な祭と類似したものである。解脱会ではこの春秋の祭が信者がお山と呼ばれる御霊地に行って御霊鎮めをするものになっている。なお解脱会の三聖地巡拝は近代的な巡礼ともいえるものである。さらに、解脱会独自の救済儀礼の御五法修業も、修験道の憑祈禱とのつながりを感じさせるものである。ちなみにこれと類似した儀礼は真如苑・円応教・大本教などにも認められる。天理教にしても憑祈禱が契機になって教祖が立教したことは、既述の通りである。しかしながらおさずけが一種の加持と考えられる他は、その儀礼に修験の影響を感じさせるものはほとんどない。祭典もここでは、教祖の誕生・死・立教の記念行事が中心となっているのである。

組織面では三類型のいずれも講的なものが母体となっている。これは丸山教は富士山、解脱会は御霊地や三聖地と醍醐三宝院、天理教はおぢばに参詣することから、登拝や参詣に適した組織である伝統的な講の形式が用いられたと推測されよう。なおその際、組織が大きくなった丸山教・天理教では講（のちには教会）を、親子関係に基づいて結びつけていることが注目される。

以上要約すると、修験道の新宗教に対する影響については次のことを指摘することができる。まず霊山信仰を母体とする修験道は新宗教に山岳という聖地を提供している。その際、第一類型の丸山教ではこの聖地である山岳を中核とし、第三類型の解脱会では別に造った自己の聖地に山岳の宗教的意味を付与し、第二類型の天理教では新しい聖地が造られている。次に注目されるのは、修験道の救済儀礼の摂取の仕方である。第一類型のものでは、丸山教の身祓い、御嶽教の御座に見られるように、修験道の儀礼がほとんどそのままの形でとり入れられている。これに対して第三類型の解脱会の御五法修業などでは、憑祈禱を誰でもが受けられるようにし、霊動を導く指導者の解釈に重点をおく形でとり入れている。しかし第二類型の天理教などの救済儀礼では、修験道のものとのつながりはあまり感じられない。なお日本の新宗教では山岳、教団本部などの聖地巡礼が重視されている。そのこともあってか、本章でとりあげた三類型のいずれにおいても、伝統的な山岳登拝の組織である講を組織の雛形としている。そして教会制度を導入した場合も、講的性格を内在させているのである。

# 第十章　日本宗教史における修験道

## 序

一般に宗教史といった場合には、仏教史、神道史など特定の宗教の通時的な展開を明らかにする個別宗教史が想起される。これに対して個別宗教の相互の関連を歴史的な展開に位置づけて検討し、そこに見られる一般的特質を解明する一般宗教史が存在する。本章でいう日本宗教史は、日本における諸宗教や人々の宗教生活の展開に見られる全般的特質をさしている。

ちなみに管見に及んだ日本宗教史と題した書物には、体系日本史叢書の一巻をなす『宗教史』（川崎庸之・笠原一男編、昭和三十九年、山川出版社）と世界宗教史叢書に収められた『日本宗教史』I II（笠原一男編、昭和五十二年、山川出版社）がある。前者は原始宗教、奈良仏教、平安仏教、神祇信仰と道教、浄土教の成長、鎌倉仏教、伊勢神道の成立とキリスト教、幕藩体制の成立と宗教の立場、幕末の民衆宗教、明治期の宗教から成っている。このように本書には仏教を基調にして、神道、道教、キリスト教、民衆宗教をそれぞれに該当する時代に位置づけてとりあげる形をとっている。一方、後者は原始・古代の社会と宗教、中世の社会と宗教、近世の社会と宗教、近現代の社会と宗教というように、歴史学の時代区分に即して、それぞれの社会と関連づけて宗教を論じている。けれどもこれらに包摂される各章は個別の宗教に充当されている。両者とも多数の執筆者から成る編書であるということもあってか、結果的には個別宗教の網羅的集大成となっているのである。

これに対して、平成十八年に末木文美士が著わした『日本宗教史』（岩波新書）では仏教の浸透を神々（古代）神仏論の展開（中世）世俗と宗教（近世）近代化と宗教（近代）というように歴史の展開に即して各時代の宗教をその習合に焦点をおいて論じる工夫がなされている。

こうした日本宗教史に対して今一方で日本人の宗教生活の現実や変遷の根源となる固有信仰を解明する営みがなされている。これは『古事記』『日本書紀』『万葉集』などの古典の中に民族精神の根元である古道を求めた、本居宣長や平田篤胤の国学にはじまるものである。民間信仰の中に仏教以前の固有信仰を求める新国学を提唱した柳田国男、民俗と古典を照らしあわせることによって、日本文化の「古代」（古型）を求めた折口信夫の研究はこの流れに即したものである。柳田の祖先崇拝、折口のまれ人神への注目はこうした営みの所産である。さらに堀一郎は祖先崇拝とまれ人神の信仰を中核において、民間信仰の展開をあとづけた大著『我が国民間信仰史の研究』（創元社、昭和二十八年）を完成させた。また五来重は伝承資料を現地調査にもとづいて解読して歴史を再構築する独自の仏教民俗学を提唱した。すなわち彼は日本の仏教民俗は基本的には日本民族に固有の神観念や霊魂観念あるいは罪業観念・呪術観念の上に成りたっている。その際、仏教はこれらの固有の信仰をその教義や儀礼という被いの中に包み込んで守り、それを通じて人々を救済してきた。それゆえ仏教民俗の中にこそ日本人の古来の信仰がひそんでいるとしているのである。(1)

もっとも堀や五来の場合は、柳田・折口のように民間信仰を濾過することによって静態的な固有信仰を求めるだけではない。こうした固有信仰が時代の変化とともにその形態を変えていくことにも注目している。ただこうした変化を超えて存在する静態的な「古型」の存在を前提として宗教史をあとづけているのである。けれども私は日本宗教の歴史を考える際には、日本宗教が外来宗教を摂取するなどして展開する習合的な構造を解明することが大切であると考えている。

こうした点では黒田俊雄が中世日本宗教史を密教を中核とする天台・真言・南都諸寺の顕密体制（主義）の展開ととらえ、禅・律をその改革、専修念仏や法華をその異端、神道・陰陽道・修験などをその周辺に位置づけてとらえる視点を提示しているのは示唆的である。(2) ただ本章ではこのように日本宗教史の基軸を設定するというのではなく、日本の典型的な習合宗教である修験道が日本古来の山岳宗教を母胎としながらも、他の宗教からどのような要素をとり入れて成立・展開していったかを動態的に考察することにしたい。

それに先立って「修験」という語について整理しておきたい。この語は普通名詞として用いる時には「呪法を修めて、効験をあらわす意」、「山野を歩き回るなど、霊験のある法を修めること、またその効験をあらわすこと」を意味している。[3] 例えば『扶桑略記』所収の『定額僧浄蔵伝』（康保元〔九六四〕十一月二十一日の条）には、浄蔵が出家以後、顕密、悉曇、管絃、天文、易道、卜筮、占相、教化、医道、修験、陀羅尼、音曲、文章などに種々の才芸を示したとの記載が認められる。[4] もっともこの「修験」という語を普通名詞として用いると、呪法を修めて効験をあらわすことは、すでに原始宗教に見られるわけである。そのせいか、修験は縄文時代に始まるという研究者も認められる。

けれども文献に修験という語が見られるのは『日本三代実録』の貞観十年（八六八）七月九日の条に吉野郡の深山で修行した道珠に修験があるとされたのが初見である。[5] それゆえ歴史的には平安時代中期頃から山林修行により験力を得た者をさす語として用いられるようになったと考えられる。そしてさらに修験をおさめた人を「修験者」、その結社や修験者になるための道を「修験道」と呼ぶようになったと考えられるのである。それゆえ宗教史に位置づけて修験をとらえる場合には、平安中期以降「修験」と表記されているもののみを修験とするべきである。

もっとも、修験が成立する背景には、古来の山岳信仰、さらに奈良から平安初期の山岳修行があることはいうまでもない。そこで本章では、まず修験道成立の背景をなす古来の山岳信仰と、その前史ともいえる奈良から平安中期の山岳仏教を検討する。次いで平安末期から鎌倉期を修験道の成立期、室町・戦国時代を確立期、江戸時代以降を教派修験の展開期とし、このそれぞれにおける修験道と他宗教との関連を検討する。そして最後に習合宗教としての修験道と他の宗教の関係を全体的に検討することにしたい。

## 1　古来の山岳信仰

山岳信仰は広義には山岳に宗教的意味を与えて尊崇し、また山岳を対象として種々の儀礼を行なうことをさしている。(6)里人から見ると、この山岳の持つ宗教的意味は、日常生活が営まれる俗なる里に対して聖なる場所ということになる。その聖性の根拠は論理的には母なる大地が隆起した場所と天界の神が降臨する所の二つが考えられる。前者は母なる山とされているもので、さして高くない丘状の森と円錐状の火山に大別される。火山のうち活火山は山頂の火口から噴煙をあげているが、死火山では旧火口が池などになっている。これに対して後者は峻厳な岩山で槍ヶ岳、剣岳など、語尾に「岳」が付されている。この場合には山は地上と天界をむすぶ宇宙軸、宇宙山とされている。仏教思想の須弥山がこれである。日本で弥山とか妙高山と名づけられている山は須弥山を意味している。

日本列島は縄文時代（紀元前一万年以前から紀元前三世紀）には、その九割が森林で人々は採集狩猟の生活を営んでいた。その後、縄文人の末裔は山や森にすみ狩猟、木こり、鉱山などを営む山の民となっていった。山や森を生活の場とした彼らは、山にいて獲物、木、鉱物資源をあたえてくれる山の主を山の神として崇拝した。さらに山の神は焼畑を守ってくれると信じられた。

現在も山地で狩猟を営むマタギの伝承によると、彼らの始祖は山中で山の神のお産を助けたことから、獲物をとる権利を与えられたという。山の神は山中の木や岩に宿ったり、熊、鹿、猪などの姿をして出現する。この山の主としての動物を抽象的にあらわしたのが獅子である(7)。なおこれらの動物は山の神の使いともされている。さらに山の神は多産で一年に十二人の子供を生むとされ、十二様とも呼ばれている。十二は一年が十二ヵ月からなることにちなむともいう。また山の神のまつりを毎月十二日に行ない、この折に恵方や的にむかって矢が射られている。山の神は「動物の主」なので、山中で獲物をとった時には、その精霊がやどるとされる心臓、耳、鼻などを山中に残したり、その精霊を矢につけて山の神に返すと、再び肉をつけて蘇らせてくれる。また木こりたちは木を伐ったあと切株に若木をさしておくと、山の神がその木を蘇らせると信じている。山の神は女神で動物などを生み育むことから、その生産力を促進するために、初めて猟に参加した若者が男根を出しておどったり、男根を象徴するオコゼを供えるなどしている。こんなこともあってか、女性が山に入ることは禁じられていた。なお素戔嗚尊が山の神であるともされている(8)。その後山の民は焼畑を営むようになるが、その際は焼畑を作る火入れの儀礼が重視された。

弥生時代（紀元前三世紀から三世紀）になると、大陸から移住した人々によって水田稲作がもたらされた。彼らは里に安住して山から流れてくる水によって稲作を営んだ。それゆえ、山の神は水分の神で蛇の姿をして現れるとされた。この蛇を抽象化したのが竜で、突然の雷雨をもたらす雷神とされた。里の水田稲作民は山麓に祠を造って、山の神を迎えて祭を行なった。大和の三輪山の大物主神（蛇）が山麓の娘に生ませた子供を始祖とする三輪氏は、山麓に祠をつくって大物主神を氏神として祀ったとされている。このように山麓に定住した氏族は山の神などの自然神を氏神として祀って、その生活の守護を祈ったのである。

この頃になると死者を里から離れた丘に埋葬するようになる。こうしたことから山は祖霊の居所とされた。古墳時代（四―七世紀）に入ると里から離れた所に族長などの古墳がつくられるようになる。特に天皇家の墓は山陵と呼ばれている。それに加えて日本の古墳を代表する前方後円墳では、円形部分に埋葬し、方形の処で祭祀をしたと推測されないでもない。柳田国男によると時代は下るが、鎌倉時代末頃、伊勢神宮の内宮禰宜の荒木田氏、外宮禰宜の度会氏は、山を祖霊の鎮まる処とし、山麓の神社の他に山に山宮を設けていた。この山宮は葬地であったとされている。そして山宮で祖霊をまつったうえで山麓の神宮の祭を行なっていた。(9)

柳田はこれをさらに展開して、死霊は山で浄化して山の神となる。この山の神は春先には里に下って田の神となり、子孫の農耕生活を守り、秋には収穫を見とどけたうえで、山に帰るとの山の神・田の神交代神話を導き出すのである。なおこうしたこともあって、死霊が浄化する聖地である山は里人がみだりに入ってはいけない禁足地とされ、さらに山そのものが御神体とされた。さきにあげた三輪山は代表的な神体山である。やがて山から下りた山の神は氏神と崇められるようになり、山麓には神社がつくられ、春と秋には祭が行なわれた。これが神社神道の濫觴なのである。なおその中心をなす祭で特に重視されるのは、神が禰宜や巫者に憑依してその年の農耕の指針、豊凶などを知らせる託宣である。この託宣にもとづいて、氏上が氏人の生活を導くのが政治（まつりごと）なのである。

## 2 古代の山岳修行

四世紀から五世紀頃、大和の葛城山麓で大きな勢力を有した葛城氏は朝鮮半島から多くの帰化人を迎え入れた。その折に、彼らと共に北方シャーマニズム、道教、陰陽思想、雑密などが招来された。道教の入山修行に見られるように、これらの宗教では呪験力を得るために山岳で修行することを必要とした。後に修験道の開祖に仮託された葛城山の呪術師役小角は『続日本紀』の文武天皇三年（六九九）五月二十四日の条によると、妖惑の罪をおかしているとの弟子の韓国連広足の讒言によって伊豆に配流された。この小角の呪法は鬼神を使役して水を汲み、薪を採らせ命に従わない時には呪縛するというものであった。なお韓国連広足は『家伝武智麻呂伝』によると呪禁師とされている。呪禁師は律令体制下の典薬寮の職員で、道教と雑密などからなる呪術によって、物の怪をはらい病気の治療をする者である。(10) なお弘仁十三年（八二二）頃になった『日本霊異記』では小角は葛城の地主神の一言主神を呪縛し、その讒言によって伊豆に配流されたことになっている。一言主神はその名の「一言」から推測すると託宣神と考えられる。それゆえこの伝承では、小角は神霊を操作して一言主神に憑依させて託宣を得るシャーマン的な宗教者ととらえられているのである。

周知のように道教では山岳で修行して、仙薬を服して不老不死となり、飛行自在などの神通力を得た道士を仙人と呼んでいる。役小角もこうした仙人の一人と考えられるが、その他にも吉野の竜門岳の大伴・毛堅（久米仙人）・安曇、箱根の聖仙、伯耆大山の智勝仙人、石鎚山の寂仙など多くの仙人が諸霊山で活躍している。時代は下るが十一世紀末になる大江匡房の『本朝神仙伝』には三十七人の仙人をあげているが、その中には役小角、泰澄、窺詮、教侍、陽勝、出羽国の石窟仙、浄蔵、比良山の仙人、道賢（日蔵）など修験者を思わせる者が散見する。彼らは富士山、吉野山、葛城山、金峰山、白山などの山中の庵や洞窟に住み、藤衣を着て穀断をし松果を食して、法華経を誦し呪を唱えて修行している。そして不老長生となり、童子や鬼を使役したり、火を操作したり、飛行自在の神通力を得る。また死にあたっては尸解するとしている(11)。

仏教は欽明天皇三年（五三八）に百済の聖明王が仏像と経論を天皇に献じたのを公伝とする。天皇はこれを葛城氏の流れをひく蘇我稲目に託し、彼は私宅を寺にして仏像を祀った。なお『日本書紀』によると、欽明天皇十四年（五五三）夏五月に河内国泉郡茅渟の海で光をはなつ樟の流木が発見され、天皇がこれで仏像三体を造って吉野寺（比蘇寺）に安置したとしている。ちなみに『日本書紀』では上記の仏教の公伝を欽明天皇十三年（五五二）のこととしているゆえ、この記事は、その翌年に吉野寺に仏像が祀られたことを示している。

奈良時代（七一〇―七九四）に入ると、元興寺や興福寺を中心とした法相宗をはじめとする南都六宗が盛行した。これらの諸宗はいわば学問仏教であった。けれども元興寺の唐僧神叡（七三七没）は吉野の比蘇寺に二十年間にわたって籠って虚空蔵求聞持法を修して、何ものにもとらわれない本来自然の智慧を獲得することを目指す自然智宗といわれる山林修行を行なった。次いで大安寺の唐僧道璿（七〇二―七六〇）がやはり比蘇寺にこもって自然智宗にふれると共に、如来禅や天台をおさめている。ちなみに最澄は道璿の弟子の行表（七二四―七九七）から自然智宗・如来禅・天台などを学んでいる。なお大安寺の道慈（七四四没）は大和国山辺郡都介に竹渓山寺を開いて虚空蔵求聞持法を修したが、その孫弟子の勤操（八二七没）が空海に虚空蔵求聞持法を授けている。この勤操の孫弟子が当山派修験の祖とされた聖宝（八三二―九〇九）である。このように自然智宗の流れの中から最澄・空海の山岳仏教が育まれているのである。

ところで『日本霊異記』には役小角は役優婆塞と記されている。優婆塞は在家のままで出家と同じような仏道修行をしている者で、官僧に対して私度僧と呼ばれた。女性の場合は優婆夷と呼んでいる。役小角はこの頃には私度僧と見られていたのである。奈良時代には南都六宗の官僧の他にも私度僧が山林修行をすることも多かった。彼らのうち山岳などで禅定修行して呪験力を得て治病などの活動に従事したり、知識と呼ばれる信者に造像・写経などの修善をすすめ共に架橋や道路づくりにあたって、多くの人々から帰依された者は、菩薩とあがめられた。朝廷でも治病などに特に効験のあるものに禅師の称号を与えている。東大寺の開山金鷲菩薩（良弁）、東大寺の大仏の建立につとめた行基菩薩などがこれである。ちなみに行基は葛城山で山林修行を行なっている。なお熊野で修行して治病に効験を示した永興は禅師の称号を与えられている。もっとも僧尼令ではこうした私度の僧尼が卜相によって吉凶を判じたり、巫術によって治病することを禁じている。律令体制下では陰陽寮が設けられていて、そこで卜筮による占いや天文、暦法などが行なわれており、それとまぎらわしい儀礼を僧尼がすることは禁じられていたのである。

なお前節で見たように山岳は里人からは、神々や祖先のいる他界とされ、入山が忌まれていた。けれども道士や僧侶などの宗教者は積極的に山岳に入って修行して呪験力を得たとして、神霊を操作して霊媒に憑けて語らせたり、呪術宗教的な救済儀礼を行なってそれなりの効果をおさめていた。里人たちは彼らが山の神霊の力を身につけたがゆえにこうした効験をおさめ得たと信じて尊敬したのである。

## 3 修験道の萌芽

平安時代（七九四―一一八五）になると最澄（七六四―八二二）が比叡山で天台宗、空海（七七四―八三五）が高野山を道場として真言宗を開き、山岳仏教が主流となった。その際最澄は大比叡・小比叡の神を、空海は狩場明神の導きで丹生都比売神を鎮守として勧請している。山の神が山岳仏教の護法神とされているのである。最澄は「山家学生式」を定めて、受戒後十二年間の籠山修行を課した。第三世の天台座主の円仁（七九四―八六四）は胎蔵界、金剛界、蘇悉地の三部の大法を唐から請来し、天台の密教（台密）を創始した。また法華三昧と山の念仏といわれる常行三昧の制度を定めた。その弟子の相応（八三一―九一八）は無動寺谷を拠点に山内をめぐる回峰行をはじめ、すぐれた呪験をあらわした。なお第五世座主円珍（八一四―八九一）は台密を確立すると共に、天安二年（八五八）には延暦寺の別院として園城寺を再興した。その後正暦四年（九九三）円珍の門弟は比叡山を出て、大津の園城寺を拠点として天台宗の寺門派を設立した。真言宗では貞観十六年（八七四）に醍醐寺を開いた聖宝（八三二―九〇九）が、吉野川に渡船を設け、金峰山に如意輪観音とその脇士の多聞天（毘沙門天）と金剛蔵王菩薩を祀った。彼はのちに真言系の修験である当山派の祖と仰がれている。彼の弟子の貞崇（八六八―九四四）も三十年余にわたって金峰山に籠って修行した。

平安初期には政争に破れて非業の死をとげた人の怨霊が疫病や天変地異をもたらすとして、これを御霊として崇めまつる御霊会が盛んに行なわれた。その初期のものには貞観五年（八六三）に当時蔓延した疫病を早良親王らの怨霊の祟りによるとして、神泉苑で比良山の修験者慧達を講師として行なった御霊会がある。十世紀になると菅原道真の怨霊の祟りがおそれられた。この時には金峰山で修行中の道賢（九八五没）が他界で道真の霊である太政威徳天にあって、天変地異や疫病の原因がその怨念によることを知らされた。さらに道真の霊は雷神に奉仕する多治比の文子や比良宮の禰宜の子に憑いて怨念と災因を語り、北野天神として祀られている[12]。なおこの折、道賢の兄弟とも甥ともいわれる浄蔵（？―九六四）が道真の政敵藤原時平の病気平癒の祈禱をしている。浄蔵は大峰、葛城、那智、白山などで修行した修験だが、易筮も行なったという。このように怨霊を御霊神にまつりあげたり、その祟りによる病気治療に山岳修行をつんで験力を得た修験がかかわっているのである。

貞観十八年（八七六）には南都の僧円如が京都東山の疫神社の傍らに薬師と千手観音を祀る祇

園寺を創設した。さらにここにインドの祇園精舎にちなんで牛頭天王が祀られた。牛頭天王は行厄神で素戔嗚尊ともされている。ところで十世紀には陰陽寮の頭は安倍氏と加茂氏の家職となった。そして陰陽五行説を中核として吉凶、星宿、祓などを行なう陰陽道が成立した。安倍氏の祖安倍晴明は熊野の那智などで修行し、式神を使って異変を予測したり呪法を行なった。熊野をはじめ全国各地にこうした晴明の修験者的活動を物語る伝説が伝えられている[13]。時代は下るが鎌倉時代末に成り、修験者の間でも広く用いられた陰陽道書『簠簋内伝』は安倍晴明の著に仮託されているが、この冒頭には牛頭天王の縁起がおさめられている。このことは牛頭天王の信仰や、祇園社の伝播に陰陽師と並んで修験者が大きな役割をはたしたことを物語っていると思われるのである。

円仁によって始められた法華三昧と常行三昧の修行は修験の形成にも大きな影響をもたらした。法華経に関しては霊山にこもって法華経の読誦、書写などをする法華持経者が数多くあらわれた。また中国の天台宗の開祖智顗にはじまる法華経の功徳によって罪障を消滅し、成仏をはかる『法華懺法』は修験者の間でも広く用いられた[14]。長久年間（一〇四〇—四四）には比叡山の僧・鎮源によって、『法華経』の霊験譚をまとめた『法華験記』が編まれてもいる。一方、山の念仏は四方に極楽を描き、中央に阿弥陀如来を祀った常行三昧堂で、阿弥陀如来の周囲を九十日間昼夜念仏をとなえ心に阿弥陀を観じながら回る修行である。この常行三昧堂は比叡山の他にも、園城寺、元慶寺、伊豆走湯山、多武峰、法成寺、法勝寺、四天王寺などにもつくられている。平安中期には永承七年（一〇五二）から末法に入るとされたことから、浄土信仰が盛んになり、源信（九四二—一〇一七）の『往生要集』が著わされた。また浄土に往生して弥勒下生を待つ弥勒信仰が盛んになった。

吉野の金峰山（金の御岳）は弥勒下生の地とされたことから御岳詣が盛んに行なわれた。特に寛弘四年（一〇〇七）に御岳詣をした藤原道長は自ら書写した法華三部経、阿弥陀経、弥勒経などを金峰山の神格である金剛蔵王権現に献じて、経塚を営んでいる。なおこの折道長は修験で知られた観修に祈禱させている。その後吉野一山は白河上皇の時に始まる執行によって統轄された。けれども寛治七年（一〇九三）興福寺が貞禅を金峰山検校に補して以来、興福寺の支配のもとに執行が運営する修験一山となっていった。

院政期に入ると、阿弥陀の浄土とされた本宮、薬師をまつる新宮、観音の補陀洛浄土への入口とされる那智からなる熊野三山詣が盛行した。そのきっかけになった寛治四年（一〇九〇）の熊野詣をされた白河上皇は先達を勤めた園城寺の増誉（一〇三二—一一一六）を熊野三山検校、三山を支配していた熊野別当の長快を法橋に叙した。増誉にはさらに京都に聖護院を賜った。なお熊野三山にはそれぞれに、家津御子（本地阿弥陀—以下同じ）・牟須美（千手観音）・速玉（薬師）の三所権現、若宮（十一面）・禅師（地蔵）・聖（竜樹）・児（如意輪）・子守（聖）の五所王子、一万・十万（普賢・文殊）・勧請十五所（釈迦）・飛行夜叉（不動）・米持金剛（毘沙門）の四所明神から成る熊野十二所権現がまつられた。この十二の数は十二様とよばれる山の神と符合していて興味をそそられる。

なお治承三年（一一七九）になる歌謡集『梁塵秘抄』には聖の住所として熊野の他に大峰・葛

城・石鎚・箕面・勝尾・書写山、四方の霊験所として伊豆の走井・信濃の戸隠・駿河の富士・伯耆の大山・丹後の成相・土佐の室生・讃岐の志度の道場があげられているが、いずれも修験者の居所である。また比叡山、高野山、南都の周辺に設けられた別所を拠点として修行にいそしむ修験者もいた。修験者の中には吉野から熊野にと大峰山系を抖擻したり、霊山をまわりあるく遊行者も多く、修験僧の覚忠によって西国三十三所巡礼がはじめられてもいる。このようにして平安末には、吉野の金峰山、熊野などで山の神の示現とも思われる独自の神格を崇め、山中での修行によって験力を得て、加持祈禱に従事すると共に、在俗者を霊山に導く修験者の集団が形成されたのである。

## 4　修験道の成立と確立

鎌倉時代（一一八五―一三三三）に入ると、正嘉元年（一二五七）になる浄土宗の往信の『私聚百因縁集』の「役行者の事」の条に、山伏の行道は役行者に始まるとあるように、役小角が修験道の始祖と認められるようになる。本書によると、役優婆塞は高賀茂間賀介麻呂を父、白専渡都岐麻呂を母として、葛木上郡矢箱村で生まれた。七歳で三宝に帰依し、孔雀明王の呪や慈救の呪をとなえて修行した。十九歳の時摂津の箕尾滝で竜樹から秘法を授かり、葛城山を法華経の峰、大峰山を胎蔵界・金剛界の峰とした。また金峰山に守護仏の金剛蔵王権現を祀った。大峰には宿が百二十あり、三百八十人の仙人が住んでいた。また大峰山中の仙洞には彼の前生の骸骨があった。役優婆塞は大峰山中で大唐第三の仙人の北斗大師を招いて両親の供養をし、当麻寺でも供養した。その後は鬼神を使役して葛城と金峰の間に岩橋を架けさせようとした。その時これに従わなかった一言主神を呪縛したため、讒言され、伊豆に配流された。伊豆では昼は島にいたが夜は富士山に飛行して修行した。許されて帰ったのちに、母を鉢にのせ、自分は草座にのって新羅に赴いた。その後新羅で五百匹の虎と共に道昭の法筵にあらわれたとしている(15)。これを見ると北方シャーマニズムとの関連を思わせる飛行や自己の骸骨にあう話、仏教の陀羅尼、曼荼羅、竜樹からの受法、法華経の信仰、道教の仙人や飛行、陰陽道の式神に似た鬼神の使役というように諸宗教の要素をたくみにとり込んだ役優婆塞伝が編まれているのである。

修験道の拠点となった金峰山の金剛蔵王権現、熊野の熊野十二所権現という独自の神格の成立に関する神話も創られた。すなわち金峰山では役小角の守護仏を求めての祈念に応えて、金峰山上の大岩から釈迦、千手観音、弥勒が相ついであらわれ、最後にこれらを超克した忿怒神の金剛蔵王権現が出現したとしている(16)。もっとも土地の伝承では弁財天、地蔵につづいて金剛蔵王が出現したとしている(17)。

一方、熊野では、『熊野権現御垂迹縁起』によると、中国の天台山の地主神の王子信が日本に飛来して、彦山、石鎚山、淡路の諭鶴羽山、新宮の神倉などをへて本宮に飛来して、本宮大湯原の櫟の木に三つの月の姿をして天降った。そして猪を追ってこの木の下にきた猟師の千与定に発見されて祀られたとしている。この王子信は仙人となった周の霊王の子である。それゆえこの話は入唐して天台山に学んだ円珍が再興し、増誉以来、熊野三山検校を重代職とする天台宗寺門派の園城寺が、熊野権現は天台宗を守護する護法神であるとして、熊野三山の支配を正当化するために創作したものとも考えられるのである。

熊野や金峰山に拠点を置いた修験者はそこから大峰山に入って修行した。大峰山全体は金・胎の曼荼羅になぞらえられ、峰々には曼荼羅中の仏が観じられた。また峰中には百二十の宿が設けられた。熊野側から主なものをあげると、玉置、神仙（深仙）、空鉢、吉野熊野（弥山）、小笹などがある。なお大峰山中には三百人の仙人がいるとされた。宿名にも行仙、老仙、戒経仙など仙人の所在を物語るものがある。一方、法華経の峰とされた紀州の友ヶ島から二上山に至る葛城山系には法華経二十八品のそれぞれを納めた経塚が設けられた。この葛城山系にも、二上岳、石命山など仙人の居所とされる宿が少なからず認められる。なお大峰山には検始（禅師―所在の宿名以下同じ）・後世（多輪）・虚空（笙の岩屋）・剣光（小笹）・悪除（玉置）・香正（深仙）・慈悲（水飲）・除魔（吹越）、葛城山系には経護（一乗山）・福集（大福山）・常行（金剛山）・集飯（二上峰）・宿着（入江）・禅前（鳴滝）・羅網（二の宿）・末出光（金剛山）の各八体の金剛童子が祀られていて、修行者を守護するとされた。この十六の金剛童子は『法華経』の「化城喩品」にあげられている八方に二尊ずつ充当された大通智勝仏の十六人の王子が成仏した仏を本地としている[18]。このように大峰山や葛城山の霊地は密教の曼荼羅観、法華経信仰、道教の仙人譚によって意味づけられているのである。

室町時代（一三三六―一五七三）末には教義や峰入作法が定まり修験道が確立する。教義については、山伏の山は三諦即一・三部一体・三身即一、伏は無明（犬）法性（人）不二を示すというように、語義に託した解釈がなされている。もっともこの三諦即一は山王神道の山の解釈とほぼ同じものである。また上記の大峰山を金胎の曼荼羅とする見方は、伊勢の内宮と外宮を日・月、胎・金に充当する伊勢神道の説明に類似したものである。峰中では天台で説く地獄・餓鬼・畜生・修羅・人・天・声聞・縁覚・菩薩・仏の十界のそれぞれに充当された業秤・穀断・水断・相撲・懺悔・延年・四諦・十二因縁・六波羅蜜・正灌頂からなる十界修行が行なわれた。そして、修験者は仏性を持つことを自覚し、死を象徴する儀礼をしたうえで、十界修行をすることによって即身成仏しうるとされたのである(19)。

確立期の修験道の中核をなしたのは熊野修験である。熊野には本宮長床に拠る長床衆、新宮の長床衆や神倉聖、那智の滝籠衆などがいた。彼らは熊野で修行後、地方に赴いてその地に檀那をつくって先達として彼らを熊野に導いた。この他全国各地の霊山や修験系の社寺の修験が先達をつとめることも少なくなかった。熊野三山には全国各地からこうした先達に導かれて熊野詣に訪れる檀那に宿泊、山内案内、祈禱などの便をはかる御師が存在した。先達は御師に自分と檀那の在所と名前を記した願文を出し、以後はその御師に帰属した。こうしたことから御師にとっては先達と檀那は財産と見なされ、売買、質入れ、贈与の対象とされた。そして多くの先達と檀那を持つ御師は山内で大きな勢力を持っていた。このように、熊野修験は全国各地で活躍した。もっとも戦国期になると戦乱にまきこまれて熊野先達の活動がままならぬことも多かった。そのような時に当時熊野三山検校を重代職としていた園城寺末の聖護院門跡が守護大名などと交渉して、その活動を安堵した。

特に第二十二代熊野三山検校の聖護院門跡道興（一四三〇―一五〇一）は各地を巡錫して直接先達を掌握した。こうして聖護院門跡は十五世紀末には各地の主要な先達を年行事に補任し、霞と呼ばれる一定地域内の山伏の支配、檀那の先達、配札の権利を認め、その上分を得る形で統轄し、本山派という教派を形成した。もっとも戦乱が続いたこともあって、先達や檀那は次第に熊野に赴かなくなり、居住地の近くの霊山や大社・大寺に参詣するようになった。[20] この御師・先達・檀那からなる組織は戦国末には伊勢にも導入された。ただ伊勢ではこの熊野とは異なって御師が直接檀那の処をまわったり、自己に直属した先達にまわらせる形をとっている。

古来大寺ではもっぱら学問や修法に従事する学侶（学衆）と堂舎の供花などにあたる行人（堂衆）の身分があり、この行人のうちに山岳修行を旨とする修験者が含まれている。このうち近畿地方の三十六の大寺に依拠した修験者は、大峰山中の小笹に拠点を置いて聖宝を派祖にいただき、当山三十六正大先達衆という結社をつくりあげた。この当山三十六正大先達衆のそれぞれは全国を遊行して弟子を作る袈裟筋支配を行なった。また三十六正大先達衆のうちから年臈によって大宿・二宿・三宿を定め、この三人が中心となって峰入期間中に小笹で補任・昇進などを決定した。

ところで、平安末には比叡山で天台本覚論が成立した。この思想は親鸞、道元、日蓮などの鎌倉新仏教、さらに修験道にも大きな影響を及ぼした。本覚思想では二元相対の現実をこえた不二絶対の世界をとき、そのあらわれとして現実の二元相対の世界を肯定する立場に立っている。また人間には本有の仏性（本覚）があり、このことを悟ることによって成仏が可能であるとしている。その際、浄土系は念仏による来世での成仏、禅では坐禅による現世での悟り、日蓮宗では唱題による仏国土の実現というように成仏の方法は宗教によって違っている。修験の場合も山伏の伏の字に託して仏凡不二を説き、十界修行による即身成仏を説くというように、鎌倉新仏教の基調音をなす本覚論の影響を受けているのである。なお鎌倉新仏教では念仏、坐禅、唱題のようにより簡単な専一の方法での成仏を唱えているが、修験道でも簡単な陀羅尼の反覆が重視されている。天台本覚論はさらに神道、文学、芸道にも影響を及ぼしている。これらの分野や修験道で口伝や秘伝を重視するのは、比叡山の天台本覚論の実践に淵源があるのである(21)。

なお修験道は平安時代末以来各地の主要霊山を拠点として勢力をのばし、これらの霊山登拝の先達を勤めたり、都鄙で呪術宗教的活動を行なっていた。鎌倉新仏教の祖師にしても、法然は美作の菩提寺、一遍は伊予の岩屋山、栄西は備中の安養寺や伯耆の大山寺、道元は白山の越前馬場近くの永平寺、日蓮は安房の清澄寺というように修験の影響が見られる霊山の寺で修行している。また親鸞は山伏弁円を弟子とし、日蓮は山伏との験競べに勝ち、一遍は山伏姿をした熊野権現から啓示をうけている。そしてその後の教団形成の過程においても、浄土真宗では蓮如が白山・石動山・熊野の阿弥陀信仰をとり入れ、時宗は熊野信仰や善光寺如来の信仰と関連づけて教線をのばしている。また臨済宗の無本覚心は熊野や高野山の聖、曹洞宗の瑩山紹瑾は白山・立山・石動山の修験、了菴慧明は箱根の修験をとりこんでいる。この他日蓮宗の修行や修法にも修験の影響が認められるのである。

## 5 教派修験の展開

江戸時代（一六〇三―一八六七）になると、本山派の霞一円支配に対して、醍醐三宝院を本寺にいただいた当山方が反発し、両者間の出入がたえなかった。これに対して幕府では慶長十八年（一六一三）五月二十一日に修験道法度を定め、当山と本山を別のものとし、本山派の山伏が真言宗（当山方の修験）から入峰役銭をとることを禁止した。これは幕府がそれまで諸国の山伏を支配していた本山派の他に、醍醐三宝院を本寺とする当山派を認めて両者を競合させる方針をとったことを示している。ちなみに、幕府は天台宗では比叡山に対して東叡山を設けて天台全体を支配させた。また浄土宗は、智恩院と増上寺、真宗は東本願寺と西本願寺というように宗派を二分して競合させる政策をとっているが、修験道に対してもこの方針でのぞんだのである。

さらに幕府は寛文五年（一六六五）七月十一日には各宗共通の寺院法度により、本末制度、寺檀制度、僧侶の認可、法式の遵守、新義の禁止、寺院や伽藍の維持などを定めている。修験道では本山派は天台宗の聖護院、当山派は真言宗の醍醐三宝院を本寺として、羽黒山、吉野山、戸隠山などは東叡山に所属していたゆえ、いずれにもこの寺院法度が適用された。

なおこの年にあわせて「諸社禰宜神主法度」（神社条目とも）が出され、諸社の禰宜、神主は神祇道を守って自社の祭神をわきまえ、有来の神事祭礼を執行すること、無位の神職は白張を着、それ以外の装束は吉田家の免許状によって着すること、神社の所有地の売買を禁ずることなどが定められている。これによって幕府は諸社に奉仕する神職に伝統を守って神社の奉仕をさせると共に、その統轄を吉田家にゆだねたのである。もっとも戦国末から江戸初期にかけて地域に定住した里山伏がその地の鎮守の祭祀にあずかることが多く、そのために吉田家との出入が多かった。この法度は、これに対する決裁でもあったのである。ただこの法度でも山伏と吉田家の出入を充分には解決しえなかったと見えて、翌六年三月十八日には諸社参詣の先達は社家は神道の方式、山伏は修験の方式で勤めること、屋敷の背後に祀る背戸神の祓いをどちらでするかは檀那にまかせること、神子は神職、守子は修験に属させるというように両者の活動をそれぞれ認める掟を出している(22)。

この幕府の政策にのっとって、本山派では熊野三山検校の聖護院門跡を本寺とし、熊野三山奉行の東山若王子乗々院を筆頭とする院家、児島五流、全国各地の二十七先達、その配下の年行事という本末関係のもとに末派の修験を支配した。一方当山派では江戸時代には十二ヵ院に減少した当山十二正大先達衆のそれぞれの袈裟筋支配に加えて、醍醐三宝院が諸国総袈裟頭・諸国当山派総網の江戸鳳閣寺による末派修験の直接支配を試みた。この江戸鳳閣寺は聖宝の弟子貞崇が恵印灌頂を始め、聖宝の廟を設けた吉野鳥栖鳳閣寺の名跡を移したものである。なお本・当両派とも、門跡の権威を高め末派支配の実をあげるために門跡の一世一代の峰入を盛大に行なった(23)。

幕府の教学振興と法式の遵守の政策にもとづいて、修験道界でも教義書の刊行や注疏の作成、儀軌の整理などが試みられた。教義書の中では室町期になった即伝の『修験修要秘決集』、『修験頓覚速証集』、彦山の蓮覚と智光の『修験三十三通記』、熊野修験系の『修験指南鈔』、秀高の『役君形成記』が修験五書として重視され、刊行された。特に『修験修要秘決集』については、数種の注釈書が作られている。また本山派の行存の『修験道見聞鈔』、当山派の常円の『修験心鑑鈔』のように、本・当両派の立場にたつ教義書も著わされた。これらは主として密教や天台本覚論など仏教の立場にたつ解説書であるが、覚瑄の『修験三正流義教』のように両部神道にもとづく書物も認められる。

さらに『峰中作法』や『峰中式目』、『峰中十種修行作法』などにより峰入の作法が細かく定められ、仏教や道教にもとづく解釈がなされている。また『本山修験勤行要集』（本山派）・『修験常用集』（当山派）などの勤行集、日待・月待など祭式の方法を記した『修験要法集』、葬儀の次第をあげた『修験道無常用集』、呪法や符呪をまとめた尊海の『修験常用秘法集』や、神道にもとづく『修験神道神社印信』などが編まれている。ちなみに修験者は戦国期までは、葬儀にたずさわったが、江戸幕府が檀家制度にもとづいて、檀那寺の檀家の葬儀を託する方策をとったことから、その権限が禅や念仏の諸宗にうばわれたのである。なお上記の秘法集は基本的には密教にもとづいているが、道教や陰陽道の符呪も数多く含まれている。

江戸時代には里修験が檀那の宗教生活の種々の局面に関与したことから、それに関する疑問に答える啓蒙的な書物がつくられている。本山派の『修験檀問愚答集』、当山派の『山伏便蒙』、日蓮系の修験の『修験故事便覧』などがその主なものである。これらには、修験道に限らず、神道、仏教、道教、陰陽道などにかかわる儀礼や伝承も数多く含まれている。またその説明もこれらの諸宗教の思想や伝承をおりまぜて具体的になされている。

本・当両派、羽黒、吉野、英彦山（享保十四年・一七二九以降の表記）などに属する里修験は鎮守や小祠の祭、吉凶判断、占いによる災因の解明と、それに応じた呪法を行なった。また修験者が山伏神楽などの芸能にたずさわることも多かった。このうち鎮守や小祠の祭にはさきの『修験神道神社印信』など両部神道や吉田神道の祭式を用いることが多かった。また吉凶判断や占いには、安倍晴明の著に仮託された『簠簋内伝』など陰陽道書が用いられた。易筮で病因を判じることもしばしば行なわれた。また山伏が巫女を妻として、その託宣で災因を知ることもあった。その際、山伏が巫女に神霊や憑依霊を憑けて語らせる憑祈禱の方法を用いることも多かった。いうまでもなくこれはシャーマニズムの儀礼である。また災因を除去するために行なう呪法やその時用いたり、後で授ける符には密教、道教、陰陽道のものが多く含まれている。

江戸中期以降になると庶民たちの霊山登拝が盛んになった。そして羽黒・日光・白山・立山・大峰・石鎚・英彦山などのような古来の修験霊山の他に、富士・木曽御嶽などに多くの登拝者が訪れた。また富士講の独自の護摩である御焚きあげ、御嶽講の前座が中座に神霊を憑依させて語らせる御座は多くの信者をひきつけた。幕末期には天理教、金光教などの新宗教が誕生するが、天理教の教祖中山みきは山伏の憑祈禱の寄りましを勤めたことを契機に神霊の力を得ており、金光教の教祖赤沢文治も山伏のとく金神の祟りを超克して天地金乃神を主尊として立教している。このように幕末期の新宗教の成立には修験道が大きな影響を与えているのである。

慶応四年（一八六八）三月十八日、明治政府は神仏分離令を出して、社僧や別当など僧形のものが神社に奉仕すること、権現・牛頭天王など仏語を神号としたり、仏像を御神体とすることを禁止した。この結果、羽黒・白山・立山・富士・吉野・熊野・石鎚・英彦山などの修験霊山の修験は、葬式寺をのぞいてほとんどが神社となった。その後吉野一山は明治十九年になって仏寺に復帰したが、その他では現在も主力は神社となっている。また鎮守や小祠に奉仕していた里修験の多くは復飾したが、神職となったものも少なくなかった。さらに明治五年（一八七二）九月十五日には明治政府は太政官布告により、修験宗を廃止して、本・当両派の修験を聖護院・三宝院に統轄させたままで天台・真言両宗に所属させた。両宗では包摂した修験に天台・真言の教学や儀礼を習得させたが、その身分は僧侶より一段低いものとした。もっともその後明治七年（一八七四）には天台宗は山門派と寺門派に、真言宗醍醐派でも、明治二十七（一八八四）年に智種院と末寺千九ヶ寺、翌年には長谷寺と末寺千四百四十五ヶ寺が離脱した。その結果、寺門派や真言宗醍醐派では、旧修験が大部分を占めることになった。なお仏寺として残った羽黒修験と吉野一山は天台宗（山門派）に所属した。こうした中にあって聖護院では明治十九年（一八八六）に深仙灌頂を開壇し、醍醐派では恵印部の名のもとに旧修験を掌握した。

明治中期以降になると、海浦義観、牛窪弘善など心ある修験者により教学の覚醒が叫ばれた。また大峰・羽黒・富士・木曽御嶽など霊山登拝の講が盛行した。そして明治十五年（一八八二）には富士講を母体とした扶桑教・實行教、御嶽講を母体とした御嶽教が教派神道として認められた。大正期（一九一二―二六）に入ると聖護院や醍醐三宝院ではこうした登拝講を積極的に組織化していった。また霊感を得た行者や巫女が活動を合法化するためにこれらの教団や結社に加入することも多かった。近代日本の宗教では国家神道と天皇制が主流となり、仏教・キリスト教などもこれに追随することが求められた。修験集団もこうした動きの中で、峰入修行を皇民練成の方法として推進した。

太平洋戦争が終了し、宗教法人令が公布され、設立登記すれば教団が成立することになった。修験道界では、旧本山派は天台宗から聖護院の「修験宗」(のちに本山修験宗)、児島五流修験の「修験道」が独立した。一方当山派は「真言宗醍醐派」となった。また吉野修験は「金峯山修験本宗」、羽黒修験は「羽黒山修験本宗」として独立した。これらの教団では峰入や灌頂などの修験行事を積極的に行なっている。この他真言宗醍醐派から「解脱会」、「真如苑」などの修験系新宗教が独立した。神道界でも「石鎚本教」などが成立した。また、羽黒山・白山・立山・熊野・英彦山などの修験霊山の神社でも、峰入などの修験行事を神道的な形のもとに復活させている。

## 結

修験道は基本的には、聖地とされる山岳で修行することによって、超自然的な験力を獲得し、その力を用いて呪術宗教的な活動を行なう宗教である。その際この宗教では日本古来の山岳信仰を母胎として、他の諸宗教から種々の要素をとり入れて、上記の構造をより具体化している。その歴史的な経緯については本章で詳述した。そこで最後に修験道のこの基本構造に即して、それぞれに見られる古来の山岳信仰や他の諸宗教の要素をとりあげ、その習合のあり方を検討して、本章をおえることにしたい。

まず修験道において修行の場とされる山岳の意味づけを見ると、古来の山岳信仰からひきついだ山の神・水の神など神々のいる他界、死後のあるいは生前の霊魂の棲家とする思想が存在する。やがて山岳は仏教の影響のもとに金剛界・胎蔵界の曼荼羅、地獄・極楽のある他界と説明されるようになる。この他に釈迦が法華経を説いた霊鷲山や天地を結ぶ宇宙軸である須弥山、神道の神体山や高天原、道教の不老長生の仙人が住む蓬莱山になぞらえられてもいる。

こうした聖なる山を支配するのは、古来の山岳信仰では山の神（十二様ともいう）あるいは動物を支配する荒々しい神で、大木や岩石などを居所として猟師などの山人にまつられている。役小角が金峰山上の岩から涌出させた金剛蔵王権現、熊野の猟師が本宮の櫟の梢に発見した熊野権現はこうした山の神が化した姿なのである。熊野権現は十二の神格からなり熊野十二所権現と呼ばれてもいる。仏教の荒々しい神格は不動明王など明王や毘沙門天、女性的な神は観音であるが、共に多くの修験霊山で祀られている。神道では荒々しい山の神は素戔嗚尊、柔和な神は大山祇神とされている。山の神は猪・鹿・蛇・猿・狼などを使いとしている。さらにこれらの動物が山の神そのものともされている。このうち、猪・鹿などを抽象化したのが獅子で、蛇を抽象化したのが竜である。獅子は山伏神楽などでは権現様と呼ばれている。また竜は雷神ともされている。雷神は怨念を持って死んだ人が化したもので鬼ととらえられてもいる(24)。もっとも山人が里人から鬼と見なされることもある。水田稲作を営む里人は山を聖地として入ることを慎み山麓に神社を設けて、山の神を祀って豊穣や生活の守護を祈念した。これが神社神道の濫觴なのである。

こうした聖なる霊山に入って修行したのは当初は、道教・仏教などの山岳修行を旨とする外来宗教の宗教者である。修験道の成立後に開祖に仮託された役小角にも道教の仙人の面影がただよっている。聖宝も尸解したとされている。また役小角は鬼や地主神の一言主神を使役し、聖宝は大蛇を退治して大峰山を開いたとされている。彼らの修行を範としてなされた、当初の峰入は秋に新穀を食して山に入り、窟などにこもって冬を越し、春先に出峰する、晦山伏の山籠りである。これは古来の山岳信仰で山の神が山に滞在しているとされる期間、山に伏して修行してその力を体得するものである。この修行をおえた山伏は春先に神として山を下りたのである。今一つは仏教の夏安居になぞらえて、四月十五日から八月十五日までの間山に籠る修行である。仏さまと呼ばれる先祖が山の墓から子孫がまつ家に帰る盆の頃に山伏も出峰した。この山伏は象徴的に死んだうえで十界修行をおえて仏となって再生したものと受けとめられた。現在の羽黒山の秋の峰入は期間は一週間に短縮されたが、この面影をとどめている。

ところで江戸時代にはこうした山伏をむかえる里人の宗教生活には大きく三つのものがあった。第一は、豊穣と地域の守護で、主として神社が担当する。もっとも里山伏がこうした神社の別当をつとめることも多かった。第二は、葬儀と供養で檀那寺がとりあつかっている。第三は、病気などの災厄をのぞく救済儀礼で主として里山伏がこれにたずさわっていた。この儀礼では、山伏はまず占いによって災因を明らかにする。それから派生して彼らが吉凶禍福を判ずることも多かった。こうした際には陰陽道の法式を借用した。易筮などによる吉凶判断や卜占がなされたのである。また妻などを巫女として託宣を得ることも多かった。巫者が自力で自己の守護神霊や依頼された生死霊を憑依させる他に、山伏がこれらの諸神霊を操作して巫者につけて語らせる憑祈禱の形をとることも多かった。現に木曽御嶽講の御座や福島の葉山まつりでは憑祈禱がなされている。また天理教の中山みきのように寄りましの巫女の代理を務めた際に憑依して新宗教を開くこともあったのである。

祈禱は護摩によることが多かったが、他に調伏、憑きものおとしなども行なわれた。その際に符呪が用いられることも多かった。これらの修法は基本的には密教にもとづいているが、九字や喼急如律令の呪文など道教や陰陽道に淵源を持つものも用いられた。なお修験道の祭典では弓矢や刀で四方を結界したうえで採（柴）灯護摩がなされるが、これは焼畑の火入れや弓による魔よけ、とんど焼きを思わせるものである。このように山伏の救済儀礼には密教、道教、陰陽道のものが数多く用いられている。

江戸中期以降になると修験霊山に俗人が登拝するようになっていった。そうした際は、山中の湿地を田に見たてて豊作の予祝を行なった。また山上の池から水を持ちかえって雨乞いをしたり、病気治療に使用した。さらに古来山が人間の生前や死後の他界とされたことから、死者供養や自己の成仏を保証する逆修のために登拝することも多かった。逆に山の洞窟などから小石を持ちかえって子授けを祈ることもなされている。このように修験霊山は豊穣、死後の滅罪、子授け、治病など里人の多様な希求に応じているのである。

最後に修験道の組織を見ておくと、鎌倉室町期の熊野や吉野などの一山組織は学侶とそれに奉仕する堂衆・行人からなるが、山伏は多くの場合堂衆・行人に属していた。またこれらの一山では御師が地方から檀那を導いてくる先達を掌握する師檀組織をとることが多かった。この先達が山伏なのである。さらに江戸期になると先達や檀那の代表を中心とする講がつくられた。この師檀組織や講は全国各地の霊山の社寺の組織の雛形となっていった。さらに講は富士講、木曽の御嶽講の場合には、教派神道にと展開した。天理教などでも当初は講を母体として教会がつくられている。

このように修験道は古来の山岳信仰を母体としながらも、シャーマニズム、仏教、成立神道、道教、陰陽道から、峰入修行とそれによって得た験力による現世利益的な救済活動という基本構造をよりゆたかにし、さらにそれを宗教的に意味づけるために多くの要素を借用し、包含することによって成立し、展開してきたのである。

（1）五来重『日本人の仏教史』（角川書店、平成元年）一〇頁。
（2）黒田俊雄『顕密体制論』黒田俊雄著作集第二巻（法蔵館、平成六年）。なお平雅行『日本中世の社会と仏教』（塙書房、平成四年）一三—四三頁参照。
（3）『日本国語事典』第十巻（小学館）三四一頁。
（4）『扶桑略記』天慶四年の条、国史大系一二巻。
（5）『日本三代実録』新訂増補国史大系、貞観十年七月九日の条。

(6) 宮家準「山岳信仰」『宗教学辞典』(東京大学出版会、昭和四十八年)二一九—二二二頁。
(7) ネリー・ナウマン、野村伸一・檜枝陽一郎訳『山の神』(言叢社、平成六年)二九頁。
(8) 肥後和男「山の神としての素戔嗚尊」『民俗学』三(昭和六年)。
(9) 柳田国男「山宮考」定本柳田国男集一一(筑摩書房)二九五—三一八頁。
(10) 『東大寺要録』巻二所収の「辛国説話」では韓国連広足は中国の道術、方術、符呪、呪禁の名手とされている。
(11) 大江匡房『本朝神仙伝』川口久雄校注『古本説話集』(朝日新聞社、昭和四十二年)。
(12) 村山修一は当初は文子が北野に小祠を設けてまつっていたが、その西北にある朝日寺にいた比良山の修験者最鎮が比良宮の神主の子に道真の霊を憑依させて託宣を得て、北野社の経営に加わっていったとしている(村山修一「外来宗教の伝播と民俗信仰」『仏教民俗学大系I』[名著出版、平成五年]八八—八九頁)。
(13) 高原豊明「熊野の晴明伝説——修験説話への展開について」『熊野歴史研究』二(平成七年)参照。
(14) 修験道では天台の「法華懺法」をもとに編まれた「修験懺法」が用いられている。現行のものは天保十年(一八三九)聖護院門跡の命をうけて三井寺の敬長が編んだものである。
(15) 『私聚百因縁集』大日本仏教全書第九二巻、一三六—一四〇頁。
(16) 『金峰山秘密伝』修験道章疏I、四三七頁。
(17) 『峰中秘伝』修験道章疏I、二一四—二一五頁。
(18) 大通智勝伝の十六王子と大峰(前記)・葛城(後記)の八王子の対応は次のようになる。東方=阿閦(検始)・須弥頂(経護)、東南方=獅子音(後世)・獅子相(福集)、南方=虚空住(虚空)・常滅(常行)、西南方=帝相(剣光)・梵相(集飯)、西方=阿弥陀(悪除)・度一切世間苦悩(宿着)、西北方=多摩羅跋栴檀香神通(香正)・須弥相(禅前)、北方=雲自在(慈悲)・雲自在王(羅網)、東北方=壊一切世間怖畏(未出光)・釈迦牟尼伝(除魔)。坂本幸男・岩本裕訳注『法華経』中(岩波書店)六六—六八頁。「諸山縁起」『寺社縁起』日本思想大系二〇巻（岩波書店、昭和五十年）一一五—一一六頁、一三五頁参照。
(19) 宮家準「十界修行論」『修験道思想の研究』増補決定版（春秋社、平成十一年）七一四—七三七頁。
(20) 宮家準『熊野修験』（吉川弘文館、平成四年）二六四—三〇二頁参照。
(21) 田村芳朗『鎌倉新仏教思想の研究』（平楽寺書店、昭和六十年）参照。
(22) これらの法度の制定の背景をなす山伏と吉田家の出入に関しては、真野純子「諸山諸社参詣先達職をめぐる山伏と社家——吉田家の諸国社家支配下への序章」圭室文雄編『論集日本仏教史　七巻　江戸時代』（雄山閣、昭和六十一年）参照。
(23) 宮家準「門跡の峰入に見られる教団組織」『神道宗教』六九号（昭和四十八年）参照。
(24) 近藤喜博『日本の鬼』（桜楓社、昭和四十一年）参照。

# 付章　修験道の歴史と民俗宗教

## 序

修験道は霊山での修行によって験力を得て、災厄の予防や除去に効験を示す民間宗教者を主体とした宗教である。この宗教は日本古来の山岳信仰にシャーマニズム、道教、仏教、神道、陰陽道などが習合した民俗宗教の形態をとっている(1)。その萌芽は古代後期にあるが、成立は中世初期、確立は中世後期である。近世期には天台宗・真言宗の寓宗的な本山派・当山派の教派修験となり、近代は明治五年（一八七二）の修験宗廃止令により、天台宗、真言宗に所属した。現代は独立した教団を形成している。本章では、「1　日本人の原風景と古来の山岳信仰」「2　修験道の前史（古代後期）」「3　修験道の成立（中世初期）」「4　修験道の確立（中世後期）」「5　近世の本山派、当山派と御師、里修験」「6　近・現代の修験道と羽黒山の峰入」、「結　民俗宗教としての修験道」の順序でその歴史を民俗宗教に位置づけて、跡付ける。

## 1　日本人の原風景と古来の山岳信仰

日本の民俗宗教の母胎をなす日本人が懐く原風景は第1図のようなものである。主として柳田民俗学に従って古来の常民の民間信仰を記すと次のようになる。山には獲物、木々、鉱物を生み育む山の女神、鬼、天狗がいる。人間の命は他界の山や海の神から霊魂を授かることによって始まる。山麓の川辺や浜に産屋を設け、生児の産声を霊魂を授かった証とした。豊臣秀頼を吉野の水分神から授かったとするなどの申し子信仰もある。そして七歳までは山の神に淵源がある氏神の庇護の下で成長する。十三歳の成人式にはその証として霊山に登拝している。野（里山）は若い男女が愛を育む場所である。山の神は春先（卯月八日）に下って祭られ（春祭）、田の神（氏神の祖型）と

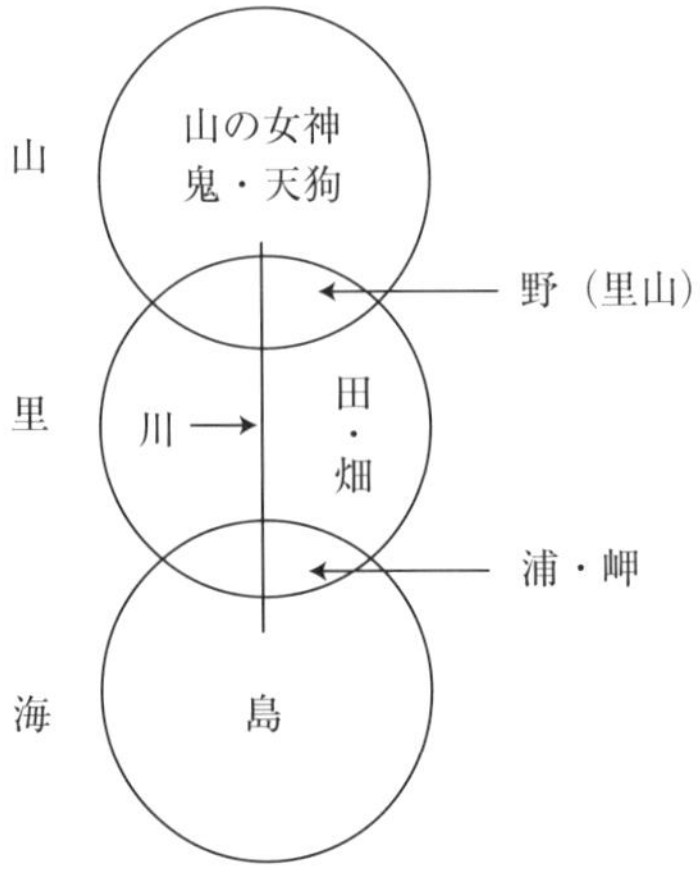

第1図　日本人の原風景

なった。そしてこの田の神の庇護の下で水田稲作を営み、夏は川の汚水が齎す病を夏祭で防ぎ、秋は収穫を寿ぐ秋祭をして、神人共食する。これを期に田の神は山に帰って山の神となり、山中の窟に籠って霊力を身につける。なお折口信夫は神職も山の神と共に山中の窟などに籠って山の神の霊力を受けて春先に里に下るとし、この神や神仏の冬籠りを冬祭としている。

里人は自然の運行などに則って吉凶を判断して生活する。病気や災厄に襲われると、うらないによって災厄が自然の秩序の侵害、生死霊、邪神の祟りのいずれであるかと判断し、それに応じて、陳謝、呪法などを行う。死は霊魂が身体から離れることによるとされている。死者は野で葬儀（野辺おくり）をしてもらい、野（里山）の墓に葬られる。盆、正月、彼岸、三十三年の間に十三回にわたる供養を受け、終ると、死霊は山の神と融合し、さらに氏神になって里人に祀られる。死霊、邪霊の祟りはこの営みをしてもらえていないことによっている。この信仰は昔話にも認められる。子のない老夫婦が川上から流れてきた桃（女性の性器の隠喩）から桃太郎を授かる話。また山にいる鬼や天狗などの怪異譚は広く知られている。こうした信仰がさきにあげた諸教を習合させて、修験道を育んだと考えられるのである。

## 2　修験道の前史（古代後期）

修験道の始祖に仮託されている役小角に関しては『続日本紀』巻一、文武天皇三年（六九九）

五月二十四日の条に、まず葛木山に住して呪術に秀でた役小角が弟子の韓国連広足の妖惑の罪を犯しているとの讒言によって伊豆に配流されたとしている。次いで、世間では役小角は鬼神を使役して水を汲ませ、薪を採らして、命に服さないと呪縛したと噂したとしている。(2)この後半は『続日本紀』が成立した延暦十六年(七九七)の頃の伝承と推測される。この鬼神の使役は道教、汲水・採薪は仏教の山岳修行である。また韓国連広足は道教と陰陽道をもとに医療を行う呪禁道を学んだ者ゆえ、小角もこれに類する活動をしたと思われる。(3)

その後、弘仁十三年(八二二)成立の景戒著の『日本霊異記』には「孔雀明王の呪法を修持し異しき験力を得、もちて現に仙となりて天に飛ぶ縁」との表題のもとに、大和国葛上郡茅原村の賀茂氏の役優婆塞が、三宝を信じて巌窟で葛を着て松の実を食して修行し、孔雀明王の呪法を修して験術を使った。そして鬼神を使役して葛木の峰と金峰の間に橋を架けさせようとした。これに対して葛木の一言主神が役優婆塞が天皇を陥れようとしていると讒言した。そこで伊豆の島に配流された。けれども彼は海上を走り、空を飛んで富士山で修行した。大宝元年(七〇一)赦免されたが、仙人となって飛び去った。その後道昭が新羅国で法華経を講じた席に現れた。一方、一言主神は役優婆塞に呪縛されたままであるとの話をあげている。(4)この記述を見ると、役小角は半僧半俗の優婆塞とされ、三宝を信じ、雑密、孔雀明王の呪を唱えて葛木で修行し、ここから神道の根源とされる水分の神を祀る吉野の間に鬼神を使役して橋を架けさせようとするなど、役小角を民間宗教者とし、仏教、神道、道教の影響が認められる。

ところで修験の語の初出は『日本三代実録』貞観十年(八六八)七月九日の条にある、清和天皇が吉野の深山で修行した沙門道珠が「修験あり」と聞いて招かれたとの記事である。(5) なお発掘調査によると、大峰の山上ケ岳では山頂で八世紀には山頂で祭祀がなされ、九―十世紀には山上に護摩壇があったとされている。(6)

寛治四年(一〇九〇)には白河上皇は熊野御幸され、先達を勤めた園城寺の増誉を熊野三山検校に補され、爾来園城寺がこの職を重代職としている。また長承三年(一一三四)に熊野御幸された鳥羽上皇と待賢門院は一月一日に熊野本宮礼殿の前庭で山伏の大峰入りの作法をご覧になっている。(7) また西行(一一一八―九〇)は宗南坊行宗の先達で熊野から大峰に峰入して、峰中の深仙や前鬼で歌を詠んでいる。このように熊野でも修験道の萌芽が認められるのである。

## 3 修験道の成立(中世初期)

鎌倉初期に園城寺で修行し、後に京都西山に法華山寺をひらいた九条良経(一一八九―一二六八)の子慶政(一一八九―一二六八)の奥書がある『諸山縁起』には役優婆塞の伝承、金峰、大峰、熊野、葛城、笠置に関する二十項目の記事があげられている。(8) なお類書に仁平二年(一一五二)頃成立の『大菩提山等縁起』がある。(9) 以下本書の記事を紹介する。

役優婆塞に関しては「金峰山本縁起」の題の下に『日本霊異記』とほぼ同様の話をあげるが、それに加えて伊豆配流後、一言主神が行者を処刑するように再度託宣し、その執行に携わった刑吏の剣に富士明神の覚者を崇めよとの表文が現れたので赦免された話、その役行者が一言主神を呪縛したうえで、母と共に渡唐し仏法を守護する八部衆を使役した話をあげている（十―項目番号、以下同様）。この他葛城の二上山から摂津の箕面に行き、滝本で千日籠った上で血穢、産穢、魔を避けて熊野に詣でた話（四）、金峰からやはり魔を避けて熊野に行く話（二）、大峰山中の宝塔ケ岳の岩屋にいる母を日夜三度参拝した話、母の供養のために唐から仙人の北斗大師を招いて、千塔塔婆供養をした話（十六）、役行者の弟子に、彦山の寿元、出羽の興（黒か）珍、伊予（石鎚か）の芳元（八―十五）などがいたとしている。なおこれらでは役行者と表記されている。

金峰山に関しては、漢の金剛蔵王権現を祀る金峰山が海を渡ってきたとしている（七）。大峰山については霊鷲山の坤（ひつじさる）の角の飛来譚、白鳳年間（六七八―六八六）に、熊野本宮の禅洞が大峰に入って峰々に胎蔵界、金剛界の諸尊を顕わしたとし、その各峰への貴神、高僧が納めた経、仏像などをあげている。ただ胎蔵界が百六箇所に対して、金剛界は十二箇所のみである（一）。また峰中の百二十所（実数は七十八）の宿名（九、十七）、大峰山中の八大金剛童子とそれぞれの在所をあげている。また大峰山中の神仙嶽には三重の岩屋があり、下の重に阿弥陀、中の重に胎蔵界、上の重に金剛界の曼荼羅、奥に役行者の御影と、大峰・熊野権現の由来、役行者伝、仙人の集会譚、金剛蔵王権現出現譚を記した縁起が納められているとしている（十六）。

葛城山に関しては法喜菩薩を祀るとした縁起（十四）、葛城金剛童子とその在所（十六）、紀伊の加太から二上山迄の間の『法華経』二十八品のそれぞれを納めた経塚などの霊地をあげる（十三）。熊野については前記の役行者の熊野参詣譚のほか熊野十二所権現を顕わした高僧（二十二）、禅洞以降の歴代本宮の別当（六）、熊野詣の作法（三―十五）、笠置（一代峰）に関しては、その縁起（十九）と笠置から長谷の間の宿（二十）をあげている。

以上の『諸山縁起』の記述には、大峰山の霊鷲山飛来譚、葛城山の『法華経』二十八品のそれぞれを納めた二十八経塚、大峰山中の峰中に、胎・金両曼荼羅の諸尊を配し、それぞれへの仏像や経の奉納、三重の岩屋の金・胎・阿弥陀曼荼羅というように、天台・真言・浄土の仏教と、千塔塔婆供養への大唐第三の仙人の招聘など道教の影響が認められる。これをあわせて、「金峰山本縁起」の表記は、役優婆塞としながらも、本文では役行者と表記していることが注目される。また羽黒、彦山、石鎚などに彼の弟子を配していることは、これら諸山の修験を思わせるものである。また類書の『大菩提山縁起』の成立もある故、この頃修験道が成立したと考えられる。ちなみに役行者が日夜三度宝塔ヶ岳の母を参拝する話は、マタギの山の女神の崇拝を想起させるものである。

## 4　修験道の確立（中世後期）

中世中期になると熊野詣が盛行し、全国各地から熊野先達が篤信の信者（檀那）を熊野に導いた。彼らは熊野三山で宿坊と山内の案内を営む御師に自己と檀那の住所氏名を書いた礼文を提出し、これをもとに両者の間で師檀関係が締結された。また先達の中には独自に熊野さらに大峰に入って修行する行者もいた。その際、那智には大滝を始めとする滝行場、新宮には背後の権現山の神倉などの修行道場があったが、行場を持たない本宮では本殿前の長床（社殿）に依拠した修験者が大峰中に入って、深仙から弥山、山上ケ岳、吉野に抖擻した。また前鬼の両界窟、笙の岩屋では冬籠りが行なわれた。深仙の旧灌頂堂では正平十年（一三五五）の鰐口、前鬼の金剛界窟では永仁三年（一二九五）の真木碑伝、笙の岩屋には寛喜四年（一二三二）の銅造不動明王像が発見されている(10)。

中世後期には熊野三山検校の聖護院門跡の下にあって、熊野三山奉行を重代職とした京都の若王子乗々院、聖護院の院家の住心院、積善院は全国に数多くの熊野先達を擁していた。こうした中にあって十五世紀後半に熊野三山検校の聖護院門跡道興（一四三〇―一五〇一）は、主として関東、東北の熊野先達に霞と称した担当地域を保証した年行事職を与えて掌握して、後に本山派となる組織を形成した(11)。一方、近畿の興福寺の影響下にあった諸寺の修験、高野山・根来の修験、近江の飯道寺、伊勢の世義寺などは役行者の入山以後跡絶えていた大峰の峰入を中興したとされた醍醐寺開山聖宝（八三三―九〇九）を祖とする当山三十六正大先達衆と称する組織を形成していた(12)。

その後の大永から永禄（一五二一―七〇）頃、金峰山の快誉の下で大峰の峰入作法を授かった日光出身の即伝は、朋輩だった彦山の承運に招かれて彦山に赴いた。そして智光、蓮覚から、『修験三十三通記』を授かり、これに承運から伝授されたものを加えた五十通の切紙からなる『修験修要秘決集』を完成した。また同書に用いられた仏教用語などを解説した『修験頓覚速証集』、彦山の峰入作法の切紙百三十六通をまとめた『三峰相承法則密記』（『秘密峰中法則』ともいう）などを完成した。なお即伝はその後白山、戸隠、近江などを巡錫して前記の諸書をその地の修験者に伝授した。そこで以下、その中心をなす『修験修要秘決集』の内容を紹介しておきたい(13)。

本書によると、修験道の宗旨は無作三身（身、口、意のあるがままの境地）の法義、十界一如（万物の生存の領域である地獄、餓鬼、畜生、修羅、人、天、声聞、縁覚、菩薩、仏は全く同一であるとする）の妙理で、その状相は金剛界・胎蔵界両部本具の直体で、それに則して即身頓悟することを目的としている。そして、樹頭を吟ずる風、沙石を打つ波の音を法爾常恒の依経とする。その本尊の不動明王の像容の背後の火炎は地獄、黒醜の身体は餓鬼、迦楼羅（天狗の形像）は畜生、右手に持つ利剣は修羅、掛衣は人間、腕に捲く環は天、袈裟は声聞・縁覚、宝索は菩薩、頂の蓮華は仏というように十界一如の体性を示すとする(14)。

次に役優婆塞は毘盧遮那仏（大日如来）の変化、不動明王の化身で法喜菩薩ともいい、葛城山で法を説いている。そしてインドでは仏弟子の迦葉、唐では生滅不二の秘術を修した道教の香積仙人として生を得、日本では葛城郡茅原村の役公氏の出自で、母が独鈷を飲んだ夢を見て受胎し、舒明天皇三年（六三一）に出産したとする。彼は七歳の時から毎日不動明王の慈救呪を十万遍唱えて修行し、青年期には仏教と儒教を学んだ。そしてある時五色の霊光に導かれて摂津の箕面山に行き、大乗仏教の祖である龍樹（一五〇―二五〇頃）から無相三密の印璽を授かり、峰入の法を学んだ。そして、箕面の巌窟で三十年間、藤皮を着、松の実を食して修行し、文武天皇の大宝元年（七〇一）七十一歳の時、雲に乗って渡唐した。けれども毎年七月には日本を訪れて各地の霊山で修行をしたとしている。その像容は金胎両部不二の直体で、不動明王の体相を示し、左脇に胎蔵界の悲水を入れた水瓶を持った弟子の義覚・矜羯羅童子、右脇に金剛界の智剣を示す斧を持ち笈を背負った義賢・制吒迦童子を従えている。

人間観に関しては山伏の字義とその表記に即して説明している。山伏の字義では「山」の縦三画と横一画は報・法・応の三身即一、仮・中・空の三諦一念、金剛・仏・蓮華部の三部即一、「伏」の「イ」は衆生所具の本有の法性、「犬」は衆生所起の妄想・無明で両者をあわせて無明法性不二を示す。次にその表記の「山臥」は未修行の行者に用い、その「山」は母胎八部の肉団、「臥」は本覚（究極の悟り）の法体を示す。「山伏」はすでに峰入を終えた行者に用い、母胎である金胎両部の峰に入って修行し自性の心蓮の法体を開覚した始覚の行者に、「修験」は「修」は始覚、「験」は本覚、両者で始覚・本覚双修を示す。これらに対して一所不住の民間宗教者である客僧は無所住の心地に住し、阿字本不生（万物は本来的に真実で、客観的に見ればすべてが大日如来の自内証に他ならない）の覚位を証したことを意味している。それゆえ、この四者の優劣の順位は、客僧、修験、山臥、山伏となるとしている。なお仏教諸宗は「宗」を用いるのに対し、修験道では「道」を用いるが、この「宗」は一家一宗の我法で狭いのに対し、「道」は諸宗融通ゆえに広いのでこれを用いるとしている。

成仏論では即身成仏・始覚、即身即仏・本覚、即身即身・始覚本覚不二の三種の成仏を説いている。そして即身成仏（この肉身において悟りを開くこと）、即身即仏（現在の心が仏であること）に対して、即身即身は無作三身（本来おのずから仏である）の直体となって、常境無相、常智無作していることを示す修験独自の成仏との内証を得ること、すなわち修験者は即座に当位仏果の源底であることを示す修験独自の成仏としている。

ところで『修験修要秘決集』では、冒頭に衣体分十二通をあげて、それぞれに託して教えを説いている。これは遊行を旨とする時宗で十二の衣体や持物にあわせてその教えを説いたことの影響を受けたものと考えられる(15)。以下簡単に説明すると、頭襟は大日如来の五智の宝冠、斑蓋は行者が母胎に抱かれていること、鈴懸は金胎両部の曼荼羅、結袈裟は一身に十界一如の妙理を具現していること、法螺の音は如来の説法、腰輪と腹輪からなる螺緒は胎・金、理・智、父・母の不二、百八の珠からなる最多角念珠は百八煩悩の催滅、錫杖は法界の総体で衆生覚道の道具、笈は母胎・胎蔵界で中に入れる五穀は胎児、その上に乗せる肩箱は金剛界、両者で金胎不二、金剛杖は上の剣頭は金剛界、下の円柱は胎蔵界で金胎不二、腰につける引敷は無明の鹿に法体の行者が乗る故、凡聖不二、脚半の上の紐は上求菩提、下の紐は下化衆生を示すとしている。

上記の衣体を身につけて峰入する当峰の当の旧字「當」は「田」と「尚ぶ」から成る故、水田稲作を守る水分の山を意味している。もっとも「峰中灌頂啓白文」では、当峰は金胎両部の諸尊聖衆の座す浄刹で、具体的には峰や嶽は金剛界、谷や窟は胎蔵界で、嶺の風音、谷の流水の音は法身の説法であるとする。そしてここで次にあげる六道と四聖からなる十界のそれぞれに充当した十種の修行をすることによって、一身のうちに十界一如の境地に達するとしている。まず六道の修行は、一、地獄（業秤、罪障の重さをはかる—修行内容、以下同様）、二、餓鬼（穀断）、三、畜生（水断）、四、修羅（相撲）、五、人（懺悔）、六、天（延年の謡と舞）をおえ、四聖の七、声聞

（四諦―教えの内容、以下同様）、八、縁覚（十二因縁）、九、菩薩（六波羅蜜）の教えを学んだうえで自身即大日如来になったと悟る、十、仏で灌頂を授かり、成仏を達成するのである。

峰中ではこれとあわせて床堅、小木、閼伽、採灯護摩、正灌頂、柱源供養法の伝授がなされている。床堅は結跏趺座した行者の頭上で二本の小丸太（腕比と小打木）を打ちあわせて自身即仏を観じさせる作法。小木は採灯護摩や生活に必要な小木（薪）を集めて、小木先達に納めてこの小木を護摩で焼くことによって成仏し得るとの頌を授かる作法。閼伽は供養と生活に必要な閼伽水を閼伽の先達に納めて煩悩を洗浴して心と諸仏が円満になるとの頌を授かる作法。採灯護摩は檀木の間に小木や杉葉をつめて焚く作法。正灌頂は大日如来の秘印を授かる秘法。柱源供養法は天地の合体、父母の交わりによって宇宙軸（天と地を結ぶ柱）としての受法者の誕生とそれを寿ぎ自らを供養する秘法である。

以上のように『修験修要秘決集』では、修験者は自身を本尊である十界を具備した不動明王であると観じた上で、金剛界、胎蔵界の曼荼羅に準えた當峰に入って十界修行や諸作法を修することによって即身即身の境地に入ることを主眼としているのである。

ところで十六世紀後期に伊豆天城山の先達弘潤坊がまとめたと考えられる『役行者本記』には『修験修要秘決集』所収の役優婆塞伝に加えて、役行者が登拝した全国各地の霊山をあげている。それによると、東北では出羽三山、鳥海山、金峰山の三、関東甲信越では二荒山、箱根山、赤城山、浅間山など十八、中部では富士、白山、立山など八、近畿では大峰、熊野三山、葛城山、箕面山、伊吹山など十六（ただしうち八は大峰山系）、中国・四国では大山、石鎚山など十五、九州では彦山、阿蘇山など十五をあげている。なお大峰山系が八あることは、吉野から熊野への抖擻がなされていたことを示している。(16)

上記のように、『修験修要秘決集』に見られる思想や峰入作法の確立と全国の諸霊山への役行者登拝の伝承が成立した中世後期に修験道が確立したと考えられるのである。

## 5　近世の本山派、当山派と御師、里修験

江戸幕府は慶長十八年（一六一三）に修験道法度を定めて、天台宗寺門派の聖護院門跡が統轄する本山派と真言宗の醍醐寺三宝院に当山正大先達を掌握させた当山派を競合させた。これによって修験道はいわば天台、真言の寓宗とされたのである。もっとも吉野山、羽黒山、戸隠山は輪王寺門跡に属し、彦山は元禄九年（一六九六）に天台宗別本山とされた。この結果、修験道では幕府の教学振興策もあって、『修験修要秘決集』の注釈である『修験記』『修要鈔』が編まれたり、その字義論を展開した宥鑁の『山伏二字論』、衣体論の注釈である常円の『修験法具秘決精註』が著わされている。また本・当両派が競合したことから本山派の行存の『修験見聞鈔』による当山派批判、それに対する当山派の『修験道本当元禄論義』による反駁がなされている。今一方で元禄五年（一六九二）には、智光、蓮覚の『修験三十三通記』、即伝の『修験修要秘決集』『修験頓覚速証集』と十五世紀中ごろになる熊野系修験の手になる『修験指南鈔』、天和四年（一六八

四）に相模国の秀高が在来の役行者伝に注釈を付した『役君形生記』が修験五書として刊行され、寛政十年（一七九八）に版を重ねている。なお、『修験指南鈔』には、熊野、吉野などに祀られる仏や神格の本縁、灌頂などの事項に関する神仏習合にもとづく説明がなされている。また『役君形生記』では役行者が生駒山で二鬼を導いたり、当麻寺へ土地を寄進した話が加えられているがその根底には『法華経』の影響が認められる(17)。

本山派の歴代聖護院門跡はほぼ天皇家から十歳前後に聖護院に入り、十九歳で大峰に峰入して『大峰縁起』を相伝した。この『大峰縁起』には、大峰山と熊野権現や金剛蔵王権現の本縁、示現譚、役行者の伝承を記したもので、明徳元年（一三九〇）有智書と奥書のある天理大学所蔵本の写本がこれにあたるとされている。聖護院門跡は初入峰のあと熊野三山ならびに京都東山の新熊野山の検校となり、その多くは園城寺長吏となっている。なお本山派配下の修験者にとっては、この門跡の峰入に参加することが、位階昇進の機会とされたことから多数が参加した。

当山派では成立当初は醍醐三宝院が当時は大和の内山永久寺・三輪山平等寺・松尾寺、吉野桜本坊、高野山行人方、近江の飯道寺、伊勢の世義寺など十二院に減少したが、大峰山中の小篠での集会をもとに、それぞれの配下の先達の補任を行っていた当山正大先達を統括する形をとっていた。けれども三宝院では、元禄十三年（一七〇〇）醍醐寺の開祖の聖宝の廟所の吉野鳥栖の鳳閣寺の名跡を、同院末の江戸戒定院に移し、同寺を当山派諸国総袈裟頭として、当山派の修験に独自に補任し始めた。そして三宝院門跡で醍醐寺座主の高賢（?―一七〇七）は、この年に同門跡としては初めて大峰山に峰入し、小篠で役行者堂と聖宝堂の入仏供養を行なった。なお宝永四年（一七〇七）には翌年の聖宝の八百年忌に先立って、三宝院に理源大師の諡号が授けられている。これに対して寛政十一年（一七九九）には役行者の一千年忌の御遠忌にあたって、聖護院に神変大菩薩の諡号が授けられている。

近世期には大峰山では吉野から熊野の間に七十五の宿（靡）が設けられて、これを抖擻する修行がなされていた。今順に主な靡をあげると、吉野川の柳の渡しの宿（七五―靡番号以下同様、なお靡番号は熊野本宮を一で最後を七五としているが、峰入の順に主な靡のみをあげる）、吉野山（七三）、金峰神社（七一）、浄心門（六八、洞辻茶屋、洞川道との分岐点）、山上ケ岳（六七）、小篠（六六）、笙の岩屋（六二）、弥山（五四、天川弁財天奥社）、八経ケ岳（五一、大峰最高峰）、両峰分け（金剛界と胎蔵界の境、靡外）、釈迦ケ岳（四〇）、深仙（三八）、大日ケ岳（三五）、前鬼（二九）、前鬼裏行場（二八、三重滝・両界窟）、持経宿（二二）、行仙岳（一九）、笠捨山（一八）、玉置山（一〇）、吹越山（四）、熊野本宮（一）[18]。

一方、葛城山系では、友ヶ島の序品窟（一―法華経の巻・品の番号）から加太の迎之坊をへて、神福寺（二）、大福山（三）、入江宿（四）、根来寺、倉谷山（五）、志野峠（六）、中津川行者堂、粉河寺、アラレの宿（七）、犬鳴山、灯明ヶ岳（八）、和泉葛城山（九）、牛滝山（一〇）、経塚山（一一）、神野山（一二）、鎌の多輪（一三）、光滝寺（一四）、岩湧寺（一五）、流谷（一六）、天見不動（一七）、岩瀬の経塚山（一八）、神福山（一九）、石寺（二〇）、金剛山（二一）、大田和地蔵（二二）、櫛羅（二三）、平石峠（二四）、高貴寺（二五）、二上山（二六）、逢坂（二七）、亀の瀬（二八）の抖擻がなされていた[19]。

近世期には本山・当山両派や羽黒山・英彦山（享保十四年〈一七二九〉以降の表記）をはじめ前項にあげた各地の主要地方霊山では、そこを訪れる諸講の先達や講員に宿を提供し、山内を案内すると共に、冬期に先達や講の在所を廻壇して配札する御師と、地域社会に住して、登拝の先達や、うらない、加持祈禱を行う里修験が認められた。里修験は陰陽道にもとづく卜占や寄りましに神仏や憑依霊を憑けて災因を語らせる憑祈禱を行ったうえで、それに応じて、調伏や憑きものおとしの修法を行った[20]。また中には寺子屋を経営して儒教の教えを説く者もいた[21]。特に登拝講は盛行して、近畿地方の大峰登拝講、東北関東の出羽三山講、九州の英彦山講をはじめ、後に教派神道となっていった富士講や木曽御嶽講が注目される。特に木曽御嶽では本山派修験の普寛（一七三一―一八〇一）が憑祈禱を前座が中座に神霊を憑依させて語らせる御座として展開させている。

## 6　近・現代の修験道と羽黒山の峰入

明治政府は明治元年（一八六八）に神仏分離令を出して修験者が崇める権現を廃し、社前の仏像や仏具を取り外させた。この結果、吉野山、羽黒山、英彦山など各地の修験霊山では神社化が推進された。また各地の御師や里修験の中には神職となるものが輩出した。それに加えて、明治五年には修験宗は廃止され、本山派は聖護院所轄のまま天台宗に、当山派は醍醐三宝院所轄のまま真言宗に所属させられた。その翌年には里修験が行なっていた憑祈禱、きつねさげ（憑きものおとし）が禁止された。さらに同七年には禁厭、祈禱をもって医療を妨げることが禁止された。

もっとも醍醐寺では明治二十七年（一八九九）に智積院末の千九ヶ寺が新義真言宗智山派に、翌年には長谷寺末の千四百五十四ヶ寺が同智山派となったことから、財政的に三宝院が包摂した修験に頼らざるを得なくなった。そこでその掌握に腐心して明治三十四年（一九〇一）には、修験部を設けている。また吉野一山では明治十年代初期に旧修験寺院が仏寺に復帰し、明治二十三年（一八九〇）には十万人近い信者が大峰の山上詣に訪れている。そして近畿地方の大峰山の講社の多くが聖護院や三宝院に包摂されていった。一方で醍醐派の海浦義観（一八五四—一九二一）、聖護院末の牛窪弘善（一八八〇—一九四二）などの修験教学者が修験道の再興に努めている。また『日本大蔵経』を編纂した中野達慧（一八七一—一九三四）は、その中の三巻を修験道にあてて修験教学の基本典籍を収録した。

昭和期にはいると新宗教運動に弾圧が加わったことから、現在の真如苑や解脱会などは醍醐三宝院に加入して活動した。また聖護院や三宝院では峰入修行を皇民練成運動の一環として推進している(22)。

太平洋戦争終結後、宗教法人令により教団が届け出制になったことから、昭和二十一年天台宗から聖護院を総本山とする「修験宗」（昭和三十七年から本山修験宗）、倉敷の五流尊瀧院を総本山とする「修験道」、昭和二十三年に吉野の金峯山寺が「大峰修験道」（昭和二十四年から「金峯山修験本宗」）、羽黒山では荒沢寺が昭和二十一年に「羽黒山修験本宗」として独立した。なお羽黒山では出羽三山神社も修験活動を行なっている。ただ英彦山や戸隠山では神社が主体となり、石鎚山では神社が石鎚本教を設立して修験活動を行っている。

これらの主要教団の峰入を見ると、本山修験宗では春の葛城修行、夏の大峰奥駈修行、随時に地方霊山の国峰修行、金峯山修験本宗では夏に一山寺院の東南院と一緒に奥駈修行、醍醐三宝院では六月七日―八日に小篠での花供入峰、七月六日に葛城の金剛山入峰、七月下旬に奥駈修行を行なっている。また大峰山の山上ヶ岳の大峯山寺では五月三日に戸開式（当初は旧暦四月八日）、九月二十三日に戸閉式（当初は旧暦九月七日）を行ない、この時に開・閉扉している。修験道では八月四、五日に山上ヶ岳、五月五日に里山の三田山、十月四日に同じく里山の蟻峰山入峰、石鎚本教では七月一日から十日の夏山大祭（一日のみ女人禁制）を行なっている。

これらに対して羽黒山では近世以来の四季にあわせた峰入がなされて注目されている。そこで以下、この羽黒山の峰入について紹介しておきたい。

まず夏の峰は七月一日の山開祭から九月十五日の山閉祭までの間の一般信者の羽黒山、月山、湯殿山の三山詣である。この間八月十三日には夕方出羽三山神社の神職が月山山頂で護摩を焚いて死者の戒名を書いた卒塔婆をこれに投じ、羽黒山山麓の手向集落では、これに合わせて門口で祖霊の迎え火を焚いている。

秋の峰は当初は受胎中の二百七十五日に因んで七十五日行われていたが、現在は羽黒山修験本宗の荒沢寺で八月二十四日から三十一日までの八日間行われている。まず八月二十三日夜に荒沢寺の里坊正善院で入峰者が各自の霊魂を笈につめる葬儀になぞらえた笈からがきがある。二十四日朝には正善院前の黄金堂で正大先達が大梵天を堂に向けて投げ倒すことによって男女の交接と受胎を示す行事がある。この後行列を組んで出羽三山神社に詣でた後、修行道場の山中の荒沢寺に入る。ここで既述の十界修行が一の宿、二の宿、三の宿と三段階に分けて行われる。

一の宿（二十五日―二十七日）では、地獄（炭火に小糠、唐辛子を混ぜたもので燻す）、餓鬼（断食）、畜生（水の使用を禁じる）、二の宿（二十八日―二十九日）では初日に修羅（相撲）、人（懺悔）の修行がなされる。その夜は柴灯護摩があり、これを了えると天（延年の謡）の行があり、三の宿（三十一―三十二）に入る。三十日にはまず三鈷沢の洞穴の遙拝所にいき、阿弥陀（月山）と大日如来（湯殿山）を合体した大悲遍照如来の尊像を安置して三鈷沢に向かって勤行する。この後荒沢寺に帰り、声聞と縁覚にあたる説法、菩薩行の里人の先祖の供養がある。最後の三十一日には、開山能除太子の最初の修行地である阿久谷の窟に向かって遥拝して成仏を完成する。そして、出羽三山神社本殿の十の階段をあがって、十界修行を了えたことを感得する。このあと一気に山を下り、正善院の前で焚かれている盆の迎え火になぞらえた焚き火の上を産声をあげて跳びこすことによって、仏として再生したことを感得しているのである。

冬の峰は現在は出羽三山神社が主体となって実施している。まず九月二十日から十二月二十九日まで、手向集落の故老のうちから選ばれた位上を先途の二人の松聖が、斎館で精進潔斎をして五穀を納めた興屋聖と呼ばれる小さな藁の茅屋に祈念をこめる。この間松聖の使いの小聖が庄内地方を勧進して回る。十二月三十日には手向集落の各組を位上方と先達方に二分し、それぞれに属する若者が神社の境内で災厄をもたらす恙虫を意味する大松明を造ることを競いあう大松明まるきがある。三十一日午後十一時、神社本殿では左右に配された位上方、先途方各六人の神職が、順にまず烏に扮してその飛翔の高さを競う烏とび、中央の長い机前のぬいぐるみの兎が、双方の神職が扇で机を打つ音への反応の速さを競う。兎の験競べがある。この兎の験競べの五番目の時、外に向かって法螺が吹かれる。

すると境内の一方の側に置かれた位上方、先途方の大松明に火がつけられ、双方の若者達が一気に反対側の柱の所まで引いていき、火の燃えあがりの速さが競われる。この後、午前〇時に十二尺の鏡松明の下で、全国の東三十三ヶ国を羽黒に西二十四ヶ国を熊野、九ヶ国を彦山に分けた故事を演じる国分けの神事、位上方と先途方の松明が火打金と火打石で清浄な火を作る速さを競う火の打かえの験競べがある。なお上記の一連の験競べの間、両松聖はそれぞれの設屋で祈念をこめている。そして上記の一連の験競べで勝った方の松聖が九十八日間にわたって祈念をこめた興屋聖の穀物に神社の神供田からとれた種籾をまぜて、正月に祈念をこめて庄内地方の農民の檀那に与えるのである。なお近世末までは一月一日から七日間、羽黒山の別当らが開山の御影の前でこの種籾の祈念を行ない、これを春峰としていたのである。

## 結　民俗宗教としての修験道

私は本章の冒頭で修験道を霊山での修行による験の獲得とそれに基づいて除災招福をはかる民

間宗教者の宗教で、日本古来の山岳信仰が、外来のシャーマニズム・道教・仏教、神道・陰陽道などの習合宗教であるとした上で、本文でその展開を論述した。そこで最後にその内容をモデル図化した次頁の第2図をもとにまとめておきたい。本図では上半分を山、下半分を里、左を世界（宗教）、右を民族（宗教）にあてている。

まず修験道の母胎をなす古来の山岳信仰（民間信仰）の中心をなす山の女神は、水、獲物、鉱物、木を与えてくれるが、噴火、妖怪などの「怪」をもたらす存在である。そして生児に霊魂を与え、死霊を祖神として再生させている。山の神は毎年春先には里に降りて田の神となり、水田稲作を守って秋には山に帰って冬の間は山に留まっている。なおこの折神職も一緒に山に入って窟に籠り、山の神の霊力を身につけて、春には里に帰ってくる。修験道でも萌芽期の中世初期に役行者が宝塔ヶ岳の窟の山の女神を思わせる母を日夜三度拝していた。そして現在の羽黒山の秋の峰には擬死再生の主題が認められた。また冬の峰では両松聖が豊穣力、動物霊の使役能力、火の操作能力を得るために、百日間山上の斎館で籠居して修行していた。

修験道の中核をなす峰入を見ると、萌芽期の笙の窟や前鬼の両界窟の冬籠りから、成立期（中世初期）の大峰山系の胎蔵界、金剛界の曼荼羅中の諸尊に充当された霊地への経や仏像の奉献、葛城山中の法華経二十八品それぞれの経塚へと展開した。そして確立期（中世後期）には、大峰や葛城では主要な宿の抖擻がなされ、全国各地の霊山への役行者の登拝伝承が生まれ、修験道が全国規模で展開したことがわかる。またこの期には密教思想をもとに大峰山は金・胎の曼荼羅とされているが、天台本覚思想をもとに、十界一如を宗旨とし、身体を通じてそれを体得する十界

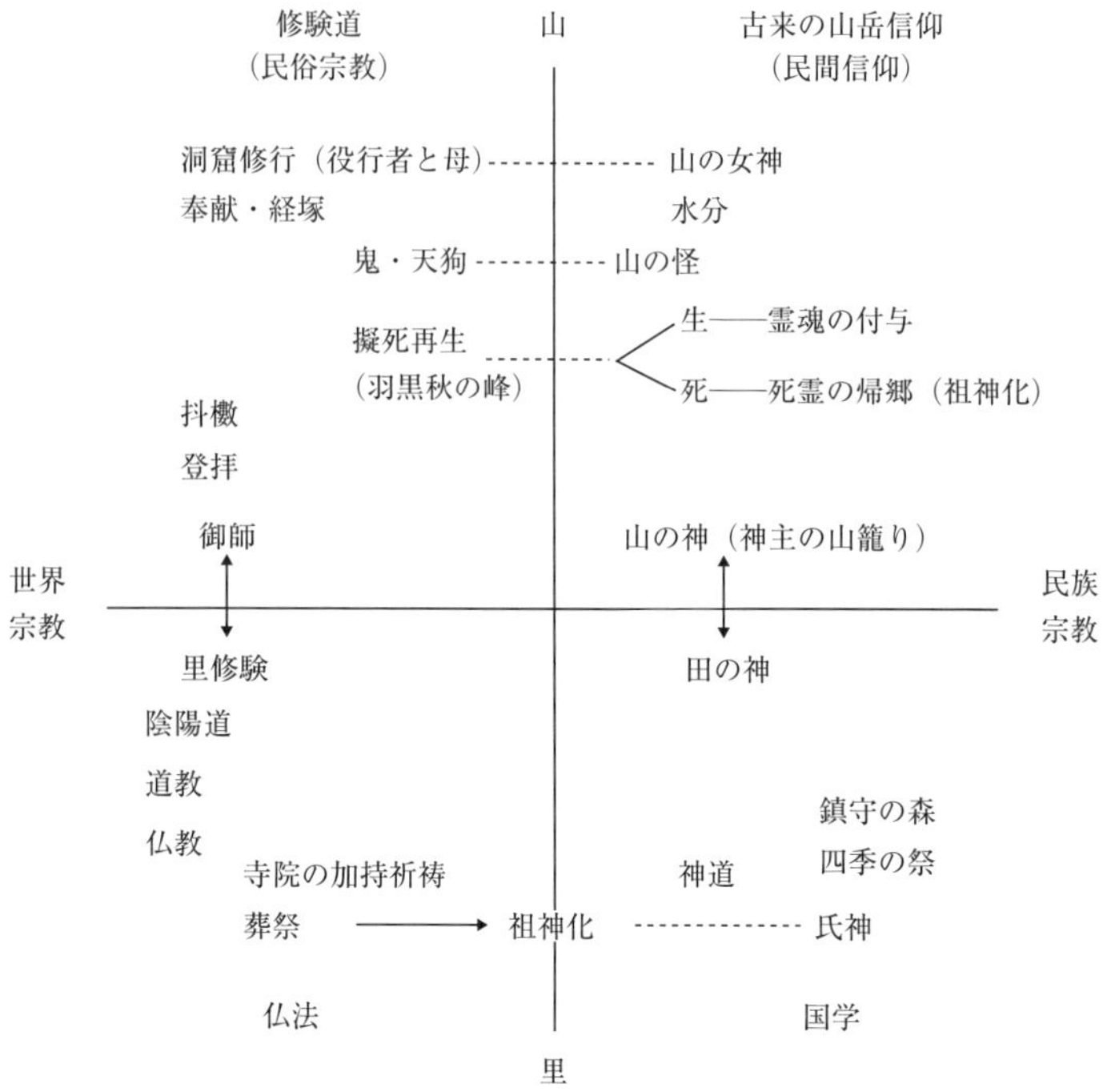


**第2図**

修行がなされている。また今一方で山中の自然の音を依経とし、その現われである権現や荒ぶる山の神の体現である不動明王を本尊としている。ただその不動明王は十界本具の仏で修行者の心想の中にあるとしている。

近世期には主として聖護院の本山派、醍醐三宝院の当山派が各地の修験者を統轄するが、門跡の峰入の参加を媒介に配下を掌握する。このことから大峰七十五靡、葛城二十八経塚の抖擻が重視される。各地の霊山では山麓の御師が登拝に訪れる里修験や講員の宿泊、登拝の世話をすると共に冬期には回檀して札を配りその掌握に努めている。一方、地域に住む里修験はうらないによって災因を明らかにし、それに応じる調伏、憑きもの落しなどの修法を行なっている。このうらないに卜占を用いることから陰陽道と関わり、巫女を用いることからシャーマニズム、九字などの修法で道教と結びついている。

ちなみに修験道の始祖に仮託された役行者は、成立から確立期までは民間宗教者を想起される役優婆塞を公称とし、峰入の局面では役行者とされた。ただ寛政十一年（一七九九）に神変大菩薩の諡号を授かっている。この号は山の神が変じた衆生救済者（菩薩）というように、里修験の理想像を示している。

修験道は中世期までは民間宗教者を主体としたが、近世期は天台、真言の寓宗、近代は天台、真言そのもの、現代は独立教団となったが、依然として両宗の影響が強く認められる。ただ現在羽黒山の秋の峰、冬の峰は古来の峰入を示すものとして注目されている。また大峰山の奥駈や峰入などには一般参加者や諸宗の者も少なからず認められる。これは修験道が古来の山岳信仰に根ざし、民俗宗教の習合宗教的傾向を持つことによると考えられるのである。

（1）民俗宗教は民間宗教者が常民（日本人の誰でも）が育んできた古来の民間信仰に、既成宗教（外来のシャーマニズム・道教・儒教、仏教と神道・陰陽道など）を習合させて案出し、唱導した宗教である。なお宮

家準『日本の民俗宗教』（講談社学術文庫、平成六年）参照。

（2）『続日本紀』前篇、新訂増補国史大系（吉川弘文館、昭和四十九年）四頁。

（3）村山修一『修験道と陰陽道』山岳修験五（昭和五十九年）三頁。

（4）板橋倫行校注『日本霊異記』（角川文庫、昭和三十二年）。

（5）『日本三代実録』新訂増補国史大系四（吉川弘文館、昭和四十九年）貞観十年［八六六］七月九日の条。

（6）森下恵介『吉野と大峰――山岳修験の考古学』（東方出版、令和二年）一四七頁。

（7）『長秋記』増補史料大成（内外書籍、昭和九年）一七八―一七九頁。

（8）『諸山縁起』『寺社縁起』日本思想大系二〇（岩波書店、昭和四十五年）九〇―一〇三頁。

（9）「大菩提山等縁起」修験道史料集Ⅱ（名著出版、昭和六十四年）。

（10）森下恵介、前掲書、前鬼七九頁、笙の岩屋五六頁。

（11）近藤祐介『修験道本山派成立史の研究』（校倉書房、平成二十九年）。

（12）関口真規子『修験道教団成立史――当山派を通して』（勉誠出版、平成二十一年）。

（13）『修験修要秘決集』修験道章疏Ⅱ、三六五―四〇八頁。なお宮家準「確立期修験道の思想と儀礼――『修験修要秘決集』を中心に」『東洋思想と宗教』三七（令和二年）参照。

（14）修験道の不動明王の信仰は役行者が金峯山上で岩から涌出させた金剛蔵王権現と同様に荒ぶる神（荒神）の信仰に根ざすと考えられる。もっとも修験道ではこのように霊山の自然の中から顕現した神格を熊野権現というように山名に権現を付して崇めてもいる。

（15）『一遍上人聖絵』巻十、橘俊道・梅谷繁樹訳『一遍上人全集』（春秋社、昭和六十四年）九二―九五頁。

（16）『役行者本記』修験道章疏Ⅲ、二四五―二五七頁。宮家準「修験道霊地――『役行者本記』に見られる」岩波講座『日本文学と仏教　第七章霊地』（岩波書店、平成七年）。

（17）宮家準『修験道思想の研究』増補決定版（春秋社、平成十一年）一〇六―一〇七頁。

(18) 森下恵介、前掲書、一一—九九頁。
(19) 中野栄治『葛城の峰と修験の道』(ナカニシヤ出版、平成十四年)二八八—二九七頁。
(20) 宮本袈裟雄『里修験の研究』(吉川弘文館、昭和五十九年)。
(21) 宮家準「修験道と儒教」『神道宗教』二五七(平成三十一年)。
(22) 宮家準『羽黒修験——その歴史と峰入』(岩田書院、平成十二年)一九五—二四九頁。

# 参考文献

本書の執筆にあたって特に参考にした書物・論文のうち修験道全般の概説書と、修験道にもふれている各宗教に関する書物を章別にあげておいた。


**修験道全般**

和歌森太郎『修験道史研究』東洋文庫二一一、平凡社、昭和四十七年
村山修一『山伏の歴史』塙書房、昭和四十五年
宮家準『修験道――その歴史と修行』講談社学術文庫、平成十三年
宮家準『修験道小事典』法蔵館、平成二十七年

**第一章　修験道と山岳信仰**

和歌森太郎編『山岳宗教の成立と展開』山岳宗教史研究叢書一、名著出版、昭和五十年
桜井徳太郎編『山岳宗教と民間信仰の研究』山岳宗教史研究叢書六、名著出版、昭和五十一年
ネリー・ナウマン、野村伸一・檜枝陽一郎訳『山の神』言叢社、平成六年
宮家準『霊山と日本人』講談社学術文庫、平成二十八年

**第二章　修験道とシャーマニズム**

佐々木宏幹『シャーマニズム――エクスタシーと憑霊の文化』中公新書、昭和五十五年
堀一郎『日本のシャーマニズム』講談社現代新書二五六、昭和四十六年

桜井徳太郎編『シャーマニズムの世界』春秋社、昭和五十三年
加藤九祚編『日本のシャーマニズムとその周辺』日本放送出版協会、昭和五十九年
C・ブラッカー、秋山さと子訳『あずさ弓――日本におけるシャーマン的行為』(上・下)、同時代ライブラリー二二八・二二九、岩波書店、平成七年
末木文美士『日本仏教史――思想史としてのアプローチ』新潮文庫、平成二十四年

**第三章　修験道と仏教**

辻善之助『日本仏教史』(全十巻) 岩波書店、昭和十九年―昭和三十年
堀一郎『我が国民間信仰史の研究』創元社、昭和二十八年
五来重『日本人の仏教史』角川選書、平成元年
家永三郎・赤松俊秀・圭室諦成『日本仏教史』(全三巻) 法蔵館、昭和四十二年
圭室諦成『日本仏教史概説』理想社、昭和十五年
宮家準『日本仏教と修験道』春秋社、平成三十一年

**第四章　修験道と神道**

薗田稔編『神道――日本の民族宗教』弘文堂、昭和六十三年
清原貞雄『神道史』厚生閣、昭和七年
村山修一『本地垂迹』日本歴史叢書三三、吉川弘文館、昭和四十九年
田辺三郎助編『神仏習合と修験』図説日本の仏教六新潮社、平成元年
宮家準『神道と修験道――民俗宗教思想の展開』春秋社、平成十九年

岡田莊司・小林宣彦編『日本神道史』増補・新版　吉川弘文館、令和三年

**第五章　修験道と道教**

窪徳忠『道教入門』南斗書房、昭和五十八年
福井康順・山崎宏・木村英一・酒井忠夫監修『道教の伝播』道教三、平河出版社、昭和五十八年
福永光司『道教と日本文化』人文書院、昭和五十七年
下出積与『道教――その行動と思想』「日本人の行動と思想」一〇、評論社、昭和四十六年

**第六章　修験道と陰陽道**

村山修一『日本陰陽道史総説』塙書房、昭和五十六年
村山修一・下出積与・中村璋八他編『陰陽道叢書』（全四巻）名著出版、平成三年
遠藤克己『近世陰陽道史の研究』未来工房、昭和六十年
中村璋八『日本陰陽道書の研究』汲古書院、昭和六十年
宮本袈裟雄『里修験の研究』吉川弘文館、昭和五十九年
『陰陽道・修験道を考える』現代思想二〇二一年五月臨時増刊号、青土社

**第七章　修験道と儒教**

武内義雄『儒教の精神』岩波新書、昭和十四年
相良亨『近世日本における儒教運動の系譜』理想社、昭和四十年
森和也『神道・儒教・仏教――江戸思想史のなかの三教』ちくま新書、平成三十年

長谷部八朗・佐藤俊晃編『般若院英泉の思想と行動』岩田書院、平成二十六年
荒木見悟『島田藍泉伝』ペリカン社、平成十二年

## 第八章　山岳修験と教派神道

村上重良『国家神道』岩波新書、昭和四十五年
阪本健一『明治神道史の研究』国書刊行会、昭和五十八年
田中義能『神道十三派の研究』上・下、第一書房、昭和六十二年
阪本広太郎『宗派神道教典解説』神宮皇學館、昭和十三年
鶴藤幾太『教派神道の研究』大興社、昭和十四年
中山郁『修験と神道のあいだ——木曽御嶽信仰の近世・近代』弘文堂、平成十九年
城﨑陽子『富士に祈る』ふこく出版、平成二十九年

## 第九章　修験道と新宗教

村上重良『近代民衆宗教史の研究』（増補版）法蔵館、昭和三十八年
天理大学おやさと研究所編『天理教事典』天理教道友社、昭和五十二年
宮家準・バイロン・エアハート編『伝統的宗教の再生——解脱会の思想と行動』名著出版、昭和五十八年
平野栄次編『富士浅間信仰』「民衆宗教史叢書」一六、雄山閣、昭和六十二年
島薗進『現代救済宗教論』青弓社、平成四年
井上順孝他著『新宗教研究調査ハンドブック』雄山閣、昭和五十六年

**第十章　日本宗教史における修験道**

宮家準『日本の民俗宗教』講談社学術文庫、平成六年
川崎庸之・笠原一男編『宗教史』山川出版社、昭和三十九年
笠原一男編『日本宗教史』（全二巻）「世界宗教史叢書」一・二、山川出版社、昭和五十二年
黒田俊雄『顕密体制論』「黒田俊雄著作集」第二巻、法藏館、平成六年
豊田武『日本宗教制度史の研究』厚生閣、昭和十三年
末木文美士『日本宗教史』岩波新書、平成十八年

**付　章　修験道の歴史と民俗宗教**

宮家準『日本の民俗宗教』講談社学術文庫、平成六年
菊地大樹『日本人と山の宗教』講談社現代新書、令和二年
時枝務・長谷川賢三・林淳編『修験道史入門』岩田書院、平成二十七年
森下惠介『吉野と大峰――山岳修験の考古学』東方出版、令和二年
近藤祐介『修験道本山派成立史の研究』校倉書房、平成二十九年
関口真規子『修験道教団成立史――当山派を通して』勉誠出版、平成二十一年
宮本袈裟雄『里修験の研究』吉川弘文館、昭和五十九年

# 初出一覧

本書のもとになった論文は以下の通りである。ただしいずれも大幅に改稿した。

序　書き下ろし

第一章　修験道と山岳信仰

「山岳信仰と修験道」桜井徳太郎編『講座日本の民俗　七　信仰』有精堂、昭和五十四年

第二章　修験道とシャーマニズム

「修験道とシャーマニズム」加藤九祚編『日本のシャーマニズムとその周辺』日本放送出版協会、昭和五十九年

第三章　修験道と仏教

一―五＝「仏教と修験道」『仏教民俗学大系1』名著出版、平成五年

六＝「修験教団の崩壊と再編」上・下、「中外日報」昭和四十八年二月一、二日

第四章　修験道と神道

序、一＝「神道と修験道」『講座　神道1』桜楓社、平成三年の「序、一：三輪と伊勢（前半）、結」

二＝「修験道の萌芽とシャーマニズム――北野天神縁起を通して見た」『東アジアのシャーマニズムと民俗』勁草書房、平成六年の「一、二、三」

三＝「神仏習合論——修験道を中心に」『シリーズ東アジア仏教　4　日本仏教論』春秋社、平成七年の四、五の一部

第五章　修験道と道教
「修験道と道教」『東方宗教』第八一号、日本道教学会、平成五年

第六章　修験道と陰陽道
「近世の修験道書と陰陽道」『中村璋八博士古稀記念　東洋学論集』汲古書院、平成七年

第七章　修験道と儒教
『神道宗教』二五三号、神道宗教学会、平成三十一年

第八章　山岳修験と教派神道
「近代の神道と山岳修験——教派神道を中心に」『山岳修験』六三、日本山岳修験学会、平成三十一年

第九章　修験道と新宗教
「修験道の新宗教に対する影響」『山岳修験』三、山岳修験学会、昭和六十二年

第十章　日本宗教史における修験道　書き下ろし

付　章　修験道の歴史と民俗宗教
「修験道の歴史――民俗宗教の視点から」『陰陽道・修験道を考える』現代思想二〇二一年五月臨時増刊号

本書は『修験道と日本宗教』（一九九六年刊）の改題増補決定版である。

**著者紹介**

宮家　準（みやけ・ひとし）

1933年、東京生まれ。東京大学大学院人文科学研究科博士課程修了。文学博士。慶應義塾大学教授を経て、現在、同大学名誉教授。元日本宗教学会会長、日本山岳修験学会名誉会長。主著に『修験道儀礼の研究』『修験道思想の研究』『修験道組織の研究』（いずれも春秋社）、『生活のなかの宗教』（日本放送出版協会）、『日本の民俗宗教』『修験道――その歴史と修行』（講談社）、『宗教民俗学』（東京大学出版会）、『日本宗教の構造』（慶應通信）などがある。

**修験道――日本の諸宗教との習合**

2021年９月20日　初版第１刷発行

著者©＝宮家　準

発行者＝神田　明

発行所＝株式会社 春秋社

〒101－0021　東京都千代田区外神田2－18－6

電話　(03) 3255－9611（営業）

(03) 3255－9614（編集）

振替　00180－6－24861

https://www.shunjusha.co.jp/

印刷所＝信毎書籍印刷 株式会社

製本所＝ナショナル製本協同組合

装　丁＝河村　誠



Printed in Japan, Shunjusha.

ISBN 978-4-393-29134-4　C1014

定価はカバー等に表示してあります